MODITEN

DEANXIT

FRISIUM

Docteur Gérard Apfeldorfer

PAS DE PANIQUE !

Manuel à l'usage des phobiques, des angoissés et des peureux

Hachette

A Odile Perrelet,
qui n'avait peur de rien.

Je remercie le docteur Pascale LOISEL
pour l'aide précieuse qu'elle m'a apportée
dans la partie grecquisante de ce livre.

Introduction.

« Le major Andrews somnolait dans un fauteuil, un « Times » vieux de trois jours sur les genoux. Le hululement cauchemardesque de la sirène le tira brutalement de sa torpeur. Il sursauta. Sa main se dirigea sans hésiter en direction de sa hanche, là où aurait dû se trouver l'étui de son browning, mais elle ne rencontra que du vide. Cela eut pour effet de le réveiller tout à fait. Oui, il s'en souvenait maintenant, il n'était plus en mission mais était censé se reposer tranquillement chez son supérieur et ami, Albert Hewston. Celui-ci habitait avec sa jeune épouse une charmante vieille bicoque sur les hauteurs de Chelsea, dans la banlieue londonienne. Et dire qu'il pensait être là en sécurité ! Mais on était en novembre 1940, en plein blitz, et les Allemands tentaient de mettre l'Angleterre à genoux en la noyant sous les bombes. Quelle stupidité s'il mourait là, bêtement, écrasé par quelques tonnes de gravats, après avoir risqué cent fois sa vie ces dernières semaines ! Car le major Andrews était l'homme des actions désespérées, des missions-suicide, et en ces temps troublés…

Une tête blonde ébouriffée apparut par l'embrasure de la porte. Une tête de femme, celle d'Emmy Hewston. « Vite, Henry, nous devons descendre à la cave. Et éteignez donc cette satanée lampe ! »

Le major Andrews inspira profondément : « Désolé Emmy, mais descendez sans moi. Je n'ai pas tout à fait terminé ma lecture et… »

« Mais Henry, vous ne pouvez pas, voyons… » Emmy cherchait désespérément un argument qui puisse emporter la décision. Mais elle ne doutait pas, en voyant les traits fermes de son hôte, sa mâchoire volontaire, son regard calme, que sa décision fût prise : elle ne le ferait pas fléchir. Une voix assourdie se fit entendre : « Allons, que faites-vous ? Henry, où êtes-vous ? Emmy, Emmy ? » C'était

Albert Hewston qui les appelait depuis l'escalier conduisant à la cave. Hewston était un petit homme ventripotent d'environ quarante-cinq ans, qui depuis son bureau en sous-sol du ministère des Armées tentait de donner des allures planifiées à la débâcle. Un organisateur-né, mais tout le contraire d'un homme de terrain. Il ne possédait aucun courage physique, et d'ailleurs, s'en vantait : « Même mon ombre me terrorise, disait-il. Non, je suis fait pour être dans un bureau, pour ranger des papiers, mettre à jour des dossiers : un être sans importance, voilà ce que je suis ». Ce n'était pas vrai, bien sûr, et Big Bert, comme l'appelaient familièrement ses subordonnés quand ils croyaient qu'il ne les entendait pas, supervisait avec brio quantité d'opérations. D'une certaine façon, cet « old chap » faisait preuve d'une belle témérité : il n'hésitait pas à risquer sa carrière, et peut-être plus que cela, en prenant parfois bien des libertés avec les ordres reçus. « A quoi bon gagner la guerre si les meilleurs d'entre nous ne sont plus là pour le voir ? », avait-il l'habitude de dire. C'était un miracle qu'il n'ait pas encore été traduit en cour martiale.

« Allez, Emmy, dit le major, rejoignez Bert, ne le laissez pas tout seul. »

Emmy comprit qu'il n'y avait rien à faire. « Resservez-vous un peu de thé, je crois qu'il est encore assez chaud », dit-elle dépitée. Elle sortit lentement de la pièce sans tenir compte de la sirène qui continuait à hurler, puis rejoignit son mari déjà calfeutré dans l'abri confortable (« Si l'on doit mourir, autant que ce soit dans de bonnes conditions ») qu'ils avaient aménagé. Décidément, Bert était irrémédiablement, définitivement couard. Elle revit le beau visage viril du major Andrews et soupira. Pourquoi n'était-ce pas lui qu'elle avait épousé ?

Le major soupira lui aussi. Ah, si Emmy savait ! Ces bombardements contre lesquels on ne pouvait rien le terrorisaient : il n'y avait rien d'autre à faire qu'attendre passivement la mort, sans aucune possibilité de se battre. On guettait le sifflement des bombes, on se demandait si celle-là vous était destinée ou bien si c'était votre voisin qu'elle réduirait en charpie. Quel soulagement s'il avait pu faire comme Bert, aller se cacher bien à l'abri dans la cave. Pourtant, cela lui était impossible : il préférait mourir là plutôt que de devoir descendre sous terre et risquer d'être confronté avec ce qu'il considérait comme l'horreur absolue. Car, pour lui, cela ne faisait aucun doute, la cave grouillait de choses noires, poilues, féroces, qui ne cessaient de remuer leurs huit pattes atroces dans tous les sens. Il s'essuya le front : rien que d'y penser et déjà la nausée le prenait.

Car, il ne vous l'aura peut-être pas dit, mais le major Henry Andrews, diplômé de Cambridge, décoré de la Victoria Cross pour le courage exceptionnel dont il avait fait preuve au combat, était phobique des araignées. Très phobique, même. »

La peur, la crainte, l'effroi, la frayeur, l'appréhension, l'angoisse, la panique, la terreur, autant de sentiments qui sont le lot commun de l'humanité. Le courage, la bravoure, la vaillance, la hardiesse, l'héroïsme, autant de comportements universellement admirés et appréciés. Que dit-on lorsqu'on veut rendre hommage à son ennemi ? Qu'il était brave, valeureux, décidé. Que dit-on d'un parent décédé ? Qu'il a affronté la maladie et la souffrance courageusement, qu'il aura jusqu'au bout gardé sa dignité.

Mais à quoi cela tient-il, le courage ? Et pourquoi donc certains en possèdent-ils à revendre alors que d'autres en semblent dépourvus ? Bien plus encore, comment expliquer qu'un même individu puisse montrer tant de courage dans certaines circonstances et paniquer lamentablement l'instant d'après ? Pourquoi certains hommes, certaines femmes, tels notre major Henry Andrews, indéniablement braves, à l'âme bien trempée, paniquent-ils à la vue de simples araignées, ou de pigeons, ou de couleuvres, ou de chats, ou de chiens, ou tout bonnement à l'idée de sortir seuls de chez eux et de faire quelque chose d'aussi banal que de prendre le métro ? Pourquoi certains ont-ils peur des fantômes alors que, parallèlement, ils occupent leurs loisirs à faire de l'alpinisme ou du deltaplane ?

Il y a peu, tout cela était encore de l'ordre de la philosophie : le courage était une qualité morale, la couardise un défaut de l'être. Quant aux phobiques de tous poils, ceux qui s'affolent à la vue d'une épingle ou d'une pelle à tarte, que le cancer ou la crise cardiaque obsède, ceux qui ont peur de rester seuls et peur de la foule, peur du noir, peur de l'eau, peur des hauteurs, peur de rougir, peur d'être regardés, peur qu'on ne les voit pas, peur des chevaux, peur des mouches, peur des couteaux, peur des oiseaux, peur du vent, peur des éclairs, peur du tonnerre, peur de la saleté, peur de tout, peur de rien, eh bien ! on se contentait de noter à leur propos l'infinie diversité des bizarreries humaines.

Mais cette énumération pittoresque, à la Prévert, des phobies (la phobie du raton-laveur existe elle aussi, pour ceux qui se poseraient la question) ne doit pas masquer la souffrance de ceux qui sont affligés de ce trouble : la vie n'est pas simple pour un agoraphobe incapable de sortir seul dans la rue, qui ne peut emprunter ni avion, ni train, ni transports urbains, qui combine des itinéraires complexes pour éviter ponts, tunnels, autoroutes quand il se déplace en voiture, qui doit en permanence se faire accompagner par un tiers pour les moindres choses de la vie.

Il est tout à fait certain qu'un grand nombre d'abonnés à l'angoisse en ont plus qu'assez de leur condition et sont généralement prêts à faire bien des efforts pour recouvrer un peu de liberté. Annonçons tout de suite la bonne nouvelle : oui, dans la plupart des cas, il est tout à fait possible de se délivrer de ses peurs et de ses phobies, seul ou avec l'aide d'un professionnel. Grâce à des progrès décisifs à la fois en neurobiologie et en psychologie, on comprend désormais beaucoup mieux les mécanismes intimes de la peur. Grâce à l'apport des sciences du comportement, on sait aussi quelle est la marche à suivre pour se délivrer de ses peurs injustifiées.

L'expérience montre que dans bien des cas — si l'on sait s'y prendre — il est parfaitement possible de surmonter ses terreurs phobiques sans intervention directe d'un thérapeute, et ce, dans un temps étonnamment court. La dernière partie de ce livre vous donnera tous les éléments nécessaires pour réussir dans cette entreprise.

Pourtant, certaines personnes ont des problèmes tels qu'il leur faudra obligatoirement faire appel à un professionnel. Mais à qui s'adresser ? Leur cas relève-t-il de la médecine classique et des médicaments ? Doivent-elles suivre les conseils de certains et entreprendre une psychanalyse ? Ou bien vaut-il mieux faire appel à un comportementaliste ? Ou encore aller voir un hypnotiseur, un sophrologue, un relaxateur, un homéopathe, un acupuncteur, un astrologue, un chiromancien, un prêtre, un sorcier vaudou, un bouddhiste Zen, se lancer dans la bio-énergie, la Gestalt-thérapie ou l'une de ces nouvelles thérapies qui fleurissent comme pâquerettes au printemps ?

Tant de thérapeutes et de pseudo-thérapeutes se disputent l'honneur de leur venir en aide...

Nous ne parlerons ici que des gens sérieux. Nous décrirons succinctement comment les principales écoles de pensée expliquent les peurs phobiques et ce qu'elles proposent comme traitement, afin que les personnes intéressées puissent requérir l'aide d'un praticien en toute connaissance de cause.

Mais avant que vous vous lanciez tête baissée dans la reconquête de votre liberté, seul ou assisté par un thérapeute compétent, il vous faut savoir quelques petites choses sur la peur et ses mécanismes. Ce sera notre première partie.

Première partie :

La mécanique des peurs et des angoisses.

I. Peurs, angoisses, stress et dépression.

1) Et tout d'abord, est-il normal d'être angoissé ?

Ah, l'angoisse ! Qui n'a pas ressenti cette tension intérieure, sourde, insidieuse, qui vous ronge, vous grignote minute après minute, seconde après seconde ? L'angoisse nous étreint, nous oppresse, gêne notre respiration, noue notre gorge, rigidifie nos membres. Nous la sentons tous, là, tapie tout au fond de nous.

Ce sentiment fait partie intégrante de notre vie quotidienne : tous, chaque jour, nous nous angoissons pour une chose ou pour une autre. Seuls varient l'intensité et les motifs de nos peurs. Certains s'angoissent manifestement trop pour des choses qui n'en valent pas la peine : ce livre leur est en grande partie consacré. Mais d'autres, plus rares, prennent la vie un peu trop à la légère, ce qui n'est guère mieux. Que penser par exemple d'un P.-D.G qui prendrait des décisions importantes sans même un soupçon d'angoisse ? d'un employé que le spectre du chômage laisserait indifférent ? d'un automobiliste qui ne frémirait pas à l'idée d'un accident ? Qu'ils sont de parfaits irresponsables, n'est-ce pas ?

Tout est donc affaire de proportion, de dosage. L'angoisse est une émotion normale et elle est même, nous le verrons plus loin, utile voire indispensable. Dans certaines conditions, elle peut même se révéler agréable, délectable : les films de suspense ne sont-ils pas là pour nous le prouver ?

2) Et d'avoir peur, est-ce bien normal, cela aussi ?

Et la peur ? La peur est brutale, violente, décapante : là où l'angoisse ronge, la peur taille à grands coups de serpe. Elle est à l'angoisse ce que la pluie est à la vapeur d'eau : l'humidité étouffe, oppresse tandis que la pluie transperce.

On parlera de peur lorsqu'on se trouve confronté à quelque chose d'intense et de précis, et d'angoisse pour un danger plus flou, plus diffus, plus lointain. Des peurs, il en est de toutes sortes : des grandes et des petites, des saintes et des diaboliques. Certaines sont considérées comme naturelles, normales, voire salutaires : elles sont bienvenues lorsqu'elles nous poussent à nous battre, à donner le meilleur de nous-mêmes. D'autres semblent déraisonnables, folles, irrationnelles, nous amenant à douter de notre degré de santé mentale. Ce sont des peurs imaginaires, des peurs irrationnelles dont on se passerait fort bien.

Existe-t-il des individus qui, tel le Chevalier Bayard, ne connaissent pas la peur ? Des individus qui ne savent pas ce que c'est que d'avoir des sueurs froides, de trembler ou de sentir son esprit se liquéfier tout à coup ? Oui, de tels individus existent, mais il n'est pas si sûr qu'il faille les envier.

Pour le comprendre, prenons si vous le voulez bien l'exemple des *analgésiques congénitaux :* ce sont des sujets, fort rares au demeurant (on connaît une quinzaine de cas dans le monde), chez qui les terminaisons sensorielles de la douleur sont absentes. Ces individus perçoivent parfaitement les contacts d'objets divers sur leur peau, le chaud ou le froid, sentent les piqûres ou les coupures, mais en tant que sensation uniquement.

Les enfants analgésiques congénitaux ont le corps et les membres couturés de cicatrices, de coupures, de brûlures, d'écrasements. Ils se font très aisément des fractures (que l'on réduit d'ailleurs sans anesthésie). Plusieurs d'entre eux sont morts d'une simple appendicite qui aura évolué en péritonite sans même qu'ils en prennent conscience. D'autres ont péri dans des accidents divers, aucun n'a fait de vieux os. C'est que, pour eux, une coupure, du sang qui coule, la peau qui se parsème de cloques sous l'effet d'une flamme, ne sont que des sensations curieuses, pour ne pas dire amusantes. Jamais ils n'élaborent de réflexes de défense, de protection. Jamais ils n'ont l'idée de prendre les plus élémentaires précautions pour leur propre sauvegarde. Tout au contraire, ils se montrent indifférents aux dangers extérieurs comme aux maladies qui pourraient les atteindre. De plus, la peur de la douleur n'existant pas chez eux, aucune menace physique ne les impressionne, aucun sévice corporel ne les touche. Leur entourage a généralement d'extrêmes difficultés à les persuader que certains actes, certains gestes, certaines situations représentent un danger bien réel pouvant conduire à la mort.

La peur est à l'esprit ce que la douleur est au corps : un signal de danger. Celui qui ne connaît pas ce signal sera amené à prendre des risques inconsidérés. Tel pilote de formule 1 confiait que, bien qu'il soit parfaitement conscient — quand il voulait bien prendre le temps d'y réfléchir — du fait qu'il pouvait mourir ou être gravement blessé lors d'une course, cela n'avait aucune incidence sur lui, ne provoquait aucune émotion. Cet état de choses est-il vraiment un avantage ?

Ce n'est pas si sûr. Lorsque pour la mission Mercury, médecins et psychologues américains eurent à sélectionner sept hommes parmi une présélection de soixante-neuf candidats, tous volontaires, tous très motivés, tous anciens pilotes de chasse, ils écartèrent impitoyablement ceux qui ne ressentaient pas de peur dans les situations de danger, donnant la préférence à ceux qui avaient peur mais maîtrisaient parfaitement celle-ci. On n'avait que faire de trompe-la-mort, de téméraires qui prendraient des risques inconsidérés. Non, ce que l'on voulait, c'était bien évidemment des astronautes courageux, mais aussi des hommes responsables et qui auraient à cœur de revenir sains et saufs.

Ne jamais ressentir de peur, c'est un peu comme d'être privé d'un garde-fou qui vous évite de vous lancer dans des actions trop périlleuses. Mais trop de peur, et vous perdrez tous vos moyens ! Alors ? Nous tenterons plus loin de faire le tri entre les peurs indispensables et les peurs superflues.

3) Ce que je ressens, est-ce de l'angoisse ou de la dépression ?

Nombreux sont ceux qui confondent angoisse et dépression. Mais il est vrai que, dans bon nombre de cas, les deux nous assaillent à la fois.

L'angoisse survient essentiellement dans les situations où l'on se trouve acculé. Acculé à réagir, acculé à prendre une décision. Mais une catastrophe qui nous tombe dessus sans que nous y puissions rien créera plutôt en nous un sentiment de dépression, d'accablement, de tristesse. Si nous craignons, par exemple, de perdre notre emploi, nous serons angoissé car rien n'est encore sûr : il existe peut-être des échappatoires, des moyens de l'éviter. Mais si nous sommes effectivement licencié, nous cessons de nous en faire et devenons déprimé, abattu.

Lorsqu'on vit depuis longtemps dans l'angoisse, un sentiment d'impuissance finit par s'installer : l'avenir se bouche, on ne voit pas comment on se sortirait de cette situation. C'est ainsi que l'on passe insidieusement de l'angoisse à la dépression.

4) Est-ce à cause du stress que nous vivons dans la peur et dans l'angoisse ?

Qu'est-ce que le stress ?

Il n'est guère de mot du vocabulaire scientifique qui ait été plus galvaudé. Livres, émissions, articles de presse débattent des mille et une manières de « lutter contre le stress » : il faut se relaxer, bien dormir, faire du yoga ou du jogging, ne pas boire de café, ne plus fumer et manger des carottes crues. Mais qu'est donc qu'un stress ?

Le stress, pour son inventeur, Hans Selye (1974), était « une réponse non spécifique de l'organisme à toute sollicitation ». Tout stimulus, toute donnée nouvelle, tout changement, bon ou mauvais, agréable ou désagréable, provoque une réponse de l'organisme. C'est cette réponse, cette nécessité de s'adapter à la situation nouvelle, cet effort nécessaire pour faire face qu'Hans Selye avait baptisé « réponse de stress ». Actuellement, c'est l'événement, le stimulus qui sollicite l'organisme que l'on a tendance à appeler « stress ».

Un accident est donc un stress, mais une bonne nouvelle, une victoire, une réussite également puisqu'elles nécessitent un effort d'adaptation. Par exemple, gagner au loto, réussir un examen, se marier, peuvent constituer des stress aussi traumatisants, aussi bouleversants que perdre son portefeuille, rater ledit examen ou se séparer après quelques années de vie commune.

Certains chercheurs ont même tenté de calculer la valeur d'un stress donné et d'évaluer ainsi ses conséquences sur l'individu. Par exemple, dans l'échelle de stress de Holmes et Rahe (dite « Life Change Events ») deux événements stressants servent de balise : le mariage, événement stressant important, vaut 50 points. La mort de son conjoint, considéré comme le stress le plus dramatique dans l'histoire d'un individu, vaut 100 points. Et, bien entendu, le calme plat vaut zéro.

A partir de là, un énorme travail statistique permet de conclure qu'un divorce vaut 73 points, un séjour en prison 63 points, qu'une grossesse représente un stress de 40 points, un exploit personnel marquant 28 points, un changement dans les conditions de travail 20 points ou une contravention 11 points (voir tableau pages 26-27).

Lorsque votre total de stress atteint 300 points, attendez-vous à une maladie dans les deux années qui viennent. Entre 150 et 300 points, considérez-vous comme fragilisé !

Mais attention : tout cela n'a bien entendu de signification que statistique. Le divorce de M. Dupond ne se passera pas comme celui de Mme Durand et M. Martin ne vivra pas sa dette de 100 000 F et plus (31 points dans l'échelle de stress) comme Mlle Dugenoux. Car l'intensité d'un stress, nous y reviendrons plus loin, est surtout fonction de l'image que l'on s'en bâtit et il ne s'agit donc pas de prendre les chiffres de cette échelle au pied de la lettre ! D'ailleurs, d'autres échelles existent qui ont des cotations différentes. C'est ainsi que dans le « College Schedule of Recent Life Experience » de Anderson, la mort de votre conjoint ne vaudra plus que 87 points au lieu de 100, mais celle d'un ami cher passera en revanche de 37 points à 68 !

La réaction d'alarme : un puissant coup d'accélérateur.

Que se passe-t-il quand vous avez à faire face à un événement stressant ? La réaction de stress passe en fait par trois phases bien distinctes : la première phase consiste en une *réaction d'alarme.* C'est cette réaction d'alarme qui vous saisit en cas d'accident, d'attaque ou de traumatisme brutal. Elle est caractérisée par diverses modifications sanguines et hormonales (en particulier une décharge d'adrénaline qui, à son tour, provoque de multiples effets sur votre organisme) ainsi que par une stimulation de certaines zones de votre cerveau. La réaction d'alarme vous prépare à réagir quand vous êtes face au danger : elle agit comme un puissant coup d'accélérateur qui vous permet de foncer instantanément en utilisant de façon quasi immédiate toutes les ressources de votre organisme. Grâce à elle, vous êtes plus fort et vous courez plus vite : la peur donne des ailes.

Ne vous est-il jamais arrivé, ayant eu à faire face à une situation particulièrement difficile, de vous étonner rétrospectivement de votre réaction ? Dans l'instant, vous avez fait preuve d'une clairvoyance, d'une vigueur, d'une rapidité dont vous ne vous croyiez pas capable. Eh bien ! c'est à cette fameuse réaction d'alarme que vous le devez.

La phase de résistance : vous puisez dangereusement dans vos réserves.

Mais, bien évidemment, tout se paie : mobiliser toute son énergie d'un seul coup nécessite qu'ensuite on prenne le temps de recharger ses accus. Mais que se passe-t-il si vous faites en permanence appel à vos réserves, pour un oui pour un non ? Une telle chose peut se produire dans deux types de situations : tout d'abord, vous pouvez être confronté à un stress persistant et intense comme une maladie, une rupture, un changement brutal de mode de vie, toutes choses figurant en bonne place dans notre échelle de stress. Ou bien c'est une infinité de petits stresses qui s'accumulent les uns après les autres, entraînant une guerre d'usure. Dans les deux cas, la réaction d'alarme finit par céder le pas à la *réaction de résistance :* l'organisme se voit alors contraint de mobiliser de façon continue toutes ses défenses contre l'agent stresseur.

Nous la vivons tous, cette guerre d'usure que nous venons d'évoquer : nous avons de petites frayeurs en voiture ou dans le métro, nous sommes constamment démarchés, agressés, chez nous ou dans la rue, de vive voix ou par téléphone, par des solliciteurs de toutes sortes qui veulent nous prodiguer des conseils, nous faire faire des affaires, qui veulent qu'on vote pour eux ou pour leurs amis, qu'on participe à ceci ou cela, qu'on approuve, qu'on désapprouve, qu'on s'insurge, qu'on s'apitoie. Non seulement nous devons supporter nos ennuis, mais on ne nous laisse rien ignorer de ceux des autres (halte à l'égoïsme, au repli sur soi-même, nous sussure-t-on) : chaque jour, les médias nous abreuvent de mauvaises nouvelles, d'accidents, de famines, de guerres. Pris de vertige, certains glissent, perdent pied, cherchent quelque chose de stable, une bouée de sauvetage à laquelle ils pourraient se raccrocher. Mais à quoi pensent-ils, ces malheureux ? Plus rien n'est stable, de nos jours. Il faut changer, évoluer, s'adapter, faute de quoi on perd son emploi, son époux ou son épouse, son argent et sa propre estime. Alors, pour survivre, nous changeons : nous changeons de qualification professionnelle, nous changeons de voiture, nous changeons de mœurs, d'époux ou d'épouse, de cravate, de Kelton.

Et, peu à peu, nous fatiguons.

Il y a de quoi.

Certains, soit en raison d'une constitution plus délicate, soit parce qu'ils envisagent chaque stress, chaque changement sur un mode plus dramatique que leurs voisins (ne vous angoissez pas à ce sujet, nous allons y revenir...) vont se trouver plongés dans la phase de résistance contre le stress. Ils ressentiront alors une sensation d'oppression, de boule dans la gorge, de bouche sèche. Leur estomac sera noué, leur digestion se fera mal, ils auront des maux de tête, des insomnies, transpireront parfois sans raison apparente. Leurs muscles, toujours en état de tension, seront responsables d'un état de fatigue permanent. Ils seront devenus des *anxieux chroniques*.

Insensiblement, ils se fragilisent : leurs capacités d'adaptation s'effritent, s'amenuisent. Il ne faudra plus grand-chose pour qu'ils craquent, d'une façon ou d'une autre. Ce sera, par exemple, l'apparition d'une maladie psychosomatique comme un ulcère gastro-duodénal, ou bien certains troubles cardiaques ou encore les complications d'une hypertension artérielle. Ce pourra être aussi une maladie quelconque qui s'installera facilement sur un organisme affaibli. Ou bien ce sera un trouble de type psychologique que l'on parvenait jusque là à tenir à distance et qui prendra désormais le dessus : une alchimie encore mal comprise où interviennent personnalité, hérédité et épisodes de la vie passée fera que l'on deviendra phobique, déprimé, alcoolique, boulimique, sujet à des obsessions, et bien d'autres choses encore que je ne nommerai pas pour ne pas vous angoisser.

La phase d'épuisement : vous avez brûlé la chandelle par les deux bouts.

Et au stade ultime du stress, que se passe-t-il ? Dans le cas où l'on a affaire à un stress intense et persistant, on aboutit alors à la *phase d'épuisement :* toutes les réserves ont été consommées et l'individu meurt d'épuisement. C'est selon ce scénario que meurent certains alpinistes imprudents, mais aussi bien des malades ou des opérés quand leur organisme ne parvient pas à surmonter le stress que constitue leur maladie ou le traumatisme opératoire. Il arrive aussi, comme nous le verrons un peu plus loin, que des stresses de nature purement psychologique puissent produire un effet identique et aboutir à la mort. Que l'on se rassure : il s'agit-là de quelque chose d'exceptionnel.

Faut-il donc éviter systématiquement le stress ?

Pourtant, malgré tout le mal que nous venons de dire du stress et de ses funestes conséquences, ne croyez pas que tout soit négatif dans le stress.

Nous venons déjà de voir que, durant une phase d'alarme, la réaction de stress de notre organisme nous permet de mobiliser d'un seul coup toutes nos potentialités pour faire face à un danger. Ce n'est pas un mince avantage : il est des situations où tout se joue au centième de seconde, où l'on a besoin de toute sa force, de toute sa vitalité.

Mais il y a plus encore : le stress, la stimulation nous sont indispensables : si rien ne venait nous stimuler, l'existence deviendrait vite insipide, nos facultés de réaction s'affaibliraient. C'est uniquement le surcroît de stress qui se révèle nuisible : si nous sommes dépassés par les événements, nous devenons alors incapables d'y réagir de manière adaptée.

En temps normal, le stress constitue pour nous un indispensable stimulant, les vitamines de notre esprit.

Par exemple, un certain niveau d'anxiété, une certaine tension, et même une légère peur nous sont nécessaires dans bon nombre d'actions : l'étudiant a besoin de redouter les résultats de son examen pour être incité à travailler, le conducteur d'automobile doit craindre l'accident pour rester vigilant, le soldat doit savoir ce qu'il risque pour préserver sa vie.

Chaque confrontation avec une situation de stress est en quelque sorte une épreuve. C'est cet affrontement permanent, cette obligation qui nous est faite de lutter sans cesse qui aiguise notre esprit, nous vivifie, nous tonifie, nous maintient « en forme ». Chaque situation de stress que nous maîtrisons nous rend plus apte à affronter le stress suivant.

Nous l'avons déjà dit et nous le répétons : tout, en fait, est question d'intensité. Trop de stress et c'est le débordement : l'étudiant confronté à une épreuve trop ardue, dépassant ses capacités, refusera l'obstacle après une phase de lutte plus ou moins longue. Il cessera d'apprendre, deviendra mou, dépressif. De même, un individu hyperprotégé, qui n'a jamais l'occasion de se mesurer à la moindre difficulté, de s'aguerrir, suivra une voie tout à fait similaire : il sera rapidement lymphatique et déprimé.

L'idéal, donc, n'est certainement pas de vivre une vie dépourvue de toute tension, faite d'un calme lénifiant perpétuel. Il est, au contraire, indispensable de se mesurer à des épreuves suffisamment ardues pour qu'elles soient stimulantes, mais suffisamment aisées pour ne pas se mettre en situation d'échec. Cela tombe tout à fait bien : nous verrons plus loin que c'est exactement ce qu'il convient de faire pour se guérir de ses peurs et de ses phobies.

Tableau n° 1

CALCULEZ VOTRE NIVEAU DE STRESS.
(Echelle de Holmes)

PREMIÈRE PARTIE : Demandez-vous à propos de chaque événement ci-dessous s'il vous a concerné dans l'année qui vient de s'écouler. Si oui, comptez le nombre de points dans votre score.

	Points de stress	VOTRE TOTAL
1. Problèmes avec votre patron	23	...
2. Modification du temps ou des horaires de sommeil	16	...
3. Modification importante des habitudes alimentaires	15	...
4. Modification des habitudes et du style de vie	24	...
5. Modification des loisirs (en quantité, nouveau loisir)	19	...
6. Modification des activités sociales (rencontres, clubs...)	18	...
7. Changement religieux	9	..
8. Modification du rythme des réunions de famille	15	...
9. Changement dans la situation financière	38	...
10. Problèmes juridiques	29	...
11. Augmentation ou diminution des problèmes conjugaux	35	...
12. Problèmes sexuels	39	...
VOTRE SCORE :		102

56

SECONDE PARTIE : Pour chaque événement ci-dessous, multipliez le coefficient indiqué par le nombre de fois où il s'est produit dans les deux années qui viennent de s'écouler. Comptez le nombre total de points dans votre score.

	Points de stress	Nbre de fois	VOTRE TOTAL (points de stress × nbre de fois)
13. Blessure ou maladie importante	53	...	...
14. Décès d'un parent proche (conjoint excepté)	63	...	...
15. Décès du conjoint	100		...
16. Décès d'un ami intime	37	...	...
17. Nouveau membre dans le cercle familial (naissance, parent venant cohabiter)	39	...	...
18. Modification importante de l'état de santé d'un parent proche	44	...	...

	Points de stress	Nbre de fois	VOTRE TOTAL (points de stress × nbre de fois)
19. Déménagement	20	...	...
20. Emprisonnement	63	...	...
21. Amendes ou contraventions	11	...	...
22. Modification importante sur le plan professionnel	39	...	...
23. Mariage	50		...
24. Divorce	73		...
25. Séparation d'avec son conjoint	65	...	...
26. Réussite personnelle marquante	28	...	...
27. Fils ou fille quittant le foyer	29	...	...
28. Retraite	45	...	...
29. Modification des horaires ou habitudes de travail	20	...	...
30. Modification des responsabilités professionnelles	29	...	...
31. Licenciement	47	...	...
32. Modification des conditions de vie (travaux, modification du voisinage)	25	...	...
33. Conjoint commençant ou arrêtant de travailler	26	...	...
34. Contracter une dette supérieure à 100 000 F (achat maison, investissement profess.)	31	...	...
35. Contracter une dette inférieure à 100 000 F (achat voiture, gros électroménager...)	17	...	...
36. Echéance d'un emprunt ou d'une hypothèque	30	...	...
37. Vacances	13	...	...
38. Changement d'école	20	...	...
39. Changement de situation professionnelle	36	...	...
40. Début ou fin de scolarité	26	...	...
41. Réconciliation avec son conjoint	45	...	...
42. Grossesse	40	...	...
		VOTRE SCORE :	194 + 102 = 296

96 + 70 = 166

Si votre score dépasse 300 pour un an, vous avez 80 % de chances (si l'on peut dire) de tomber malade dans un futur proche.

Entre 150 et 299, 50 % des gens tombent malades dans un futur proche.

Au-dessous de 150, 30 % des gens tombent malades dans un futur proche.

Pour ne pas abîmer votre livre : photocopiez ce tableau.

265 MAI 95
166 NOVEMBRE 97

II. Les degrés de la peur.

1) L'escalade de la peur.

Escaladons progressivement les degrés de l'horreur. Comme dans un film de Hitchcock, tout débute par un simple pincement de cœur. Vient ensuite une angoisse sourde qui se transforme en panique et atteint son sommet avec certaines terreurs dont on ne se remet jamais complètement.

Prenons un exemple. Imaginons que vous vous trouviez dans l'avion de vos vacances, en partance pour les Seychelles (eh oui ! la chance vous sourit : vous êtes riche, jeune, beau et, qui plus est, très bientôt bronzé). Tout va bien à bord : l'hôtesse de l'air, une brunette souriante, est partie vous chercher le jus d'orange que vous avez demandé ; à quelques sièges de là, une charmante blonde fait semblant de lire une revue et vous êtes à la recherche d'un habile stratagème pour l'aborder. Oserez-vous lui parler ? Oui, mais rien ne presse, vous avez tout votre temps. Tout à coup, quatre hommes aux mines patibulaires se lèvent de leur siège en hurlant et en brandissant des armes à feu : *vous avez peur.* Quelques secondes suffisent pour que le sang afflue à vos tempes, pour que votre cœur batte la chamade, que vos poils se hérissent, que votre gorge et votre poitrine se serrent. Vous haletez légèrement, une sueur froide vous inonde et si vos doigts n'étaient pas crispés avec autant d'énergie sur les accoudoirs de votre siège, vous vous apercevriez que vous tremblez. Que faire ? Vous ne savez plus : votre tête est vide, vous n'arrivez plus à réfléchir. Sans penser à rien, vous tentez de vous lever mais vous vous laissez bien vite retomber sur votre siège. Cela vaut mieux : vous avez la sensation de ne plus tenir sur vos jambes, d'avoir des vertiges, de manquer d'équilibre.

Oui, vous avez peur, très peur même, et vous n'en avez pas honte. N'est-il pas parfaitement légitime d'avoir peur en de telles circonstances ? D'ailleurs, vous êtes en bonne compagnie : tout le monde a peur dans l'avion. Une femme s'évanouit, une autre se met à pousser des cris hystériques et s'agite inconsidérément, au risque d'attirer sur elle l'attention des pirates de l'air. Votre voisin, un grand costaud qui, il y a à peine quelques minutes de cela, vous expliquait comment il pêchait le requin au harpon, a maintenant un teint verdâtre de très mauvais augure.

Bien, continuons notre histoire : l'avion a atterri et les négociations entre autorités et terroristes traînent en longueur. Du fait que rien ne se passe, vous commencez doucement, progressivement, à vous habituer à votre condition d'otage. Vous vous calmez. Seule persiste une *angoisse* sourde qui vous tenaille le ventre, une crainte indéfinissable concernant ce qui risque de se produire dans un avenir proche.

En fait, vous aviez bien raison de vous angoisser. Voilà que nos pirates, après avoir longtemps menacé en vain, décident de passer à l'action : puisqu'on ne leur donne pas satisfaction, ils tueront l'un des passagers de l'avion et jetteront son cadavre sur le béton de l'aéroport, comme ça, pour l'exemple, pour prouver au monde entier qu'ils ne sont pas des plaisantins. Mais qui tuer ? Leur chef parcourt les rangées de passagers sagement assis sur leurs sièges, cherchant une victime. Ses yeux s'arrêtent sur votre personne. Pourquoi vous ? Eh bien ! pourquoi pas vous ? Votre tête ne doit pas lui revenir, voilà tout. Il vous désigne à ses sbires et ceux-ci s'emparent de vous malgré vos protestations.

Les secondes passent. Peu à peu, vous comprenez qu'il n'y a rien à faire, que votre dernière heure est venue. Votre cœur bat à tout rompre, votre visage devient livide, vous respirez à peine, vos narines sont dilatées. Vous tentez de vous débattre, mais vos muscles rigidifiés vous obéissent mal : vous n'avez pas de force. Vous voulez dire quelque chose, supplier, mais c'est à peine si vous parvenez à marmonner quelques sons sans suite. Vous êtes dans un *état de panique.*

On vous pousse brutalement sur un siège et, tandis que ceux qui vous tenaient s'écartent, leur chef lève lentement son pistolet et le pointe dans votre direction. Vous avez les yeux fixés sur le petit trou noir de l'arme, vous ne voyez plus que lui. Vous ne bougez plus, vous transpirez en abondance, d'une sueur glacée, vos pupilles sont dilatées, vos yeux semblent prêts à sortir des orbites. Le pirate, sadique, prend son temps. Maintenant, vos muscles se relâchent, vous n'avez même plus peur, vous ne pensez plus. Vous voyez le doigt blanchir sur la détente. Vous poussez un cri inhumain, insensé. Une odeur caractéristique envahit la cabine : au seuil de la mort, *dans un état de terreur absolue,* vous avez uriné et déféqué sans pouvoir vous retenir.

Mais, dégoûté, le pirate détourne son arme : tout compte fait, il ne vous tuera pas. A ses yeux, vous n'êtes qu'une loque, un moins que rien. On ne tue pas un moins que rien. Quelques heures plus tard, le commando finit par se rendre. Tout est bien qui finit bien ? Presque : vous, ainsi que quelques autres passaters, êtes maintenant *en état de choc ou de sidération psychique.* Chez certains passagers, cela se traduit par une euphorie exagérée : ils s'embrassent, courent dans tous les sens, sont anormalement, follement gais. Chez vous, cela se traduit plutôt par un état de prostration : vous restez là, la tête vide, les bras ballants, dans un état de complète hébétude. Un secouriste serviable vous enveloppe dans une couverture, vous fait asseoir, et vous met un gobelet de thé entre les mains. Vous le prenez machinalement, sans même vous rendre compte qu'il vous brûle les doigts.

2) La réaction aux catastrophes.

Dans ces désastres généraux que constituent les incendies, les tremblements de terre, les accidents d'avion, les cyclones, toutes les catastrophes, qu'elles soient naturelles ou pas, les réactions des individus sont extrêmement complexes. Durant la catastrophe elle-même, beaucoup de gens sont apeurés et cèdent à la panique. Ils se mettent alors à fuir de manière anarchique, sans tentative réelle pour venir à bout de la menace ou pour se protéger efficacement. Mais tous ne réagissent pas ainsi : il arrive que l'on ait la réaction inverse et que l'on fasse preuve d'un sang-froid dont on se montrera par la suite le premier étonné.

M. M. par exemple rapporte : « Lorsque l'incendie débuta, je compris immédiatement qu'il fallait tirer les enfants de là. Comme il commençait à y avoir beaucoup de fumée, j'allai tout d'abord dans la cuisine, pris un linge que je mouillai et m'en fis un masque qui me permettrait de respirer. Puis je montai au premier étage et descendis les deux plus jeunes enfants, demandant aux deux derniers de m'attendre. Lorsque je voulus remonter, des flammes léchaient l'escalier. Je cherchai une couverture, mais n'en trouvai point. Je me souvins alors du plaid dans la voiture. J'allai le chercher, le mouillai, m'en enveloppai et repartis à l'assaut. Arrivé en haut, je me servis de la couverture pour éteindre quelques flammèches sur les vêtements des enfants et les poussai dans l'escalier. Ces deux voyages, bien qu'ils m'aient semblé durer une éternité, ne m'avaient pris qu'une minute à peine. Le temps semblait comme arrêté, suspendu. Heureusement, nous fûmes tous sains et saufs. Le plus étonnant de toute cette histoire est que j'ai toujours été une personne timide et craintive. J'ai aussi toujours eu une peur maladive du feu et des incendies. Je ne me serais jamais cru capable d'autant de sang-froid. »

3) La panique.

Mais tout le monde ne réagit pas ainsi. Et même, la plupart du temps, ce serait exactement l'inverse : la peur engendre un état de confusion mentale tel qu'on en devient incapable d'agir de manière judicieuse. Dans certaines circonstances, cela peut se révéler dramatique.

Prenons la situation suivante : vous êtes dans une salle de cinéma. Soudain, vous sentez une odeur curieuse : quelque chose comme du plastique brûlé. De la fumée, puis des flammes apparaissent. Vos voisins vous bousculent pour s'échapper en direction de la sortie et, bien entendu, tout aussi paniqué qu'eux, vous les suivez. Parvenus devant la porte qui donne accès au-dehors, les gens de mettent à pousser, puis à frapper de toutes leurs forces pour tenter de l'ouvrir, mais celle-ci reste obstinément fermée. Comme vos infortunés compagnons, vous mourrez asphyxié par l'incendie et vos dernières pensées conscientes seront pour maudire l'inconséquent personnage qui aura verrouillé à double tour les issues de secours.

Plus tard, un pompier essaie les portes. Celles-ci s'ouvrent sans la moindre difficulté, mais vers l'intérieur et non vers l'extérieur : submergés par la panique, vous et vos compagnons d'infortune avez cherché à ouvrir les portes à contre-sens.

De même, bien des plongeurs sous-marins, confrontés à des difficultés mineures, ont payé de leur vie le fait de se laisser envahir par la peur. Il suffit parfois d'un incident banal, comme une palme ou un morceau de combinaison qui s'accroche à un rocher, ou un peu d'eau qui s'introduit dans le masque. Cela, additionné au froid et à la fatigue physique déclenche la réaction de panique. L'angoisse claustrophobique se réveille alors brusquement, le plongeur se sent pris d'étouffement à l'idée des tonnes d'eau qui l'oppressent. Au lieu de corriger l'incident, de se décrocher du rocher, de vider son masque comme on le lui a appris, il veut remonter à tout prix. Il tire maladroitement, déploie des efforts inutiles, à contre-sens. La peur paralyse son cerveau, l'empêche de penser à se débarrasser de son lest, de se rendre compte que pour se dégager il lui faut tirer au lieu de pousser. Sa respiration s'emballe, devient superficielle. De ce fait, l'air ne parvient plus à ses poumons, ce qui l'affole encore plus. Il finit par se noyer, là, stupidement, à quelques mètres de la surface.

Là encore, les phobiques se reconnaîtront : ils savent à quel point la panique leur embrume l'esprit. Chaque phobique appréhende ce moment où il n'a plus qu'une seule envie : tout lâcher, fuir, fuir à toutes jambes, quelles qu'en soient les conséquences !

4) Après la peur : le choc traumatique et la névrose post-traumatique.

Lorsque tout est fini, lorsque le danger est passé, là aussi les réactions sont très diverses : certains montrent des signes de peur rétrospective et se mettent à trembler sans pouvoir se maîtriser. D'autres sont comme sidérés et hébétés. D'autres encore s'agitent, en proie à une grande excitation, une euphorie exagérée. Un rien les distrait et attire leur attention. Leur esprit vagabonde, passant du coq à l'âne. C'est ainsi qu'après une catastrophe certains déploient une activité frénétique, voulant organiser les secours, venir en aide aux blessés, mais, s'ils ne sont pas encadrés, leur action manquera souvent d'efficacité véritable : bien qu'ils ne s'en rendent pas compte, ils sont eux-mêmes profondément choqués.

Une troisième phase apparaît ensuite, consistant en une sorte d'effondrement : l'heure est à la dépression. Les survivants se montrent apathiques, incapables d'initiative personnelle, très influençables, prêts à suivre bons et mauvais conseils du premier venu qui saura parler haut et fort.

Durant plusieurs semaines, voire plusieurs mois, le traumatisé ne supportera pas d'être laissé seul, ne serait-ce que quelques minutes. Il sera dans un état permanent d'angoisse, aura peur de l'obscurité, sursautera au moindre bruit, se montrera irritable, aura souvent l'impression d'être épié en permanence, suivi où qu'il aille. Il luttera contre le sommeil, craignant de revivre encore et encore sa terrible aventure, cauchemar interminable qui le laissera trempé de sueur au petit matin. Peu à peu, si rien n'est fait pour lui venir en aide, il pourra perdre l'appétit, sombrer dans la tristesse, le pessimisme, la dépression. Il sera devenu la proie d'une *névrose traumatique*.

La plupart des individus qui ont été amenés à frôler la mort, qui ont vécu des instants de terreur intense finissent par récupérer et retrouvent la joie de vivre : il en va ainsi de la plupart des accidentés de la route, des employés de banque ayant été victimes d'un hold-up ou des survivants d'une quelconque catastrophe. Toutefois, quand le stress a été d'une intensité inouïe, inhumaine, par exemple dans le cas de prisonniers torturés, de rescapés de camps de concentration, les survivants conservent une angoisse importante et font encore des cauchemars plusieurs dizaines d'années après leur libération. Différentes études psychologiques portant sur ces anciens torturés ont mis en évidence que la gravité des troubles dont ils souffraient était directement proportionnelle à la sévérité des traitements auxquels ils avaient été soumis.

5) Peut-on mourir de peur ?

En fonction de tout ce que nous venons de dire, vous pouvez sans doute deviner la réponse : c'est oui. Un stress intense peut faire blanchir vos cheveux en quelques jours ; il peut aussi vous tuer sans que vous ayez la moindre blessure.

Il n'est même pas nécessaire que vous soyez véritablement en danger : il suffit que vous en soyez persuadé. Considérons une bonne farce qui se pratique dans de nombreuses armées — en temps de guerre, généralement — et qui consiste à attacher un condamné au poteau d'exécution puis à le fusiller avec des balles à blanc. Un nombre non négligeable de ces pseudo-fusillés, des garçons pourtant jeunes et vigoureux mais dont le sens de l'humour doit malheureusement être insuffisant, succombent bel et bien à la pétarade ! Dans un autre ordre d'idées, peut-être avez-vous lu dans votre quotidien ce fait divers : l'employé d'un entrepôt frigorifique pénètre dans une chambre froide dont la porte se referme malencontreusement. Or, rien n'est prévu pour ouvrir cete porte *de l'intérieur*... L'employé crie, frappe, appelle au secours, mais les murs épais et bien isolés étouffent tous les bruits. Il se sent perdu. Combien de temps pourra-t-il tenir dans cette chambre froide alors qu'il n'a qu'une blouse légère pour toute protection ? Une demi-heure ? Une heure ? Deux peut-être. Il sanglote, puis finit par se laisser glisser à terre dans un coin, face à la porte. C'est dans cette position que ses compagnons le trouveront le lendemain matin, mort.

Mais de quoi cet homme est-il mort ? L'affaire semble entendue : il est mort de froid. Eh bien ! non, il n'est pas possible que cet homme soit mort de froid, et ce pour une raison bien simple : la chambre froide n'était pas en état de fonctionnement. La fraîcheur résiduelle qui y régnait était tout au plus capable d'occasionner un gros rhume !

Ce triste sort ressemble d'ailleurs tout à fait à celui des envoûtés. Bien des sorciers africains se vantent de pouvoir tuer à distance par envoûtement et, dans certains cas précis, la véracité de leurs dires a pu être vérifiée : en règle générale, la victime succombe en quelques jours à un état de terreur. L'un des points essentiels pour que l'envoûtement réussisse semble résider dans le fait qu'il est nécessaire que la victime soit dûment prévenue : si cette dernière n'est pas informée de l'envoûtement, elle n'en subit aucun préjudice.

La peur peut donc tuer alors qu'aucune menace véritable, concrète, palpable ne pèse sur nous. N'est-ce pas étrange ? Et si le véritable danger venait non pas de l'extérieur, mais plutôt de l'intérieur, tapi quelque part tout au fond de notre boîte crânienne ?

6) Peut-on avoir peur sans s'en rendre compte ? Les trois composantes de la peur.

Voilà, vous croyez tout savoir sur la peur : des situations de stress toutes plus horribles les unes que les autres engendrent angoisses, paniques et terreurs. Quand la coupe déborde, on craque, on tomble malade, on meurt. Il me faut, malheureusement, vous avouer quelque chose : nous n'avons fait qu'effleurer le sujet. Nous avons jusqu'à présent parlé de la peur comme s'il s'agissait de quelque chose de monolithique. Il n'est est rien.

La peur se compose de trois facettes. Et celles-ci n'ont que trop tendance à évoluer chacune pour leur compte.

Il y a tout d'abord la *peur viscérale*. Il s'agit de la façon dont son corps réagit devant le danger : on palit, on sue, on tremble, on se crispe et ainsi de suite. De celle-ci nous avons abondamment parlé.

Vient ensuite la *peur mentale*. Il s'agit de la façon dont on vit la peur sur le plan subjectif. Face à une situation que l'on vit comme dangereuse, on imagine, on s'auto-suggestionne, on s'auto-observe. Nous avons dit que cette sorte de peur pouvait tuer. Mais nous n'avons pas dit comment.

Il y a enfin la façon dont on se comporte : on fuit lâchement, on fait face avec courage, on se cache la tête dans le sable. C'est la *peur comportementale*. Celle sur laquelle vous serez jugé, étiqueté brave, vaillant, audacieux, décidé, hardi, héroïque, ou bien peureux, couard, craintif, trouillard et ainsi de suite.

La plupart du temps, la peur ne fait pas le détail : les peurs viscérale, mentale et comportementale sont toutes trois bel et bien présentes. Généralement, mais pas toujours. Et, qui plus est, les proportions ne sont jamais les mêmes.

Il est, par exemple, parfaitement possible de ressentir

une intense peur mentale, d'avoir la sensation que l'on va mourir d'angoisse, là, sur le champ ; mais si on ne le montre pas, si on fait front malgré tout, si on fait ce que l'on a à faire, alors, un peu plus tard, on pourra se dire que l'on a été courageux et se tresser quelques couronnes de laurier. Pourtant, cet acte de bravoure aura toutes les chances de passer totalement inaperçu : comme vous ne vous êtes pas mis à trembler comme une feuille, comme vous n'avez eu ni malaise ni crise d'agitation, votre entourage en conclura que vous n'avez fait que ce que vous aviez à faire. Bien des angoissés et des phobiques sont familiers de ces victoires sans gloire. Par exemple, combien y a-t-il d'agoraphobes qui, chaque matin, prennent le métro ou leur voiture en se mourant de peur, qui ont la sensation de faire pour cela un effort gigantesque, un acte de courage inouï mais qui passera malheureusement totalement inaperçu de leurs congénères et pour lequel ils ont bien peu de chances de se voir décerner la moindre médaille ? Et n'est-il pas injuste que leur courage ne soit pas reconnu ? Car, après tout, ils auraient aussi bien pu baisser les bras, décider qu'ils ne pouvaient pas affronter la situation, appeler un membre de leur famille à la rescousse pour les aider ou, tout bonnement renoncer à sortir.

Une autre possibilité, presque aussi fréquente, est que votre corps se mette à réagir alors que votre esprit reste calme. Madame Thé, caissière dans une boutique raconte : « Chaque soir, je suis chargée de déposer la sacoche contenant la recette de la journée dans le casier de notre agence bancaire, située à cent mètres de là. Je ne me considère pas comme quelqu'un de peureux ou d'anxieux. Pourtant, si quelqu'un s'approche pendant que je tape le code d'ouverture du casier, je m'aperçois que mes mains deviennent moites et se mettent à trembler. Cela va parfois jusqu'à une sensation de vertige assez déplaisante. J'ai pourtant du mal à croire que ce soit de la peur car je me sens parfaitement calme. C'est un peu comme si je me dissociais : mon corps a peur mais, moi-même, je reste calme et sans appréhension particulière ».

Madame Thé s'était longtemps crue atteinte d'une maladie mystérieuse. Elle avait erré de médecin en médecin et subi quantité d'examens. Divers diagnostics avaient été évoqués : on avait tout d'abord parlé de spasmophilie et de malaises hypoglycémiques, puis, devant l'échec des traitements, son médecin avait évoqué la possibilité d'une névrose d'angoisse et avait préconisé quelques années de psychothérapie.

M. Zed souffrait d'un problème similaire. Mais, dans son cas, les malaises semblaient survenir au hasard, n'importe où, n'importe quand. Puis, un jour, il finit par s'apercevoir que non, ce n'était pas n'importe où, ni n'importe quand : cela le prenait toujours avant une réunion de travail importante et où il était censé prendre la parole. Pourtant, parler en public ne le gênait pas. Enfin, presque pas. Ou plutôt, il n'aimait pas ça, mais puisqu'il le fallait, n'est-ce pas ? Car M. Zed était un homme de devoir.

En fait, M. Zed, bien qu'il le nie farouchement, bien qu'il ne ressente pas la moindre angoisse intérieure, est un phobique camouflé.

Un autre exemple de dissociation s'observe au cours des traitements comportementaux des phobies. Le plus souvent, c'est la peur viscérale qui disparaît en premier : on parvient alors à affronter la situation phobique et à dominer sa peur comportementale. Mais la peur mentale ne disparaît, la plupart du temps, qu'avec un certain retard : le phobique, bien qu'il se rende compte qu'il fait désormais des choses qui, il y a peu de temps encore lui étaient tout à fait impossibles, a malgré tout la sensation d'avoir toujours aussi peur. Durant toute cette période intermédiaire, le phobique devra donc savoir prendre son mal en patience et ne pas désespérer car ce n'est qu'au bout d'un temps de l'ordre de quelques semaines que sa peur subjective s'effritera à son tour. C'est alors, et alors seulement, que l'on pourra parler de guérison. Mais nous reviendrons sur tout cela dans le chapitre consacré au traitement des peurs et des phobies.

III. Peurs réelles et peurs imaginaires.

1) De la peur adaptée à la peur d'anticipation.

Nous venons de parcourir l'éventail éprouvant qui va des petits serrements de cœur aux terreurs les plus insupportables. Reposons-nous un peu : nous l'avons bien mérité.

Que diriez-vous d'un petit safari photo en Afrique ? Voilà, vous y êtes. La nuit ne va pas tarder à tomber. Vous sortez de votre confortable bungalow, bardé de zooms et de magnétoscopes portatifs, et décidez de faire quelques pas à l'extérieur en attendant l'heure de l'apéritif. On ne sait jamais : peut-être aurez-vous la chance de pouvoir prendre une de ces photos inédites et originales comme un vol de flamants roses dans le soleil couchant ou encore une gazelle s'abreuvant dans le marigot ? Tout à coup, au détour d'un bosquet, vous vous trouvez nez à nez avec un tigre. Le tigre vous regarde, rugit, et se prépare à bondir. Vous avez peur et même, disons-le, vous êtes terrorisé.

Ce genre de peur ne prête guère à discussion. Qui oserait contester votre droit à la peur lorsque le danger auquel vous vous trouvez confronté est aussi concret et palpable ? Un lion dans la savane, un incendie, un tremblement de terre ou une agression dans le métro, cela ne se discute pas. Vous êtes physiquement en danger et votre vie va peut-être s'arrêter là. Dans quelques instants vous serez peut-être en train d'agoniser dans d'atroces souffrances... Ou peut-être encore, serez-vous estropié pour le reste de vos jours. Il y a bien de quoi avoir peur, n'est-ce pas ?

D'autres peurs, comme les *peurs rétrospectives,* apparaissent tout aussi légitimes : absorbé par divers soucis, vous traversez la rue sans bien regarder autour de vous. Soudain, une voiture manque de vous heurter. Tout s'est passé très vite : au dernier moment le chauffeur est parvenu à vous éviter ou bien vous-même vous êtes réfugié sur le trottoir grâce à un bond désespéré dont vous ne vous croyiez pas capable. Ouf, vous dites-vous, plus de peur que de mal.

Plus de peur que de mal ? En fait, tout s'est passé si vite que vous n'avez pas eu le temps d'avoir peur. Et c'est maintenant, alors que vous êtes en sécurité, que vous commencez à ressentir les signes physiques de la peur. Vous transpirez, tremblez, votre cœur s'accélère, vous avez de la difficulté à trouver votre souffle et un badaud, observateur et fin psychologue, tente de vous réconforter en vous faisant remarquer que vous êtes blanc comme un linge.

Dans d'autres cas encore, bien qu'il ne s'agisse pas d'une question de vie ou de mort, le danger est indéniablement réel. C'est, par exemple, votre honneur, votre réputation qui sont en jeu. Il peut s'agir d'un danger moral.

Ou bien encore vous n'êtes pas visé directement : quelqu'un que vous aimez court un danger. Vous vous identifiez à cette personne et vous avez peur pour elle.

Il se peut aussi que le danger ne soit pas aussi immédiat, aussi brutal. Vous risquez, par exemple, de perdre votre emploi et cela vous fait peur : qu'allez-vous devenir, que va devenir votre famille ?

Mais sommes-nous encore dans le domaine des peurs adaptées ? En fait, lentement, insidieusement, nous avons changé de rubrique : les peurs dont nous sommes en train de parler ne sont plus réellement des peurs adaptées, mais des *peurs d'anticipation*.

Je vous entends qui protestez : la peur du chômage, l'angoisse de l'avenir ne seraient pas des peurs adaptées, des peurs normales, naturelles ? Ce ne serait là que des peurs imaginaires ? Pourtant, n'est-il pas naturel de craindre la pauvreté, la misère, la faim ? Ce n'est pas ce que nous voulons dire. Pour le moment, *vous n'avez pas encore perdu votre emploi,* vous continuez chaque matin à vous rendre à votre travail et vous touchez votre paie chaque mois (c'est, du moins, ce que nous supposons dans notre exemple). Mais, *grâce à votre capacité d'imaginer,* vous anticipez sur ce qui se produira peut-être, ou peut-être pas, dans un avenir plus ou moins rapproché.

2) La réalité, qu'est-ce que c'est ?

Le problème n'est pas simple : où la réalité objective finit-elle ? Où commence le domaine de l'imagination ? Pour mieux comprendre à quel point cette question est difficile, prenons l'exemple suivant : en 1962, des psychologues (6) * décidèrent d'étudier la réaction de stress de soldats à l'entraînement. Il s'agissait là de troupes d'élite, et l'entraînement subi s'efforçait de reproduire avec le plus de réalisme possible les conditions d'un véritable champ de bataille : des mitrailleuses crachaient de vraies balles et c'était de véritables mines qui explosaient. Or, très curieusement, le niveau de stress mesuré par les psychologues se révéla anormalement bas. Que se passait-il ? Divers entretiens avec les recrues permirent de le comprendre : la plupart des hommes refusaient tout simplement de croire que l'armée puisse les placer dans une situation qui pourrait *réellement* entraîner des blessures.

Chaque soldat, lorsqu'il y réfléchissait, savait pertinemment que les balles qui le frôlaient étaient de vraies balles. Il savait aussi ce que font de vraies balles lorsqu'elles vous atteignent : elles vous blessent ou vous tuent. Malgré cela, la peur restait discrète. C'est qu'en fait la vision, la construction mentale que ces soldats se faisaient de leur situation était faussée par cette idée (en l'occurrence totalement erronée) que leurs supérieurs ne permettraient pas qu'ils risquent réellement leur vie pour un « simple entraînement ». De ce fait, ils en venaient à croire que se trouver perché de façon précaire sur un arbre avec de vraies balles sifflant tout autour de soi devait être plus sûr qu'il n'y paraissait.

Cette expérience nous permet de comprendre un fait essentiel que phobiques et peureux ne peuvent ignorer : ce qui compte, du point de vue de l'intensité du stress produit, ce n'est pas le danger réellement couru, mais *l'interprétation* que nous nous forgeons, *l'image* que nous avons de ce danger. Nous pouvons, par exemple, réagir faiblement face à des situations extraordinairement périlleuses, où notre vie est menacée, si le scénario de cette situation que nous avons construit est rassurant et comporte une « happy end ».

---

* Les numéros entre parenthèses renvoient à la bibliographie page 273.

Inversement, nous pouvons être pris d'une panique indicible là où, objectivement, il n'y a pas grand-chose à craindre, si, par exemple, nous nous sentons incapables de contrôler la situation.

La vérité est que nous ne voyons jamais le monde tel qu'il est, « objectivement ». Non, notre cerveau, à partir des informations recueillies par l'intermédiaire de nos sens, à partir des souvenirs de situations similaires vécues dans le passé, à partir du produit de notre réflexion, synthétise une image, un « modèle » de la réalité.

Et ce modèle peut parfois se révéler inexact.

Par exemple, le soldat qui croit que, dans le pays auquel il appartient, jamais l'Armée ne pourrait accepter que certains de ses hommes perdent la vie durant leur période d'entraînement peut se sentir invulnérable. Si, maintenant, ses supérieurs font courir la rumeur selon laquelle il existerait une tolérance de sept pour cent de pertes en vies humaines durant ladite période d'entraînement, l'image qu'il s'est forgée de ce qu'est un « entraînement de commando » risque de basculer : qui sait s'il ne pourrait pas, après tout, faire partie de ces sept pour cent ? Trouver la mort deviendrait alors un scénario possible et le sifflement des balles prendrait une toute autre dimension. Une angoisse importante pourrait faire son apparition.

Notons donc ce point essentiel pour qui veut parvenir à tenir un jour ses peurs à distance : *l'angoisse, la peur, sont affaire d'imagination plus que de réalité, d'interprétation des événements plus que des événements eux-mêmes.*

3) A quoi nous sert notre imagination ?

La fonction imaginative.

Chaque matin, nous nous levons, nous habillons et prenons notre petit déjeuner. Nous pouvons faire tout cela sans avoir besoin de réfléchir : nous fonctionnons alors à la façon d'un robot qui réaliserait la tâche pour laquelle il a été programmé.

Mais ce qui nous différencie d'un robot à programme fixe, c'est le fait que nous sommes capables de nous adapter à des situations nouvelles, changeantes, fluctuantes. La plupart du temps, nous veillons à ce que ces situations nouvelles ne nous prennent pas au dépourvu. Comment procédons-nous ? Nous tentons tout d'abord de prévoir quelles situations inhabituelles risquent de se produire dans les secondes, les minutes, les jours ou les années qui viennent. Puis nous imaginons ce que nous pourrions faire si telle situation se réalisait.

En fait, nous n'élaborons pas souvent *un* scénario complet et cohérent. La plupart du temps, nous avons plutôt en tête une multitude de fragments de scénarios, d'ébauches qui s'enchaînent les unes aux autres. Certaines ébauches conduisent à des impasses et nous les abandonnons rapidement. D'autres semblent fructueuses et nous tentons alors de les mettre un peu plus à l'épreuve, de les approfondir, de les détailler.

Prenons un exemple : supposons que chaque matin vous vous rendiez à votre travail par un certain itinéraire. Cela fait maintenant si longtemps que vous prenez la même enfilade de rues que vous le faites sans y penser, d'une façon parfaitement machinale. Mais voilà que vous apprenez que des travaux vont bientôt être entrepris qui rendront cet itinéraire impraticable. Votre fonction imaginative entre alors en action : un premier scénario, dans lequel vous n'iriez pas à votre travail, est balayé en quelques fractions de seconde. Une variante dans laquelle vous arrivez en retard subit le même sort. La raison pour laquelle vous rejetez ces deux scénarios est qu'ils débouchent sur un troisième scénario que vous ne connaissez que trop : celui dans lequel vous vous faites tout d'abord mal voir de votre patron. Puis celui-ci vous renvoie et vous vous retrouvez chômeur. Ce scénario est si désagréable que vous écartez le plus rapidement possible toutes les images qui l'évoquent de près ou de loin : vous ne voulez tout simplement pas y penser.

Vous revenez donc à votre problème et imaginez alors le meilleur itinéraire possible : par telle rue ? Oui mais je rencontrerai sans doute plus d'embouteillages... Par telle autre ? Oui, mais je parcourrai plus de distance. La conduite à tenir se dessine peu à peu dans votre imagination : vous vous lèverez un quart d'heure plus tôt et passerez par tel endroit. Voilà, vous êtes content car votre problème est résolu : quand la situation se présentera, vous saurez ce que vous avez à faire.

Mais nous avons pris là un exemple de conduite simple. Dans d'autres cas, imaginer le comportement que l'on aura devant telle ou telle difficulté ne suffit pas à nous y préparer. Ne serait-ce que parce que, pour fonctionner efficacement, l'imagination a besoin de matériaux : comment pourriez-vous imaginer ce que vous feriez dans une situation que vous n'avez encore jamais vécue ? Il vous manque l'apprentissage pratique, la confrontation avec le concret.

Examinons, par exemple, la façon dont on apprend habituellement à nager. La première phase est imaginaire : votre moniteur de natation vous décrit verbalement les mouvements de la brasse et vous les montre. Vous tentez alors de vous imaginer en train de les faire et vous les simulez éventuellement hors de l'eau. Puis vient l'apprentissage concret : vous entrez dans le bassin et passez à la pratique. Le maître-nageur vous surveille et vous donne des indications qui vous permettent de corriger vos erreurs. Cette étape est évidemment fondamentale, mais son succès dépend pour une bonne part du scénario de comportement que vous avez en tête au moment de vous mettre à l'eau : si vous imaginez que tout se passera bien, que vous mettrez tout simplement en pratique dans l'eau ce que le maître-nageur vous aura appris hors de l'eau, il y a toutes les chances pour que cela se déroule effectivement ainsi. Si, au contraire, vous imaginez que dès les premiers mouvements vous vous mettrez à paniquer et à couler, si vous vous y préparez mentalement, là aussi il est fort probable que votre prévision se vérifie !

Nos scénarios imaginaires positifs.

On peut distinguer trois types de scénarios de comportement : les scénarios positifs, qui préparent à l'action, les scénarios de catastrophe, qui préparent au désastre et créent l'angoisse, et les scénarios inachevés, qui eux aussi engendrent la peur. Commençons par les scénarios positifs :

Tout d'abord, un scénario positif est un scénario effectivement réalisable, tenant compte de ce que vous vous savez capable de faire. Imaginer que, si l'on vous attaque, vous vous en sortirez grâce à votre connaissance du judo, alors que vous n'avez en tout et pour tout que trois mois de pratique dans ce sport, n'est pas à considérer comme un scénario positif, mais comme une rêverie vague et fumeuse.

Un scénario positif est un scénario qui colle au plus près à la réalité. Comment, en effet, pourriez-vous vous montrer efficace si votre vision du monde est pervertie, si votre jugement ne repose que sur de fausses croyances sur vous-même et sur le monde qui vous entoure ? Les soldats de l'exemple cité plus haut minimisaient le danger encouru, pourtant bien visible et bien concret, abusés qu'ils étaient par la croyance qu'une armée ne saurait sacrifier ses hommes durant un entraînement. A l'inverse, et les peureux et phobiques de tous poils se reconnaîtront, d'autres attribuent à certaines situations un potentiel de dangerosité bien plus grand qu'il n'est en réalité.

Un scénario positif est ensuite un scénario souple, que vous pourrez modifier si les circonstances l'exigent. Certaines personnes, parfaitement à leur aise quand tout se déroule comme d'habitude, selon leurs prévisions, perdent brutalement tous leurs moyens lorsque survient le moindre changement. Tel professeur qui fait son cours de façon très décontractée se laissera, par exemple, démonter par une question imprévue. Tel agoraphobe à peu près stabilisé parviendra à se déplacer sans trop d'angoisse, mais cédera à la panique devant un incident mineur, une panne de voiture par exemple, lui demandant de modifier ses habitudes.

Un scénario positif devra aussi atteindre un degré d'achèvement suffisant : vous devez être capable de prévoir non seulement la façon dont vous allez démarrer une action, mais aussi la manière dont vous pourrez la conduire à son terme. A première vue, cela peut paraître en contradiction avec la proposition précédente : une prévision trop détaillée ne risque-t-elle pas d'empiéter sur votre capacité d'adaptation ? Mais d'un autre côté, il paraît raisonnable, avant de se jeter à l'eau, de se demander comment on fera pour en sortir ! Le bon scénario devra donc louvoyer entre ces deux écueils : il faudra prévoir les grandes lignes de ce que l'on compte faire et se laisser suffisamment de marge pour tenir compte des circonstances.

En définitive, être capable d'imaginer un scénario positif pour faire face à une situation donnée se confond avec ce qu'on appelle le savoir-faire. Lorsqu'on est dans une situation que l'on vit comme dangereuse, l'important est de savoir comment on doit s'y prendre pour s'en dépêtrer. Et ce qui est nécessaire pour ne pas se laisser submerger par la panique, c'est de garder à l'esprit que l'on possède le savoir-faire indispensable !

Pour reprendre l'exemple des astronautes de la mission Mercury, les hommes sélectionnés possédaient tout particulièrement une confiance inébranlable en leurs propres capacités à affronter des situations dangereuses. Chacun pensait que son expérience, l'entraînement qu'il avait reçu, ses propres facultés d'adaptation lui permettraient de faire face à tout imprévu. Chacun était certain d'avoir la compétence nécessaire : le scénario de tous les incidents possibles et de toutes les réponses qui s'imposaient était clair et précis dans leur esprit. De plus chacun se sentait apte à improviser un scénario de dernière minute si l'imprévu survenait malgré tout.

Les scénarios de catastrophe.

Nous n'avons que l'embarras du choix pour parler de scénarios de catastrophe, tant les anxieux et les phobiques sont passés maîtres dans leur élaboration !

Commençons par cette façon propre à tout anxieux qui se respecte de s'auto-observer « objectivement ». Lorsque l'angoissé prend conscience des manifestations physiques de sa peur, lorsqu'il se rend compte qu'il a une boule dans la gorge, qu'il respire péniblement, que son cœur bat trop vite, qu'il tremble, qu'il est raide, qu'il manque d'équilibre, qu'il transpire, qu'il digère mal, qu'il dort mal, qu'il est fatigué en permanence, il s'inquiète : serait-il malade ?

De nouveau, l'imagination repart de plus belle et les scénarios catastrophiques se pressent au portillon : et si c'était l'infarctus ? Et si c'était le cancer ? Ou, pire encore, se pourrait-il qu'il soit en train de devenir fou ? La tête de l'angoissé est alors pleine de cœurs qui lâchent, de tumeurs qui grouillent et bourgeonnent, d'infirmiers à la carrure trop large pour être honnête qui se saisissent de lui pour l'emporter dans un asile d'aliénés.

L'angoissé se met alors à s'auto-observer sans relâche. La moindre anomalie de fonctionnement est interprétée comme la preuve irréfutable de la progression de son mal. Urine-t-il suffisamment ? Va-t-il assez à la selle ? De quelle couleur est son urine ? Et les selles, sont-elles bien moulées ? Il lui a semblé tout à l'heure percevoir un léger chatouillis quelque part dans son ventre, là, tout au fond : est-ce bien normal ? S'il se penche en avant ou s'il tourne brusquement la tête, il ressent comme une sensation de nausée. Qu'est-ce que cela veut dire ? Et là, juste à l'instant, il a eu comme une sorte de passage à vide, de vertige : serait-ce le début d'un malaise ? Maintenant, ses doigts sont froids et picotent légèrement. Cela n'annonce-t-il pas qu'une crise (de spasmophilie, par exemple) se prépare ? Oui, c'est sûr, il va se trouver mal, il va avoir un malaise, il va perdre le contrôle de lui-même, il va mourir, inéluctablement.

Certains cachent leur crainte au plus profond d'eux-mêmes, n'osant en parler à quiconque de peur que cela ne donne corps à leurs terreurs secrètes. D'autres noient leur entourage sous les descriptions horrifiantes de tous les phénomènes étranges qui se déroulent dans le tréfonds de leurs entrailles. Beaucoup s'en vont conter leurs misères au médecin. Mais quoi que ce dernier fasse, ils ne pourront en être satisfaits : si l'homme de l'art tente de les rassurer, cette attitude sera interprétée comme un signe d'incompétence (« il n'a rien compris à mon mal ») ou comme une attitude charitable (« je suis si gravement atteint qu'on préfère me cacher la vérité »). Si, au contraire, le médecin se lance dans des investigations médicales complexes et coûteuses, cela confirmera la gravité de la maladie (« on ne me ferait pas tout ça si ce n'était pas grave ») et, à nouveau, l'incompétence des médecins (« la médecine est impuissante face à une maladie comme la mienne »).

Ce ne sont pas seulement les ratés de son propre corps que l'anxieux décortique, mais aussi le monde extérieur. Si le phénomène n'était pas aussi douloureux, il pourrait s'agir d'un jeu de société : à partir d'une situation donnée, tentez d'imaginer toutes les catastrophes possibles. Votre mari est en retard pour le dîner ? Il aura eu un accident : à l'heure qu'il est, il baigne dans son propre sang au milieu d'un amas de tôles froissées, ou bien il sera mort carbonisé (brûlé vif, bien entendu : imaginez les flammes qui lèchent votre visage, vos mains, la douleur des brûlures). Ou bien encore il aura été attaqué par des loubards, torturé, estropié. Non, tout cela est trop horrible, impensable, irréel, et tout compte fait vous préférez changer de registre : s'il est en retard, c'est qu'il est dans les bras d'une autre. Il va rentrer tout à l'heure le col maculé de rouge à lèvres, les cheveux en bataille, la cravate de travers. Qu'allez-vous faire, qu'allez-vous dire ?

Rien de ce que vous imaginez n'est faux à proprement parler : il est possible que votre mari ait effectivement un accident, soit victime d'une agression ou vous trompe, comme il se doit, avec votre meilleure amie. Bien des choses sont possibles : une infinité. La rumination mentale de tous les scénarios de catastrophe possibles conduit à vivre une vie dramatique où tout s'entremêle : les petits agacements ne sont plus distingués des drames véritables. Tout devient catastrophe.

Bien sûr, toutes ces pensées inquiétantes se traduisent en définitive par une aggravation de l'état d'angoisse : c'est ainsi que, dans un cercle particulièrement vicieux, l'angoisse crée l'angoisse.

Les scénarios inachevés.

Ceux-là sont tout aussi pernicieux que les scénarios de catastrophe, dont ils sont d'ailleurs une variante.

Reprenons notre exemple de tout à l'heure, celui du piéton qui manque de se faire écraser par une voiture. Imaginons maintenant que l'accident ait réellement lieu. Ce n'est pas vous qui vous faites écraser, mais vous assistez à la scène. Vous êtes là, sur le trottoir, vous voyez ce pauvre homme traverser sans regarder, inconscient du danger. La voiture arrive droit sur lui. Vous voulez crier, l'avertir, mais tout va trop vite et vous n'en avez pas le temps. Les freins crissent, vous entendez le choc du corps contre le métal, vous vous précipitez. L'homme renversé gît, inconscient, sur la chaussée. On appelle l'ambulance, on l'emporte. Tout est fini.

Ou plutôt non, tout commence : vous ne pouvez vous empêcher de vos repasser mentalement le film de ce qui vient de se passer.

Mais laissons parler Alain [2] qui a fort bien décrit le processus : « Une catastrophe réelle ne frappe pas deux fois au même point (...). Un promeneur est atteint par une automobile lancé à vingt mètres et tué net. Le drame est fini ; il n'a point commencé ; il n'a point duré ; c'est par la réflexion que naît la durée.

Aussi, moi qui pense à l'accident, j'en juge très mal. J'en juge comme un homme qui, toujours sur le point d'être écrasé, ne le serait jamais. »

Et, en effet, vous vous imaginez à la place de la victime. Mais, contrairement à elle, vous voyez la voiture arriver sur vous, vous imaginez le choc horrible : le pare-choc du véhicule heurte votre jambe, l'os se brise, la douleur est insoutenable. Tellement insoutenable que vous cessez de l'imaginer... pour recommencer à visualiser toute la scène depuis le début. Vous vous la repassez au ralenti, vous en modifiez les détails, vous imaginez d'autres douleurs, d'autres écrasements, vous mourez encore et encore.

Mais vous, vous êtes vivant, votre corps est intact, vous ne souffrez pas physiquement, et c'est justement pour cette raison que vous êtes capable de faire ainsi fonctionner votre imagination. La maladie est insupportable à celui qui se porte bien, justement parce qu'il se porte bien, disait déjà Pascal.

Notre blessé de tout à l'heure n'a pas du tout vécu le même scénario : il n'a vu la voiture arriver sur lui que durant quelques fractions de seconde. Il n'a pas eu le temps de réfléchir, il n'a pas eu le temps d'avoir mal, il n'a pas eu le temps de s'angoisser ou d'avoir peur. Il se réveillera sans doute à l'hôpital et devra demander autour de lui ce qui lui est arrivé.

Avec les scénarios inachevés, nous voici donc en présence d'un curieux mécanisme en forme de boucle sans fin : nous imaginons une scène dans notre esprit qui provoque en nous une angoisse telle qu'elle nous est insupportable. Nous cessons alors d'imaginer la scène en question. Mais, au lieu de l'écarter définitivement, nous la reprenons à nouveau à son début. Nous engendrons ainsi une spirale infernale où, à chaque fois, l'angoisse provoquée par ce que nous imaginons croît un peu plus. Là aussi, ce vertige de l'angoisse est un phénomène bien connu de tous les anxieux et phobiques.

4) Comment peut-on avoir peur des araignées, des fantômes et de faire ses courses au supermarché ?

Résumons-nous : nous avons vu successivement les peurs adaptées, provoquées par un danger incontestable, puis les peurs d'anticipation, certaines là aussi tout à fait fondées, dues à un danger situé dans le futur et qu'il faut se préparer à affronter. Nous sommes ensuite passés à des peurs et à des angoisses plus irréelles, provoquées par une imagination surchauffée qui accumule les scénarios de catastrophe, qui s'englue dans les boucles sans fin de l'angoisse. Mais, dans la plupart de ces cas, nos craintes concernaient des dangers concrets, ou, tout au moins, d'aspect réaliste : après tout, les accidents de voiture, le cancer ou les malaises cardiaques n'arrivent pas qu'aux autres !

Mais voici que nous pénétrons maintenant dans le domaine des peurs irrationnelles, où l'on se met à paniquer tout en sachant que c'est parfaitement absurde…

Des peurs irrationnelles, qui n'en a pas ? Qui peut se vanter de n'avoir peur ni de l'obscurité, ni des hauteurs, ni des souris, ni des serpents, ni de passer sous une échelle, ni de dormir dans un vieux château écossais (hanté, comme il se doit) ?

Prenons, par exemple, la peur des araignées. Est-ce là une peur irrationnelle ? Si vous prenez la peine d'y réfléchir, vous devrez convenir que, dans nos contrées pauvres en mygales au venin mortel, les piqûres d'araignée sont exceptionnelles et moins douloureuses que celles des moustiques. Et pourtant, vous ne pouvez pas vous empêcher d'être terrorisé par les araignées alors que les moustiques ne font que vous agacer. Nous sommes donc bien en présence d'une peur irrationnelle : nous avons peur bien qu'il n'y ait pas de raison objective suffisante pour justifier cette peur.

D'où proviennent-elles, ces peurs illogiques et indéfendables, ces phobies et ces superstitions ? Psychanalystes, comportementalistes, neurobiologistes ont là-dessus des opinions bien tranchées, difficilement conciliables avec celles du voisin. Sans compter que vous et moi avons, nous aussi, notre petite idée, n'est-ce pas ? Aussi, je vous propose de laisser pour l'instant cette question en suspens. Nous aurons largement l'occasion d'y revenir.

IV. Face au danger.

1) Le choix : fuir, combattre ou rester passif ?

Quelles sont, en fait, les possibilités qui s'offrent à vous lorsque vous vous trouvez confronté à un danger, qu'il soit réel ou bien imaginaire ? Elles ne sont pas infinies : vous pouvez accepter la confrontation, vous pouvez battre en retraite ou bien encore vous pouvez, telle une souris hypnotisée par un serpent, attendre passivement que le danger s'éloigne de lui-même ou bien vous dévore.

Agir.

L'action est souvent une bonne stratégie : elle a pour effet de diminuer la peur, en particulier parce qu'avoir l'esprit occupé par des tâches concrètes empêche d'inventer des scénarios d'épouvante.

C'est ainsi que des études psychologiques menées durant la seconde guerre mondiale [(39)] ont montré que, dans les conditions difficiles du combat ou des bombardements, plus la tâche confiée à un individu était précise, plus elle requérait d'attention, et moins la peur se faisait sentir. Inversement, c'était les sujets désœuvrés qui paniquaient le plus. Cela s'est vérifié aussi bien au sein des équipages d'avions que dans la population civile, chez les pompiers, les sauveteurs et les policiers. On peut aussi prendre comme exemple celui des sous-mariniers pendant la période 1939-1945 [(33)] : à l'instar des astronautes, toutes les conditions paraissaient réunies pour observer parmi ceux-ci un grand nombre de réactions de panique ou de dépressions nerveuses : il s'agissait d'hommes prisonniers d'un volume ridiculement petit, entassés dans des conditions de promiscuité redoutables. Ils n'étaient séparés de la mort que par quelques centimètres d'acier. Qu'une voie d'eau apparaisse, et c'en était fait d'eux. L'océan froid et glauque les asphyxierait, la pression effroyable les broyerait. Mais tout cela, tout comme l'ennemi que l'on ne voyait jamais, que l'on ne faisait que deviner, restait hors de portée des sens : on ne pouvait qu'imaginer, imaginer qu'on sautait sur une mine, qu'on se trouvait privé d'oxygène, qu'on étouffait, qu'on se noyait, qu'on se faisait dévorer par un requin...

Justement, il semble que, pris dans leur ensemble, les sous-mariniers n'imaginèrent pas grand-chose : sur 25 000 hommes en service, 55 personnes seulement, soit 2,2 individus sur mille, présentèrent des signes de peur phobique ou de dépression nerveuse obligeant à une cessation de service. Là aussi, aux dires des intéressés, le fait d'avoir une tâche bien définie joua un rôle déterminant.

Même si l'on n'agit pas, savoir qu'on en a la possibilité tend à diminuer la peur. Inversement, penser que l'on est bloqué, coincé, qu'on ne peut qu'attendre passivement sans pouvoir influer sur le cours des événements crée une invincible sensation de claustrophobie.

Il faut bien comprendre que tout cela est, en très grande partie, irrationnel. Par exemple, la plupart des gens se sentent plus tranquilles dans une automobile roulant en excès de vitesse et en train de doubler sur une route nationale à trois voies que dans un Boeing 747 survolant l'Atlantique. Il est pourtant notoire que l'avion est un moyen de transport infiniment plus sûr que la voiture. Mais le fait est qu'en avion vous vous sentez dans un état de totale dépendance alors qu'en voiture, même si ce n'est pas vous qui conduisez, vous pouvez parler au chauffeur, lui demander de ralentir, de freiner, voire de s'arrêter. On peut aussi remarquer qu'un certain nombre de phobiques de l'avion tentent de combattre leur peur en prenant mentalement possession de l'appareil, en imaginant qu'ils l'aident à voler : ils cessent de la sorte de se sentir passifs et impuissants. Il faut malheureusement bien avouer que, de l'avis des mêmes phobiques, cette technique se révèle aussi fatigante qu'inefficace : personne n'est dupe, pas même le phobique lui-même !

Dans ce genre de situation, mieux vaut donc diriger son attention sur une tâche concrète. Une partie d'échecs, des mots croisés, un travail méticuleux demandant de la concentration vous empêcheront de fantasmer sur les dix kilomètres de néant qui vous séparent d'un océan infesté de requins !

Fuir.

Fuir ? Pourquoi pas si l'on ne se sent pas de taille ? Fuir, c'est encore agir.

Oui, mais à la condition qu'il y ait eu choix véritable : tout va bien si vous opérez un repli stratégique face à un danger. Mais attention ! Si vous fuyez toujours, si vous pratiquez l'évitement systématique, vous vous enfermerez dans un cercle étrangement vicieux : plus vous fuirez et plus vous aurez peur, plus vous aurez peur et plus vous fuirez. *C'est exactement ainsi que l'on devient phobique.* La vérité est que, dans un tel cas, vous ne choisissez pas véritablement entre la fuite et l'affrontement : vous fuyez parce qu'affronter vous semble impossible. Vous êtes, en réalité, en situation de passivité.

Rester passif.

Et, justement, la passivité (ou ce que Laborit décrit comme « inhibition de l'action ») est probablement la réponse la plus désastreuse que vous puissiez avoir : cela consiste à ne rien faire du tout, à s'empêcher d'agir et à attendre que le danger veuille bien s'éloigner de lui-même. Telle l'autruche, on s'enfonce alors la tête dans le sable, on essaie de ne plus penser, de ne plus voir, de s'abstraire mentalement de la situation que l'on est en train de vivre.

Cette réaction de passivité est souvent ressentie comme un blocage : le corps est raide, l'esprit est vide, on ne peut plus avancer d'un pouce. Pourtant, très souvent, les apparences sont sauves. Il arrive même, et assez fréquemment, que la personne elle-même n'ait guère conscience de sa propre passivité et finisse par considérer que l'état de tension qu'elle ressent est son état normal.

En réalité, le stress est à son maximum : vous êtes là, apparemment paisible, faisant comme si de rien n'était, comme si tout allait bien, mais vous êtes en fait — sans même vous en rendre bien compte — dans un état de totale panique, rongé de l'intérieur, mûr pour toutes sortes de maladies psychosomatiques. Sans compter les phobies, bien sûr.

Mme Bé avait pris rendez-vous avec son médecin pour l'entretenir d'un intense et mystérieux état de fatigue. Etait-ce parce qu'elle manquait de magnésium ou de vitamines ? Elle surveillait pourtant son équilibre alimentaire, pratiquait régulièrement un sport. Alors ? Bien sûr son travail de secrétaire lui demandait un effort important, mais qui a la chance d'avoir un travail de tout repos ? En fait, Mme Bé souffrait d'une phobie de rougir en public (éreuthophobie) qu'elle dissimulait soigneusement. Personne autour d'elle n'était au courant, personne ne savait que le moindre regard, la moindre remarque déclenchaient chez elle une immense panique. Elle se contentait de baisser la tête et tentait de faire cesser les tremblements de ses mains. « Que voulez-vous que je fasse, docteur ? », demanda-t-elle en pleurant. « Il faut bien travailler, n'est-ce pas ? »

Dieu merci, il existe d'autres solutions que de se laisser paralyser par l'angoisse. Dans la partie réservée au traitement des phobies, nous verrons que la porte de sortie consiste à quitter sa position de passivité pour adopter une attitude active face à ce qui fait peur. Plus facile à dire qu'à faire, direz-vous ? Mais non, c'est moins difficile qu'il n'y paraît : le tout est de savoir comment s'y prendre...

2) Les fluctuations de la peur.

Et, justement, il est temps d'examiner ce qui fait que nos angoisses fluctuent dans un sens ou dans l'autre, s'aggravent ou au contraire tendent à disparaître peu à peu. Car nos peurs ne se maintiennent que rarement à un niveau stable.

L'habituation au stress.

Reprenons nos considérations guerrières. Au cours de l'été 1940, lorsque les autorités britanniques prirent conscience des périls que les Londoniens civils allaient devoir affronter du fait des attaques aériennes, inévitables dès que l'Angleterre entrerait en guerre, elles en conçurent une vive inquiétude : comment les citoyens ordinaires allaient-ils réagir ? Dans des circonstances similaires, à Barcelone durant la guerre civile espagnole, dans les Flandres ou en France en 1939, on avait malheureusement assisté à de brutales crises d'hystérie collective et les populations paniquées s'étaient mises à fuir dans une pagaille indescriptible.

Un éminent psychologue de l'époque [40], à qui les autorités avaient demandé conseil sur les mesures à prendre, raconte comment il envisageait les choses : « Les stimuli que constitue un raid aérien sont parmi les plus intenses et les plus terrifiants parmi ceux dont des êtres humains civilisés peuvent faire l'expérience... Durant l'été 1940, comme des raids sur une grande échelle semblaient imminents, beaucoup d'entre nous craignaient que cela n'engendre de gigantesques réactions de panique et d'hystérie ».

On craignait en particulier l'apparition d'un syndrome de « phobie des raids aériens » : la peur intense produite par l'attaque aérienne ne se dissiperait pas à la fin du raid, mais, au contraire, irait en se renforçant. Il y aurait des recrudescences de panique la nuit, même lorsqu'aucun raid ne surviendrait. Les sirènes d'alarme engendreraient des crises d'angoisse intenses et incontrôlables, les sujets développeraient des peurs claustrophobiques et agoraphobiques.

On s'attendait aussi à une augmentation du nombre des psychoses, ainsi qu'à voir fleurir diverses maladies psychosomatiques dues au stress. Et tout ce que nous venons de dire jusque là aurait bien tendance à confirmer cette hypothèse, n'est-ce pas ?

C'est ainsi que, sur les conseils d'experts en psychologie, furent mis en place un peu partout dans Londres des centres de soins psychologiques où les futurs traumatisés pourraient être pris en charge.

Or, à la surprise générale, il ne se passa rien de tel : malgré la mort et la destruction causée par les bombes, les atteintes psychologiques restèrent l'exception. Par exemple, sur 578 civils admis dans un centre de soins après un raid aérien sévère, seulement 2 le furent en raison d'un syndrome de panique. Dans un autre rapport médical, on note que sur 619 civils hospitalisés après raids aériens pour des motifs divers, 134 souffraient de peur panique. Tous purent quitter l'hôpital dans les vingt-quatre heures et seulement 6 d'entre eux furent réhospitalisés pour les mêmes motifs. Sur 200 admissions dans un hôpital psychiatrique qui eurent lieu à la même époque, seulement 5 eurent pour cause un traumatisme dû aux raids aériens. Et, comme le font remarquer les médecins : « ces 5 cas répondirent bien au traitement » [33].

Ce qu'on observait dans la pratique chez les bombardés, c'était une sensation de panique, la plupart du temps très intense et très éprouvante, mais ne dépassant pas quelques heures, et qui ensuite allait en s'estompant. Certains individus, plus fragiles ou qui avaient été la proie d'une terreur plus violente, développaient ce que nous avons décrit plus haut sous le nom de névrose post-traumatique : ils souffraient, parfois durant plusieurs semaines, de tremblements, de fatigue excessive, se montraient irritables, dormaient mal, faisaient des cauchemars où ils revivaient le traumatisme du bombardement.

Bien que tous ces troubles soient loins d'être négligeables, ils paraissaient tout à fait mineurs comparés à ce à quoi on s'attendait.

Comment expliquer cette extraordinaire résistance ? Etait-ce grâce à leur flegme typiquement « british » que les Anglais étaient parvenus à garder leur « self-control » ? Ce qu'on pouvait entendre à la BBC durant ces périodes troublées pourrait donner à le penser. La radio britannique, en effet, entre deux concerts de Beethoven, prodiguait des conseils pratiques sur la conduite à tenir durant les raids, le tout avec ce ton calme et cultivé, tout à fait inimitable. Comme un speaker le fit remarquer : « Durant la première semaine de guerre, nous avons eu un temps superbe ».

Peu à peu, les Londoniens s'accoutumèrent donc à dormir peu et mal dans des abris publics et à vivre dans la journée aussi « normalement » que les circonstances le permettaient.

« La vie dans une ville soumise aux bombardements demande à chacun un effort permanent d'adaptation. L'individu moyen continue à se comporter avec un calme surprenant. Durant le trajet du matin, les banlieusards, qui devaient affronter des bombardements plus intenses que les personnes vivant dans le centre de Londres, vantaient placidement la taille des cratères creusés par les bombes aux alentours de leur maison, exactement sur le même ton qu'en des temps plus paisibles ils auraient vanté la beauté de leurs rosiers ou la taille des courges de leur potager [30]. »

Ce comportement face à des stresses intenses et quasi permanents est loin d'être unique : dans bien d'autres villes sinistrées, en Allemagne, au Japon, les populations réagirent de manière identique. Et les bandes vidéo tournées juste avant la chute de Saïgon ou, plus près de nous encore, à Beyrouth, montrent que, dans toutes les parties du monde, la population finit par s'adapter à la mitraille et continue tant bien que mal à vaquer à ses occupations, malgré les balles ou les obus.

Pour le psychologue, qui, de par ses études, sa science, sait à quel point les êtres humains sont fragiles, sensibles, délicats, qui sait qu'un rien parfois, un échec sentimental, la raillerie d'un être aimé, un simple mot de trop, un geste malencontreux, suffit à plonger ses semblables dans la dépression ou la maladie mentale, eh bien ! monsieur Toulemonde est un être surprenant : songez, voilà quelqu'un que l'on bombarde, que l'on mitraille, que l'on confronte sans cesse à la mort, qui trouve parfois des cadavres encore chauds devant sa porte, qui ne peut ignorer qu'il risque de perdre la vie d'ici peu. Or que fait monsieur Toulemonde ? Fuit-il ? Se cache-t-il sous son lit ou tout au fond de sa cave ? Hurle-t-il à la mort ? Pousse-t-il des cris de bête ? Se met-il à perdre l'esprit et à courir de çi de là, en proie à la terreur ? Eh bien ! oui : c'est là en règle générale son premier mouvement.

Mais, chose étrange, le voilà qui se calme peu à peu et qui, doucement, progressivement, reprend sa vie comme si de rien n'était. Monsieur Toulemonde tente le plus souvent de reconstruire, même dans les pires conditions, un semblant de vie normale. Qui aurait cru ça de lui ?

Oh ! bien sûr, monsieur Toulemonde a des angoisses, des insomnies, des cauchemars et se montre parfois un peu irritable : on le serait à moins. Mais il survit malgré tout, il s'accroche, il supporte, et, surtout, *il s'habitue.*

L'habituation est un phénomène dont nous n'avons pas fini de parler. Il s'agit de cette capacité qu'a l'être humain de s'accoutumer à l'insupportable.

La sensibilisation.

N'est-ce pas merveilleux ? Doucement, progressivement, vous vous habituez à côtoyer l'horreur. Plus on vous stresse, et moins vous avez peur.

Mais vous sentez bien que quelque chose cloche dans ce que nous venons de dire : il est d'autres fois où, tout au contraire, votre peur n'en finit pas de croître et embellir. Plus vous voyez des araignées, et plus vous avez les araignées en horreur. Ou vous êtes sujet au vertige et avez l'impression que plus le temps passe, et plus votre peur du vide augmente. Vous êtes agoraphobe et chaque voyage vous paraît plus pénible que le précédent.

Des phénomènes similaires ont été observés chez les pilotes d'avion durant la dernière guerre [39, 19] : loin de s'habituer au stress engendré par les missions, beaucoup d'entre eux voyaient, au contraire, leur courage s'émousser avec le temps. Alors qu'au départ ils étaient tout feu tout flamme, au bout d'un certain nombre de missions, et en particulier lorsqu'on leur annonçait la possibilité d'une permission prochaine, leur sang-froid s'effritait et ils se mettaient à trembler. De même, beaucoup de pilotes se sentaient beaucoup plus angoissés en rentrant à la base qu'au moment du décollage. 13 % des pilotes souffraient d'insomnies en début de mission contre 52 % en fin de mission.

Alors quoi ? Pourquoi, dans certains cas, s'habitue-t-on alors que, dans d'autres, on aurait plutôt tendance à s'angoisser de plus en plus, à devenir de plus en plus sensible, *sensibilisé* à l'objet ou à la situation que l'on redoute ? La réponse, vous vous en doutez sûrement, est loin d'être simple : et c'est là, pourtant, que se dissimule le pourquoi de bien des peurs et de bien des phobies. Car si l'on se sensibilise, la peur et la phobie iront croissant. Inversement, que l'on connaisse les facteurs qui interviennent dans la désensibilisation ou dans l'habituation, et l'on saura guérir les phobies et diminuer les peurs.

Habituation ou sensibilisation : à quoi cela tient-il ?

De nombreuses expériences et études psychologiques conduisent à penser que bien des choses dépendent de la forme et de la durée du stress auquel nous sommes confrontés : comme nous le verrons quand nous parlerons de la théorie comportementale des phobies, un traumatisme unique, bref et brutal, provoquera presque toujours une peur intense qui persistera plus que de raison et aura tendance à s'accroître avec le temps : on se trouve en présence du phénomène de sensibilisation.

Inversement, la répétition monotone de traumatismes, même si ceux-ci sont intenses, provoquera, dans la plupart des cas, une diminution progressive de l'angoisse : il s'agit du phénomène d'habituation.

Cette notion est fondamentale pour qui veut se débarrasser de ses peurs et phobies surnuméraires : c'est, en particulier, en s'exposant longtemps et régulièrement (le plus souvent très progressivement, ne vous inquiétez pas) à ce qui fait si peur que la peur finit par vous quitter. Là est la clef de voûte du traitement des phobies.

Deuxième partie :

Les mille et une façons d'être phobique.

I. A phobique, phobique et demi !

1) Les phobiques célèbres.

La peur est vieille comme le monde et les phobies aussi. Les deux termes sont d'ailleurs plus ou moins synonymes puisque « phobie » vient du grec *Phobos,* qui signifie peur ou terreur.

Et ce ne sont pas les phobiques qui manquent : Damoclès, connu pour l'épée légendaire qui, dit-on, était suspendue au-dessus de sa tête, souffrait en outre d'une acrophobie (ou phobie des lieux élevés). Caius Octavius, celui dont Jules César fit son héritier et qui devint empereur sous le nom de César Auguste, celui qui fonda l'Empire romain, eh bien ! Caius Octavius refusait de rester tout seul dans le noir. Germanicus, vaillant général romain, frère de l'empereur Claudius, était terrorisé par les coqs. L'un des nombreux Ladislas qui furent rois de Pologne avait une phobie pour le moins étrange : il fuyait devant des pommes ! Le duc d'Epernon perdait connaissance à la vue d'un âne. Erasme, celui qui écrivit « l'Eloge de la folie », se trouvait mal quand des effluves de poisson ou de plats contenant des lentilles atteignaient ses narines sensibles. Tycho Brahé (1546-1601), astronome célèbre qui fonda l'astronomie scientifique et lui permit d'émerger du Moyen Age, vaillant bretteur qui, lorsqu'il perdit son nez lors d'un duel, le fit remplacer par une prothèse d'or et d'argent, Tycho Brahé donc était phobique non seulement des renards mais aussi des lièvres ! Le Chevalier Francis Bacon, philosophe et scientifique qui vécut au XVIe siècle, mourait de peur lors des éclipses de lune. Bayle avait des convulsions quand il entendait le bruit de l'eau qui tombe d'un robinet. La Mothe Le Voyer, lui, paniquait quand il entendait le son d'un instrument de musique. Favoriti, poète renommé qui vécut en Italie au XVIIe siècle, souffrait d'un handicap gênant à l'extrême pour un poète : l'odeur des roses l'angoissait. Le célèbre chirurgien Ambroise Paré, qui opérait à vif sur les champs de bataille, « tomba en défaillance » lors d'un repas où l'on avait servi de l'anguille. Plusieurs personnages célèbres souffrirent leur vie durant d'une phobie des chats : ce fut le cas d'Henri III de France (vainqueur de Jarnac et Moncontour), du Maréchal-Duc de Schomberg, de Wellington, de Napoléon Ier, de Meyerbeer et sans doute de bien d'autres. Enfin, pour finir, Manzoni, écrivain italien, et Feydeau, dramaturge français, étaient agoraphobes, Samuel Johnson était nosophobe et le docteur Morel, célèbre neuropsychiatre, était acrophobe.

Et puis, surtout, comment résister au plaisir de parler des phobies de celui qui a tant contribué à leur célébrité, Sigmund Freud ? Le docteur Freud souffrait en effet d'une phobie des voyages en chemin de fer. Ou, plus exactement, il s'angoissait à l'extrême à l'idée qu'il pourrait rater le départ d'un train ou, pire encore, une correspondance. De ce fait, il arrivait toujours deux heures avant le départ. Pourtant, malgré cette sage précaution, il finissait généralement par attraper le train au vol car — pour quelque mystérieux motif inconscient — il se trouvait généralement une occupation de dernière minute qui, à chaque fois, manquait de lui faire rater son train ! Et c'est d'ailleurs en grande partie l'auto-analyse de ce comportement qui l'amena à s'intéresser aux mécanismes des phobies, et à publier, en 1895, « Obsessions et phobies ».

2) Historique des phobies.

A qui l'honneur ?

Les phobies existent de tous temps, bien sûr, mais qui en a parlé et les a décrites le premier ? Classiquement, on fait remonter à Hippocrate, au XVe siècle avant J.-C., la première référence médicale et descriptive des phobies : il est en effet question d'un cas clinique dans son livre « Sur les épidémies ». On saute ensuite au XVIIe siècle après J.-C. avec Robert Burton qui, en 1621, dans « L'anatomie de la mélancolie », décrit le cas d'un homme qui ne sortait pas de chez lui de peur de mourir ou d'avoir un malaise, d'un autre qui ne pouvait pas traverser les ponts, s'approcher d'une pièce d'eau ou grimper sur une colline de peur d'être pris de l'envie de se jeter dans l'eau ou d'un sommet.

En fait, bien des auteurs, médecins ou non, évoquèrent ces peurs étranges que sont les phobies. Montaigne, par exemple, écrivait : « J'ai vu des gens fuir la senteur des pommes plus que des arquebusardes ; d'autres s'effrayer pour une souris, d'autres rendre gorge à voir de la crème, d'autres à voir brasser un lit de plumes ».

Le Camus, un chirurgien français, rapporte aussi le cas fascinant de Jacques Ier d'Angleterre. Ce dernier était terrifié de manière tout à fait irrationnelle par la vue d'une épée dénudée. Or, dans la nuit du 9 mars 1566, quinze semaines donc avant sa naissance qui eut lieu le 19 juin, sa mère Mary Stuart avait vu son favori David Rizzio poignardé à mort sous ses yeux. Est-ce là un de ces cas étranges et fascinants de télépathie fœtale ? Désolé de vous décevoir, car il existe des explications plus terre à terre : traumatisée par ce qu'elle avait vu, la mère aura sans doute éduqué son fils dans la sainte horreur des coutelas !

Mais le premier livre à avoir parlé des phobies semble bien être... la Bible : « Quand on se lève au chant de l'oiseau et que ses vocalises s'éteignent, alors *on redoute les lieux élevés, on a des terreurs en chemin,* tandis que l'amandier est en fleur, que la sauterelle s'alourdit et que le fruit du câprier éclate ; car l'homme va vers sa maison d'éternité ». (Ecclésiaste 12, 4, 5.) Ne s'agit-il pas là d'une description poétique du vécu d'anéantissement, de mort et d'angoisse de l'agoraphobe durant ses crises d'angoisse [(8)] ?

La création du concept de phobie

L'histoire psychiatrique des phobies débute véritablement avec un psychiatre autrichien du nom de Benedikt qui, en 1870, décrit la « Platzschwindel », ou peur des places publiques. Malheureusement pour lui, le terme de Platzschwindel, sans doute en raison de son caractère imprononçable pour des palais autres que germaniques, dut céder le pas à celui de son confrère, le docteur Westphal. Le docteur Westphal [(43)] eut, en effet, l'astuce d'utiliser des racines grecques pour immortaliser sa découverte et rebaptisa cette nouvelle maladie « Agoraphobie ». Chez les anciens Grecs, l'agora était une place publique en plein air, très fréquentée, où se tenaient les réunions et où l'on commerçait ; quant à *Phobos*, nous l'avons déjà dit, ce mot signifiait peur ou terreur.

L'agoraphobie consistait donc en une peur de se trouver dans des lieux découverts. Westphal, dans sa monographie, décrit le cas de trois patients qui ne pouvaient marcher dans certaines rues ou se trouver sur certaines places sans ressentir une profonde angoisse et craindre de perdre connaissance. Cette peur était plus intense lorsque les rues étaient vides et les magasins fermés. A l'inverse, la présence d'un ami, le fait de pouvoir s'appuyer sur une canne les rassuraient un peu. L'un d'entre eux s'angoissait plus à la ville qu'en rase campagne. Pour un autre, c'était la peur de traverser les ponts qui prédominait. Tous faisaient des efforts désespérés, usaient de subterfuges complexes pour éviter d'avoir à se trouver dans de tels lieux. De plus, tous avaient tendance à utiliser de l'alcool, en l'occurrence de la bière ou du vin, pour se donner du courage.

La description de Westphal est extraordinairement complète : celui-ci avait déjà remarqué l'importance de la peur anticipatoire (les agoraphobes ont surtout peur d'avoir peur, peur de perdre connaissance), le rôle de certains objets (une canne), de certains personnes (un ami), de certaines substances (alcool, médicaments) qui peuvent les protéger (et qu'on a par la suite baptisé « objets contre-phobiques), ainsi que l'importance du comportement de fuite ou d'évitement.

Des phobies et des psychiatres...

Le docteur Westphal savait-il vraiment ce qu'il faisait quand il choisit pour baptiser sa découverte un beau nom forgé à partir de racines grecques ? Il venait, en fait, de donner le signal d'une formidable course nosographique.

Pensez donc à la situation internationale en cette fin du XIXe siècle! Le monde civilisé n'était qu'un îlot entouré d'immenses territoires mal connus ! *Go west, young man,* disait-on en Amérique aux jeunes immigrants venus d'Europe lorsqu'ils étaient ambitieux et avaient soif de richesses. Et l'Afrique ? Ah, l'Afrique, ses pygmées, ses missionnaires, ses explorateurs perdus dans la jungle (luxuriante, comme toujours). Et la Chine, l'Indochine, le Brésil, leurs richesses, leurs féroces coupeurs de têtes...

Et les psychiatres, là-dedans ? Allaient-ils continuer à se morfondre dans leurs asiles d'aliénés ? Heureusement pour eux, grâce au bon docteur Westphal, qui leur avait obligeamment indiqué la route, ils prirent conscience que de fabuleux territoires existaient, qui attendaient qu'on les explore et surtout qu'on les baptise. Et, parmi ceux-ci, le pays des phobies faisait figure d'Eldorado. Des phobies ? Il n'y avait qu'à se baisser pour en ramasser ! On ne s'en priva pas.

Les grands moments de ce déchaînement de noms ronflants furent, nous l'avons vu, le baptême de l'agoraphobie par le docteur Westphal en 1872, bientôt suivi de celui de la claustrophobie (ou peur de l'enfermement) par le docteur Ball en 1879 et l'invention de l'éreuthophobie (ou peur de rougir en public) par Pitres et Régis en 1896.

Pour le reste, nous vous laissons juges.

Trouvez la vôtre !

Vous pensez être sain de corps et d'esprit. Vous pensez ne pas être sujet à la moindre phobie. Détrompez-vous ! Il n'est pas possible que vous ne trouviez pas dans la liste qui suit un petit quelque chose qui fasse de vous un phobique à part entière.

Mais si vous avez acheté ce livre, c'est peut-être parce que vous vous savez phobique. Ne sautez pas ce chapitre pour autant, car vous pourrez y apprendre le nom de chacune de vos phobies. N'est-il pas plus valorisant de dire à ses amis : « Désolé, mais du fait de mon aérodromophobie, je ne puis partir en vacances avec vous aux Canaries » plutôt que d'avouer piteusement : « J'ai peur de prendre l'avion » ? Ou encore, ne vaut-il pas mieux dire : « Ma femme est une rupophobe et une myxophobe de première ! » au lieu d'un banal : « Germaine est très à cheval sur la propreté » ?

• *Phobies générales.*

Commençons par les phobies générales : nous avons, tout d'abord, hors catégorie, l'impératrice des phobies : la *pantophobie* qui est la peur de tout et — plus encore — de rien. Tout, absolument tout, terrorise les pantophobes.

Les docteurs Pitres et Régis, en 1902 [32], nous rapportent par exemple le cas d'une de leurs patientes, Mme X, qui présente une « phobie des araignées, des lectures émouvantes, des fenêtres ouvertes, des foules, des églises, des places désertes, de l'eau, surtout de la couleur rouge et du sang. Elle s'est trouvée mal, un jour, en tricotant un fichu rouge et n'a jamais pu voir du foie de veau cru ». On imagine sans peine à quel point cette personne était handicapée.

Vient ensuite la *phobophobie* ou peur d'avoir peur. La phobophobie, malgré son petit air grotesque, concerne en fait une grande majorité de phobiques. Les agoraphobes, en particulier, sont très phobophobes...

• Phobies d'objets et de substances.

Mon premier est la *métallophobie,* ou phobie des métaux.

Mon second est *l'achmophobie,* ou phobie des objets pointus.

Mon tout, qui s'appelle la *bélonéphobie,* est l'alliance de mon premier et d'un petit second. La bélonéphobie, vous l'aurez deviné sans peine, est la phobie des épingles.

L'hématophobie, ou phobie du sang, est extrêmement répandue.

Que dire de la *rupophobie,* phobie de la saleté, et de la *myxophobie,* ou phobie des poussières, si ce n'est que point trop n'en faut ? Il en va de même de la *toxicophobie* et de la *pharmacophobie* qui sont la phobie des poisons et des médicaments. La *hyalophobie,* ou phobie du verre, vous compliquera bien l'existence, bien plus en tout cas que cette phobie rarissime qu'est la *koréphobie,* ou phobie des poupées.

Remarquons que restent à la disposition des nosographes grecquisants les phobies suivantes : la phobie des armes à feu et des armes blanches, la phobie des allumettes, des cigarettes ou des cigares, des excréments, des tissus, de l'huile, du vinaigre, de la moutarde, des fraises, des bananes et autres fruits, de la viande, du poisson, des légumes et des spaghettis à la Bolognaise (nous reconnaissons toutefois que, pour ce qui concerne cette dernière phobie, le nom grec n'est pas simple à trouver. Que celui qui y parvient nous en fasse part : il a gagné).

• Topophobies.

Passons maintenant aux *topophobies.* Les topophobies sont, comme vous vous en doutez, les phobies de lieux.

Il y a là, bien sûr, *l'agoraphobie,* ou phobie des grands espaces, inséparable de sa sœur jumelle, la *claustrophobie,* ou phobie des espaces étroits ou fermés. Vient ensuite *l'acrophobie,* ou phobie des hauteurs et des lieux élevés, que l'on doit distinguer du vertige vrai (le vertige véritable est dû à une lésion de l'oreille interne tandis que le vertige de l'acrophobe est une peur du vide sans lésion physique). La *cremnophobie*, ou peur des précipices, *l'orophobie,* ou phobie des montagnes et des pentes, entretiennent, on s'en doutera, des liens familiaux étroits avec la précédente. Viennent ensuite *l'oïcophobie,* ou peur des maisons, *l'amaxophobie,* ou phobie des voitures, ainsi que la *sidérodromophobie* que nous avons gardée pour la fin et qui est, vous ne le devinerez jamais... la phobie des voyages en chemin de fer !

Sont tristement et injustement restées sans nom grec les phobies des avions, du métro, des autobus, des ascenseurs, des vélos, des motos et des tracteurs.

Vite, réparons cet oubli, et baptisons hardiment *aérodromophobie* la phobie des voyages en avion, *bitrochosophobie* la phobie des bicyclettes, tandis que nous parlerons de *spélaïnophobie* à propos d'angoisses qui vous saisiraient à l'idée de vous aventurer seul et sans matériel de survie dans la station Châtelet-Les Halles !

• *Phobies des éléments.*

Venons-en aux phobies des éléments : nous avons *l'aérophobie,* ou phobie des courants d'air, à ne pas confondre avec *l'anémophobie,* ou phobie du vent. Viennent ensuite *l'hydrophobie,* ou phobie de l'eau, qui comprend la *potamophobie* ou phobie des rivières, et la *thalassophobie* ou phobie de la mer et des océans. Passons maintenant à la *pyrophobie,* ou peur du feu, puis à la *géophobie,* ou peur du contact avec de la terre. La *cheimophobie* est la peur des orages et des tempêtes, la *bronthémophobie* est la peur du tonnerre, *l'astrapéphobie* est la phobie des éclairs. Enfin la *nyctophobie* est la peur de la nuit et de l'obscurité.

• *Phobies des situations.*

N'oublions pas le groupe des phobies de situations, ce qui sûrement ne nous serait pas pardonné : la *kainotêtophobie* est extrêmement répandue puisqu'il s'agit de la peur du changement et de la nouveauté. *L'onomatophobie* est la peur d'entendre prononcer devant soi un certain nom, un certain mot. Un chevalier espagnol du nom de Don Juan Rol en était affligé et ne craignait qu'une seule chose dans l'existence : que l'on prononçât devant lui le mot « lana », qui signifie laine. Le fait d'être onomatophobe du mot « lana » ne l'empêchait d'ailleurs nullement de porter ou de toucher des vêtements de laine, ce qui est sans conteste très logique, puisque Don Juan Rol était uniquement onomatophobe et non hyphaniophobe.

Nous tenons à décerner une mention spéciale (le prix « Lépine » de la psychiatrie ?) au psychiatre dont le nom nous est malheureusement inconnu, qui a cru bon d'inventer la *triskaidekaphobie,* qui est la peur — ô combien irrationnelle ! — d'être assis treize autour d'une table.

Clôturons enfin les phobies de situations sur une petite note macabre, avec la *taphophobie* ou peur d'être enterré vivant.

• Phobies de l'anatomie et du fonctionnement corporel. Phobies de certains comportements.

Attaquons gaillardement les phobies anatomiques : si vous éprouvez une répulsion invincible pour votre propre corps, si vous vous trouvez trop grand, trop petit, trop gros, trop malingre au point de ne plus pouvoir vous supporter, si votre nez, vos oreilles, votre menton, vos seins, vos cuisses, vos fesses (ou tout cela mis bout à bout) ne sont décidément pas ce qu'ils devraient être, si tout cela vous empêche de vivre, vous êtes sans aucun doute *dysmorphophobe.* Les *trichophobes,* qui ont la phobie des poils disgracieux, sont aussi des dysmorphophobes.

Viennent ensuite les phobies de comportement ainsi que les *physiophobies,* ou phobies d'anomalies du fonctionnement corporel. Nous avons déjà mentionné *l'éreuthophobie,* ou peur de rougir sous le coup d'une émotion. La *diapnophobie* est la peur de transpirer de façon intempestive, *l'autodysosmophobie* est la peur de répandre de mauvaises odeurs, *l'apopathophobie* est celle d'être pris du besoin de déféquer (à ne pas confondre avec la peur de la constipation, qui est tout simplement *l'apopathodiaphulatophobie),* tandis que *l'urinophobie* est celle d'être pris du besoin d'uriner. Messieurs Pitres et Régis nous content par exemple, et par le menu, le triste cas d'une apopathophobe de 32 ans qui ne peut sortir sans être longuement exonérée, et a besoin de passer dans des rues où elle peut trouver « de distance en distance, un refuge assuré contre les surprises de son intestin ».

Le *stasophobe* panique s'il doit rester debout, le *basophobe* est phobique de la marche, le *logophobe* s'angoisse s'il doit parler, le *graphophobe* s'il doit écrire et *l'autographophobe* s'il doit signer. Enfin, *l'enduophobie* est la phobie d'avoir à s'habiller, *l'hypnophobie* est la phobie du sommeil et *l'aupniaphobie* celle de l'insomnie.

Toutes ces phobies, est-ce grave, docteur ? En 1902, en tout cas, on savait utiliser les grands moyens :

Mme L.[32], âgée de 42 ans, présentait une « (...) horreur phobique de tout ce qui se rapporte à la grossesse, à l'enfantement. (...) Dans ces derniers temps, elle a éprouvé après une suppression des menstrues, une phobie de la grossesse tellement aiguë et tellement menaçante que force a été, après consultation mûrement pesée, de recourir à une intervention de son utérus, à la suite de laquelle sa phobie s'est dissipée ».

• *Phobies des maladies.*

Mais ne nous arrêtons pas en chemin. Il nous reste encore à voir les *algophobies,* ou phobies de la douleur, et les *nosophobies,* ou phobies des maladies. C'est surtout là que l'on peut prendre la mesure du vieillissement de notre nomenclature (pardon, de notre nosographie : restons grecs, que diable !). Que sont devenues les peurs d'antan ?

Les *syphilophobes* (phobiques de la syphilis) et les *gonoccophobes* (phobiques de la blennorrhagie encore appelée « chaude-pisse ») se sont effacés devant les angoissés du Sida *(sidaphobes ?)* ou de l'herpès *(herpétophobes ?). L'épidémiophobie,* ou phobie des épidémies, la *microbiophobie,* la *bacillophobie,* phobie des maladies microbiennes, la *lyssophobie,* ou phobie de la rage, ainsi que la *phtisiophobie,* ou phobie de la tuberculose, battent tristement de l'aile, mais ont été avantageusement remplacées par la *cancérophobie* (je ne vous le dis pas : devinez), la *cardiophobie,* ou phobie des maladies de cœur, et *l'anginophobie,* ou phobie de l'angine de poitrine.

Combien, je vous le demande, reste-t-il sous nos climats de *spermatorrhéophobes* (phobiques de la spermatorrhée, ou émission involontaire de sperme) ? Combien, depuis que Sigmund Freud est passé par là, reste-t-il *d'hystérophobes* (phobiques de l'hystérie) ? Les *acarophobes* (phobiques des parasites de la peau, des morpions, de la gale, des poux...) eux non plus ne font plus guère recette.

Mais, Dieu merci, il nous reste tout de même quelques *dermatophobes* (phobiques des maladies de peau), quelques *glossophobes* (phobiques des maladies de la langue) et autres *odontophobes* (phobiques des maladies dentaires) à — si j'ose ainsi m'exprimer — nous mettre sous la dent.

Quoi qu'il en soit, presque tous, nous nous retrouvons dans une de ces phobies, si banale et en même temps si effrayante qu'on n'ose à peine en prononcer le nom : la *thanatophobie,* ou phobie de la mort.

Citons, par exemple, le cas dramatique de Mme A., 30 ans [32] : « Il y a six mois, sa grand-mère est morte tout d'un coup devant elle, à table, en mangeant sa soupe, ce qui l'émotionna très violemment. La troisième nuit, elle commença à rêver de sa grand'mère, de sa mort, de son tombeau. Dès lors, elle fut prise de la peur obsédante de mourir tout d'un coup, comme elle. L'attaque d'angoisse survient chaque fois que la malade se met à table et elle devient tellement pénible quand elle essaie de manger de la soupe qu'elle a dû y renoncer. (...) La grand'mère étant morte un dimanche, sa phobie se montre de plus en plus intense au fur et à mesure qu'on s'approche des derniers jours de la semaine ».

Mais tout de même, n'y a-t-il pas de quoi devenir *psychopathophobe* ou même *maniphobe* (phobies qui consiste à craindre de perdre l'esprit) devant tant d'espèces de phobies ? C'est bien là le danger de telles énumérations qui vous feraient douter de votre santé mentale.

• *Phobies d'animaux.*

Car ce n'est pas fini, loin de là : bien d'autres phobies manquent encore à l'appel : nous ne pouvons tout de même pas faire l'impasse sur les *zoophobies,* ou phobies d'animaux : la *cynophobie* est la phobie des chiens, *l'ailourophobie* est la phobie des chats tandis que la *musophobie* est la phobie des souris. *L'ornithophobie* est sans conteste la phobie des oiseaux et *l'arachnophobie* la phobie des araignées.

Remarquons en passant une incroyable lacune : la phobie des serpents, dont est affligée 70 % de la population, ne possède pas de nom grec !

• *Phobies des humains.*

Notons aussi que *l'anthropophobie,* ou phobie des hommes, concerne plutôt les femmes tandis que la *gynéphobie* (phobie des femmes) est plutôt (mais pas absolument) l'affaire des hommes. Et si vous n'êtes pas sexiste, rien ne vous interdit de vous rabattre sur une petite *ochlophobie,* ou phobie des foules.

A moins que vous ne préfériez quelque chose de moins ordinaire, de moins banal ? L'incroyable histoire de

M. S. [32] par exemple ? M. S. est « employé d'administration » et a 40 ans : « Dès l'âge de 15 ans, il a été agacé par le bruit de mastication que faisait sa mère, à table. Depuis, ce bruit n'a cessé de l'ennuyer, de l'énerver, de lui paraître insupportable. (...) Il y a 6 ou 7 ans, cela est devenu une véritable obsession. Il en arriva à se boucher les oreilles avec des corps étrangers, pour ne pas entendre mastiquer sa femme et ses enfants. Ce moyen ne suffisant pas, car il percevait quand même le bruit irritant, surtout au vu des mouvements des lèvres, il est devenu tellement préoccupé et anxieux qu'il a consulté un médecin. Sa femme a dû voir ce médecin car, depuis un an, elle s'est prise à manger à part pour ne pas l'énerver. Il prend donc ses repas tout seul. Au reste, il n'a jamais, à cause de sa phobie du bruit de la mastication, pu assister à un banquet, à un dîner, et il refuse systématiquement toute invitation. (...)

(...), son appréhension phobique s'est également portée sur le bruit de reniflement que fait entendre régulièrement un de ses collègues de la même administration, ainsi que sur le léger bruit guttural émanant de sa femme, durant son sommeil. »

Quel supplice, ne trouvez-vous pas ?

• *Phobies d'impulsion.*

Voilà, nous avons fait le tour des phobies baptisées. Mais ne croyez pas que toutes les phobies soient là : il existe tant de pauvres phobies dépourvues de nom propre. Ne soyons pas trop cruels avec elles et donnons dès à présent leur chance (ne vous inquiétez pas, nous les étudierons en détail un peu plus loin) à la phobie d'affronter le regard d'autrui, la phobie de parler en public, la phobie des réunions et des petits groupes, la phobie des contacts individuels, la phobie du contact sexuel et la phobie des organes génitaux. Et disons, pour finir, un petit mot de ces phobies étranges que sont les phobies d'impulsion : certains phobiques ont peur de se suicider malgré eux, par exemple en se défenestrant ou en se plantant une lame dans le corps. Que penseraient-ils du doux nom *d'autocheirothanatophobes* ? Certaines mères craignent de tuer leur bébé, leur mari, certains maris craignent d'être pris de l'impulsion irrésistible de tuer leur femme (remarquons que quand ils *souhaitent* tuer effectivement leur femme, il ne s'agit pas d'une phobie d'impulsion, mais plutôt d'une gynéphobie). Le nom de *phonéophobes* ne leur irait-il pas comme un gant ? D'autres encore ont peur de s'en prendre à n'importe qui, tels certains coiffeurs pour hommes pour qui la phobie d'impulsion est une véritable entrave à leur épanouissement professionnel : il s'agit là de la peur d'être pris de l'impulsion irrésistible d'égorger leur client au lieu de simplement le raser !

Exercices

Avez-vous lu ce chapitre avec toute l'attention souhaitable ? Si oui vous devriez savoir répondre à ces petites questions simples :

1) Un thanatophobe est-il kainotêtophobe ?

2) Un bélonéphobe est :

a) une variété d'achmophobe,
b) un phobique des baleines,
c) un appareil servant à transmettre par fil des dessins ou des photographies appelés bélonégrammes,
d) un phobique des bêlements.

3) Une euphorbe est :

a) une phobique des œufs,
b) une phobique du mot « heu »,
c) une plante vivace qui renferme un suc laiteux noircissant à l'air,
d) une phobique heureuse.

4) Le nosophobe est :

a) un phobique de son propre nez,
b) un phobique des maladies,
c) un phobique des os,
d) un petit animal à longue trompe encore appelé « fourmilier ».

5) L'algophobie est :

a) la phobie des algues,
b) la phobie de la douleur,
c) la phobie de la ville d'Alger,
d) une plante vénéneuse.

REPONSES :

1) Pour qui a été vivant toute sa vie, mourir ne constitue-t-il pas le summum de la nouveauté ? Oui, donc, le thanatophobe est particulièrement kainotêtophobe. 2) a. Un bélonéphobe (phobie des aiguilles) est bel et bien un achmophobe (phobie des objets pointus). 3) c. 4) b. 5) b.

4) Et en définitive, une phobie, qu'est-ce que c'est ?

Réfutons tout d'abord d'anciennes définitions, trop simplistes, mais que l'on voit encore traîner çà et là, comme celle d'André Barbé (1921), pour lequel la phobie consiste en une « crainte sans fondement, dont le malade reconnaît le ridicule ».

En fait, beaucoup de phobiques ne sont qu'à demi convaincus du caractère déraisonnable, ridicule, de leur peur.

Supposons que vous soyez sur votre balcon. Une solide rambarde vous sépare du vide, mais vous éprouvez malgré tout une peur incoercible. Lorsqu'un peu plus tard vous prendrez le temps d'y réfléchir à tête reposée, vous vous direz sans doute quelque chose comme : « Quel(le) imbécile je fais d'avoir ainsi peur sans raison ! Je sais pourtant bien que c'est stupide... que je ne risque rien... »

Mais il y a de fortes chances pour que vous ajoutiez aussitôt : « même s'il n'y a qu'une chance sur un million pour que cette fichue rambarde lâche... que ce balcon cède sous mon poids... »

De plus, une telle définition ne laisse pas de place aux phobies enfantines : pour les enfants, le noir recèle *réellement* des dangers, les loups mangent *réellement* les petits enfants (surtout quand ils ne sont pas sages) et des fantômes habitent *réellement* dans le grenier ! Et toutes ces peurs constituent bel et bien d'authentiques phobies.

Nous dirons donc que *les phobies sont des peurs dont l'intensité est disproportionnée par rapport à leur objet :* ainsi, ressentir une certaine tension intérieure lorsqu'on doit prendre l'avion est normal, dans la mesure où cette angoisse reste minime et contrôlée. D'ailleurs, l'immense majorité des clients des compagnies aériennes ressentent un petit pincement de cœur en tendant leur billet à l'hôtesse ou lorsque l'avion décolle. On ne parlera de phobie que si la peur prend des proportions inquiétantes, qu'elle transforme le voyage en torture ou bien encore le rend totalement impossible.

De même, si vous préférez garder vos distances quand vous voyez un chien errant, vous êtes simplement prudent. Mais si vous paniquez devant Plume, le caniche nain des Bourdachon (qui, en mettant les choses au pire, pourrait peut-être vous mordiller légèrement le mollet), si à cause de cette peur vous refusez les invitations à dîner de ces derniers, vous êtes incontestablement phobique. Si, en plus de cela, vous avez renoncé aux taxis depuis que certains chauffeurs se font accompagner par des molosses pour décourager les braqueurs, si vous ne mettez plus les pieds dans les bars-tabac pour les mêmes raisons, si, pour finir, vous ne sortez plus dans la rue parce que vous pourriez éventuellement y rencontrer un chien, vous souffrez alors d'une phobie majeure.

Les phobiques ont peur, très peur, trop peur. Cela rend leur vie pénible et compliquée.

II. L'agoraphobie et la claustrophobie.

Phœbe Delaplace, assise dans un profond fauteuil de cuir, se ronge les ongles en faisant semblant de prêter attention aux soldats libanais — ou kurdes ? elle ne sait plus — en train d'agoniser sur son écran de télévision. Phœbe est une jeune femme de vingt-cinq ans, mince, souple, le corps nerveux. Elle serait belle si ses traits tirés par une anxiété permanente et ses grands yeux bleus aux pupilles trop dilatées et comme prêts à sortir de leurs orbites ne venaient déparer son charmant visage. Quelle peut bien être la raison de cette angoisse sourde qui semble la tenailler ? Pour le savoir, vous pourriez être tenté de le lui demander ; mais il est fort probable que la réponse de Phœbe ne vous apprendrait pas grand-chose. « Moi, angoissée ? Mais pas du tout, vous répondrait-elle. Tout va très bien pour moi, merci : un mari charmant, doux, serviable, la crème des hommes, un fils de cinq ans, le plus beau des fils, un bon métier. Mais non, que croyez-vous donc ? Je suis cool, relax, soft, perfecto, in, décoincée, libérée, branchée, câblée, ça roule, tout baigne, tout va bien, quoi. »

Alors, à propos de quoi se tracasse-t-elle donc ? Il s'agit, en fait, d'un problème si stupide, si bête, si risible, si grotesque qu'il en devient inavouable : osera-t-elle, oui ou non, sortir dans la rue pour s'en aller faire les emplettes nécessaires au dîner de ce soir ? Osera-t-elle, oui ou non, pénétrer dans le supermarché situé à deux blocs d'immeubles de là ? Et, pour finir, est-il pire d'y aller à pied ou en voiture ?

Vous comprenez bien tout cela, direz-vous sans doute. Faire ses courses est une tâche des plus fastidieuses. Et puis, que diable, les hommes ne doivent-ils pas participer aux corvées ménagères ? N'est-ce pas un peu au tour de Robert, le mari, que vous apercevez en train de somnoler sur le canapé et qui fait manifestement semblant de ne pas nous entendre, de se remuer le train ?

Je suis tout à fait désolé d'avoir à vous le dire, mais vous n'avez strictement rien saisi du problème dans lequel se débat notre pauvre Phœbe : il ne s'agit pas de lassitude de sa part, pas plus que d'un manque de serviabilité de Robert. Non, Phœbe ne peut tout simplement pas pénétrer seule dans un supermarché. Déjà, la simple évocation d'une telle chose lui glace les sangs, la fige d'horreur, lui cause des tremblements, des sueurs froides et des picotements au bout des doigts. Que se passerait-il, en effet, si, brusquement, un malaise la prenait là, au beau milieu de cette foule si dense, si hostile ? Ce serait vraiment trop affreux de ne plus pouvoir respirer, d'être comme paralysée ou bien, qui sait ? d'être prise de convulsions, de devenir folle et de mourir au beau milieu des laitues ou des boîtes de cassoulet. Mourir de peur ou mourir de honte ? Elle ne sait pas et cela n'a, en fait, guère d'importance. De toute façon, mieux vaut ne pas penser à de telles horreurs.

Bien sûr, elle pourrait, une fois de plus, demander à Robert de l'accompagner. Tout est tellement plus simple, plus facile quand Robert est à ses côtés. Sa présence suffit à la rassurer, à repousser l'angoisse. Lui présent, rien ne peut arriver. Ah, Robert ! Robert est gentil, mais il ne la comprend absolument pas. Personne, d'ailleurs, ne la comprend. Comment expliquer aux gens que sortir de chez soi toute seule est une impossibilité absolue ? Que prendre le métro ou l'autobus, aller au théâtre ou au cinéma sont des trucs à vous faire mourir, que faire la queue chez un commerçant est tout bonnement impensable tant cela vous panique. En fait, la liste de toutes les choses que vous ne pouvez pas faire est infinie. Prenez le coiffeur, par exemple : imaginez que vous vous trouviez mal alors que vous êtes sous le casque. Ou bien pendant que l'on vous shampoouine ? Ou encore quand le coiffeur n'en est qu'à mi-chemin de sa coupe ? De quoi auriez-vous l'air, je vous le demande, si vous étiez tout à coup obligée de vous échapper sur l'heure ? Savoir que l'on est coincé, qu'on est prisonnier, qu'on ne peut pas partir est une sensation si effrayante, si paniquante...

Et le dentiste ? Avez-vous pensé à ce qui arriverait si vous perdiez brutalement connaissance, ou, pire encore, si vous perdiez tout à coup le contrôle de vous-même, si vous vous mettiez à crier et gesticuler avec fureur pendant que *l'homme de l'art fraise vos petites quenottes ? Non, cela se voit à votre air surpris, à cette envie de rire que vous réprimez maladroitement : vous n'avez guère pensé à tout cela. Vous ne pouvez donc pas comprendre.*

Si vous ne comprenez pas cela, vous ne comprendrez pas plus le problème qui se pose chaque année à Phœbe au moment des vacances. Elle veut partir, bien sûr, car elle ne voudrait pour rien au monde priver son fils, le petit Julien, ainsi que son mari, si gentil, si compréhensif, si serviable en définitive, de leur droit inaliénable aux baignades et aux parties de volley-ball sur la plage. Mais comment faire quand on ne peut utiliser ni l'avion, ni le bateau (et si quelque chose, un malaise, quoi que ce soit lui arrivait en pleine mer ou en plein ciel ?), ni le train (le TGV hermétiquement clos est assurément le summum de l'horreur : la poignée d'arrêt en cas d'urgence fonctionne-t-elle ? Arrêterait-on vraiment *le train si elle se trouvait mal ? Et, de toute façon, y a-t-il un hôpital à proximité ?). Même en voiture, elle ne se sent guère rassurée. Bien sûr, elle se refuse obstinément à prendre l'autoroute où, horreur, il n'existe parfois aucune sortie pendant des kilomètres et des kilomètres ! Et quand elle accepte (à contre-cœur, soyez-en sûr) de se risquer à emprunter une route nationale, il lui faut repérer à l'avance sur la carte les villes importantes où elle pense pouvoir trouver pharmacies, hôpitaux, postes de gendarmerie et commissariats qui lui porteront secours en cas de nécessité. Trouver un itinéraire est donc une tâche extrêmement complexe : il faut éviter les tunnels (imaginez un instant que vous soyez coincé dessous !), les ponts, les embouteillages ! Alors, que faire ? Rester tranquillement chez soi ? Pour Phœbe, c'eût été l'idéal mais elle ne pouvait s'y résoudre.*

La vie est décidément bien compliquée.

« Robert, mon amour, dit Phœbe, je crois qu'il n'y a plus rien à manger. Il faudrait faire quelques courses. »

Robert — nous l'avons déjà dit, mais il n'est pas mauvais de le répéter — est compréhensif, doux, pacifique, aimable, serviable, un mari comme on n'en fait plus. Il réprime un sourire narquois pour ménager la susceptibilité de Phœbe et dit : « Je vais y aller, ma chérie, pas la peine de te déranger. »

— Moi aussi papa, moi aussi, hurle Julien.

— Mais bien sûr, fiston. Nous allons faire les courses

tous les deux pendant que ta maman se repose seule à la maison. »

Seule à la maison ? *Robert était-il subitement devenu fou ? Comment Phœbe pourrait-elle supporter de rester* seule ?

« Attendez-moi, dit Phœbe d'un air faussement aimable, je viens avec vous. » En fait, Phœbe bout intérieurement : ainsi, Robert veut l'abandonner, la laisser seule, et même lui retirer la compagnie de Julien, qui, bien que petit, la rassure tout de même un peu. Quelle cruauté ! Et dire que voilà à peine un instant elle nous vantait la bonté de son mari ! Elle se lève, saisit son sac et tourne le dos à Robert pour qu'il ne la voie pas ouvrir le flacon de « Tranquilax » qu'elle garde pour ce genre d'occasion.

Robert ne perd rien pour attendre : Phœbe saura bien lui faire payer tout cela. D'une façon ou d'une autre.

1) Qu'est-ce que l'agoraphobie ?

L'agoraphobie est sans conteste la phobie la plus répandue, la plus handicapante et la plus difficile à soigner. Suivant les auteurs, de 50 à 60 % des phobiques sont agoraphobes, et, parmi ces agoraphobes, 80 % sont du sexe féminin. Pourquoi tant de femme et si peu d'hommes ? Personne, à vrai dire, n'a d'explication réellement solide à fournir et on en est réduit aux conjectures : peut-être cela est-il dû au fait que la situation de passivité qu'engendre l'agoraphobie est socialement mieux tolérée si elle se manifeste chez une femme que chez un homme. Une femme qui ne sort plus de chez elle peut après tout se poser en femme au foyer. L'homme au foyer n'est encore, quant à lui, pas tout à fait entré dans les mœurs...

Selon les statistiques officielles, il n'y aurait que 6,3 agoraphobes pour 1 000 habitants. Mais les statistiques sont parfois menteuses : beaucoup d'agoraphobes sont des phobiques honteux : il est très rare qu'ils avouent spontanément leur état d'agoraphobe et la plupart d'entre eux usent de subterfuges complexes pour dissimuler leurs difficultés. Et dans un bon nombre de cas — lorsque leur agoraphobie n'est pas trop importante —, ils y parviennent et s'angoissent en silence.

En fait, bien des personnes — vous, peut-être, ou

bien votre voisin de palier, qui sait ? — sont agoraphobes et souffrent le martyre sans que personne n'en sache rien.

Quoi qu'il en soit, les agoraphobies semblent être en augmentation. Notre mode de vie favoriserait-il l'éclosion de cette sorte de trouble ? Peut-être. Certains auteurs relèvent que les jeunes veuves, les jeunes mères, les femmes célibataires sont — statistiquement — plus touchées par l'agoraphobie que les hommes ou les femmes plus âgées et bénéficiant d'une situation matrimoniale plus stable. Vivre dans une grande ville, anonyme parmi la foule, être confronté aux multiples agressions, physiques ou psychologiques, qu'implique la vie urbaine, ne pas bénéficier d'une certaine stabilité familiale et sociale, tout cela semble constituer des facteurs de stress favorisant l'agoraphobie.

Et puis, le nombre d'agoraphobes va aussi croissant parce que ceux-ci sont chaque jour plus nombreux à se manifester, à demander de l'aide. Le fait qu'il est possible de guérir de ses phobies commence à se savoir !

Mais, de façon plus précise, en quoi d'agoraphobie consiste-t-elle ? *On définit actuellement l'agoraphobie comme une peur prononcée de se trouver dans certaines situations, dans certains lieux d'où on ne peut s'échapper aisément ou dans lesquels on ne perçoit pas la possibilité d'être secouru en cas de difficulté.*

Ces lieux et ces situatons comprennent la plupart des lieux publics tels que restaurants, salles de spectacle et grands magasins. L'agoraphobe redoute aussi les avenues dégagées, les places publiques et les ponts, les transports en commun comme les avions, les trains, le métro et les ascenseurs. Quand l'agoraphobe se déplace en voiture, il craint les embouteillages, les tunnels et les autoroutes. Ces lieux peuvent être déserts ou bien envahis par une foule anonyme et indifférente qui, cela ne fait pas l'ombre d'un doute, se désintéressera de lui s'il lui arrive malheur.

L'agoraphobe évite donc soigneusement tous ces endroits inquiétants, et, autant que possible, reste chez lui, calfeutré dans son petit nid douillet. Mais, souvent, même chez lui, il ne peut rester seul : il lui faut quelqu'un, un ami, un proche qui pourra lui porter aide et assistance en cas de besoin.

On distingue deux sortes d'agoraphobes. Les premiers sont sujets à des *attaques de panique,* de brutales crises d'angoisse qui les prennent parfois sans raison apparente, n'importe où et n'importe quand, mais qui, le plus souvent, surviennent sur les lieux mêmes qu'ils redoutent le plus, c'est-à-dire lorsqu'ils sont coincés loin de chez eux, pris dans un embouteillage ou baignant dans une foule dense.

Nous avons déjà parlé de ces attaques de panique brutales et incoercibles : le cœur bat la chamade, on respire mal, on étouffe, on tremble, on a chaud, on a froid, on transpire, des fourmillements apparaissent dans les mains, les pieds, le visage, on se sent faible, les jambes deviennent molles, on a l'impression que l'on va perdre l'équilibre. Le monde autour de soi se transforme, devient étrange. Quelquefois, ce sont des nausées, des vomissements, d'inexplicables diarrhées, des douleurs inquiétantes dans la poitrine. Et puis, toujours cette envie de crier, cette impression que l'on perd le contrôle, que l'on est en train de devenir fou. On va mourir, là, maintenant, dans l'indifférence générale, abandonné par tous.

Mais d'autres agoraphobes n'ont jamais de peurs aussi violentes. Ils vivent plutôt dans un état d'angoisse permanent à l'idée de devoir quitter le lieu, l'objet ou la personne sécurisants.

En définitive, à quoi peut-on reconnaître un agoraphobe ? Plus que l'intensité de la peur, plus que le type de situation redouté, *c'est davantage le fait de fuir, d'éviter à tout prix les situations où il craint de se retrouver livré à lui-même, sans aide à attendre de qui que ce soit, qui caractérise l'agoraphobe.*

Sur le plan du caractère, l'agoraphobe est un inquiet, un angoissé qui doute de tout, de lui et des autres, qui manque de confiance en lui-même et qui, de ce fait, subit tout passivement, fuit les responsabilités, manque d'initiative. Prendre des décisions est un supplice : partira-t-on en vacances, ira-t-on au théâtre ? Ne pas partir signifie qu'on abdique, qu'on fait payer ses propres difficultés à ses enfants, son conjoint. A l'inverse, partir signifie qu'on fasse des réservations, qu'on s'engage. On sera alors pris au piège, on ne pourra plus reculer... Horreur des choix, horreur de Charybde, horreur de Scylla.

Le besoin de sécurité de l'agoraphobe le place généralement en situation de dépendance vis-à-vis de son entourage. Un entourage parfois gentil, parfois prévenant, mais qui pourtant comprend mal ses difficultés. Il ne faut donc pas s'étonner si notre agoraphobe se sent parfois agressif, s'il fait preuve d'impatience.

De toute façon, l'agoraphobie tend à dresser un mur

infranchissable entre soi et les autres, ne serait-ce que parce que, quand on ne sort plus de chez soi, par la force des choses on ne voit plus grand monde. Et puis, établir des relations sociales est aussi une forme d'enfermement : les rendez-vous griffonnés sur son agenda deviennent autant de pièges auxquels on ne peut plus échapper et qui font inéluctablement naître une intolérable, une étouffante sensation de claustrophobie.

D'un autre côté, rester seul est également intolérable. Alors ?

Il n'est jamais simple de vouloir tout à la fois la liberté et la sécurité.

2) Comment cela débute-t-il ?

On ne naît pas agoraphobe : la plupart du temps, l'agoraphobie débute entre 18 et 35 ans. Sont prédisposées les personnes anxieuses et passives, celles qui ont déjà souffert de diverses peurs, de terreurs nocturnes dans leur enfance.

Toutefois, l'agoraphobie n'est le privilège de personne : il n'existe aucune caractéristique intellectuelle, socio-économique ou éducative permettant de prédire qui deviendra agoraphobe : riches et pauvres, lettrés ou incultes, tout le monde a sa chance !

Bon, tentons de nous mettre dans la peau du personnage : tout va bien pour Phœbe. Bien sûr, elle vient de subir quelques stresses, mais ceux-ci sont dans l'ensemble de nature plutôt agréable : elle a dû se résoudre à quitter ses chers parents, mais c'est parce qu'elle se mariait avec Robert, un amour de petit mari. Il lui a fallu aussi changer de travail, mais il s'agissait d'une promotion... De plus, Phœbe vient d'accoucher d'un magnifique bébé. Tout semble donc aller pour le mieux.

Que s'est-il donc passé dans ce supermarché ? Pas grand-chose, à vrai dire : Phœbe a eu comme une sorte de vertige. Peut-être était-ce le bruit, la fatigue ? Elle s'est appuyée un instant sur une pile de boîtes d'ananas et, finalement, a pu rentrer chez elle sans poblème.

Mais Phœbe s'est ensuite beaucoup inquiétée à propos de cet incident : et si cela recommençait ? Et si elle perdait réellement connaissance ? C'est peut-être à partir de ce moment-là que Phœbe a commencé à se montrer anxieuse, irritable, nerveuse au moment de quitter la douceur de son nouveau foyer, ce petit nid qu'elle avait si douillettement aménagé.

Cela s'est effectivement très mal passé lorqu'elle est revenue faire ses emplettes au supermarché, la semaine suivante. Elle s'est sentie mal à son aise, s'est mise à paniquer.

Ses craintes d'un malaise éventuel étaient donc bel et bien fondées !

Peu à peu, cette angoisse, cette panique de plus en plus intense se sont emparées d'elle non seulement au supermarché, mais aussi dans le métro, dans les autobus, ou tout simplement quand elle devait marcher seule dans la rue. Elle a donc cessé de prendre les transports en commun et a demandé à Robert, son mari, qui, comme nous ne nous lasserons pas de le faire remarquer, était fort serviable, de l'accompagner quand elle devait sortir. Robert lui a donc tout d'abord tenu compagnie dans les magasins, mais a aussi dû, pour finir, l'accompagner jusque devant l'immeuble où elle travaillait, bien que cela lui fasse faire un sacré détour.

Phœbe, quand elle y réfléchit, ne comprend vraiment pas comment elle a pu en arriver là. Ah, bien sûr, dans le cas de Zoé, sa meilleure amie, phobique comme elle, tout paraît avoir plus de sens : Zoé a eu à affronter de réels malheurs. Elle a tout d'abord perdu sa mère d'un cancer. Les visites à l'hôpital étaient pour Zoé un véritable cauchemar : comment supporter de voir sa propre mère souffrir et dépérir jour après jour, mourir lentement, comme à petit feu ? Pas étonnant qu'un beau matin, en sortant du service de cancérologie, elle ait fait une attaque de panique, une véritable crise de nerfs ! Les médecins avaient alors dû lui faire une piqûre et lui avaient conseillé d'aller consulter un psychiatre (elle n'en avait rien fait, bien sûr, elle n'était pas folle, tout de même !). Pour tout arranger, dans la même semaine, Zoé apprenait qu'Anselme, son mari, était licencié ! Quelles épreuves ils avaient traversé !

On voit donc qu'au tout début de l'agoraphobie, on retrouve souvent un état de stress : changements dans le mode de vie, coups durs, opérations chirurgicales, maladies, deuils ou, au contraire, réussites trop foudroyantes, maternité heureuse, mais ô combien ! stressante, tout concourt à vous fragiliser. Puis survient un incident parfois minime, anodin, mais qui, s'ajoutant à ce qui précède, vous conduit à douter de vous-même. La panique s'installe alors, parfois de façon très brutale (comme pour Zoé), parfois de manière insidieuse (comme pour Phœbe).

Quoi qu'il en soit, ce qui se passe ensuite est identique : vous commencez à éviter toute situation où vous imaginez, à tort ou à raison, que quelque chose pourrait vous arriver.

C'est, en fait, à partir de là que commencent véritablement vos malheurs.

3) Comment cela continue-t-il ?

Le comportement d'évitement et la généralisation de la phobie.

La stratégie de Phœbe est toute simple : pour ne pas risquer de vivre une nouvelle expérience désagréable dans un supermarché, il suffit de ne plus pénétrer dans les supermarchés.

Dans un premier temps, la stratégie paraît bonne, pour ne pas dire excellente : car, depuis que Phœbe n'entre plus dans aucun supermarché, les malaises dans les supermarchés ont totalement disparu !

Tout se passe comme si, dans un obscur recoin de son cerveau, Phœbe se tenait le raisonnement suivant : je n'ai plus de malaise dans les supermarchés depuis que je n'y vais plus. Et c'est là une preuve indubitable que si j'y pénétrais à nouveau les malaises reprendraient.

En somme, moins Phœbe va dans les supermarchés, moins elle a de malaises dans les supermarchés, et donc plus elle se sent justifiée à les éviter. Mais plus Phœbe évite d'aller dans les supermarchés, et plus les supermarchés lui font peur !

Cette mécanique perverse va donc fortement encourager notre Phœbe à soigneusement éviter tous les lieux où elle aura vécu des expériences désagréables, puis tous les lieux où elle imagine qu'elle pourrait vivre des expériences désagréables.

A partir de là, se produit ce qu'on appelle une *généralisation des phobies :* ce ne sont pas seulement les supermarchés qui deviennent inquiétants, mais tout ce qui y ressemble de près ou de loin. Il y a, d'un côté, la douceur et la sécurité du foyer, la présence réconfortante d'êtres et d'objets rassurants, et, de l'autre, le monde dur et inhospitalier.

Après tout, si l'on reste tranquillement chez soi, il ne peut rien vous arriver au-dehors. N'est-ce pas l'évidence ?

Mais le comportement d'évitement va, en fait, beaucoup plus loin que la simple prudence qui consiste à ne pas renouveler des expériences désagréables. Dans ce domaine, comme bien d'autres, l'imagination est reine : lorsque Phœbe s'imagine dans un supermarché, elle ressent la même peur, presque aussi intense (peut-être même plus intense, en fait) que si elle s'y trouvait vraiment. Car, très rapidement, elle se voit en train de défaillir, d'avoir le malaise qu'elle redoute tant. Elle en imagine les horribles péripéties, les enjolive, les charge d'angoisse : elle est là qui étouffe, qui agonise au beau milieu de la foule hostile, indifférente.

La tactique d'évitement, qui consiste à refuser la confrontation avec ce que l'on craint, n'est pas seulement efficace dans la réalité concrète, mais s'avère tout aussi praticable en imagination : pour ne pas s'angoisser à propos de malaises dans les supermarchés, il suffit de ne plus penser aux supermarchés, d'évacuer totalement la vision des supermarchés de son esprit.

Très rapidement, le phobique en vient donc à ne plus pouvoir supporter la simple pensée de certaines situations ou de certains objets. Il fuira donc tout ce qui peut les rappeler à son souvenir, d'une manière ou d'une autre.

Du fait de l'évitement d'un nombre toujours plus grand de situations, la vie devient alors de plus en plus compliquée : comment rouler en voiture quand on ne peut plus passer sur un pont ou emprunter un tunnel ? Comment se déplacer dans Paris sans risquer de se trouver englué à un moment ou à un autre dans un embouteillage et si, de surcroît, on ne supporte pas l'idée de prendre le métro ou l'autobus ? Comment aller à son travail sans traverser la rue ? L'agoraphobe risque, s'il n'y prend garde, de devenir très rapidement prisonnier de son propre appartement !

La peur de la peur.

Ce que l'agoraphobe craint par-dessus tout, ce n'est pas tant la situation elle-même, mais ce qu'il ressentirait s'il se trouvait dans cette situation. En somme, ce qui inquiète notre agoraphobe, c'est essentiellement de ressentir une panique si intense qu'il en perdrait totalement le contrôle de la situation et de lui-même. Qui sait ce qu'il pourrait alors advenir ? Deviendrait-il fou tout à coup ? Ne parviendrait-il plus à maîtriser son propre comportement ? Ou bien son cœur lâcherait-il ? Mourrait-il aussi sec ?

Sa peur est au premier chef *la peur de sa propre peur.*

Et, bien sûr, la peur de la peur engendre... la peur. Si la simple idée que l'on pourrait avoir peur dans une situation donnée suffit à déclencher la peur, vous comprendrez que l'on ne doit pas cesser souvent d'avoir peur ! L'agoraphobe est alors pris dans un cercle vicieux, un tourbillon d'angoisse que rien ne peut arrêter. Sans cesse, il pense à tout ce qui pourrait survenir, et sans cesse il tente d'en repousser l'idée. Et, nous l'avons vu, tant de choses plus effrayantes les unes que les autres peuvent arriver...

La honte du phobique.

S'ajoutent encore à cela la peur d'être ridicule, la honte d'avoir peur. Que penseraient les gens, se dit Phœbe, si elle se mettait à crier en pleine rue ? Si elle tombait inanimée sur le bitume ? A l'évidence, on ne comprendrait pas, on se moquerait d'elle. Et ses amis ? Il n'est pas pensable de leur avouer des peurs aussi ridicules ! Il faut donc biaiser, travestir la vérité, mentir. Le mensonge est d'ailleurs autant destiné à soi-même qu'à son entourage, tant il est douloureux de se reconnaître dans ce personnage ridicule que l'on a tendance à devenir. Mieux vaut donc se dire que si l'on ne part pas en vacances, c'est parce que Paris est si agréable au mois d'août. Si on ne prend pas le métro, c'est en raison des mauvaises rencontres que l'on y fait et si on ne traverse pas les rues, c'est parce que les chauffards sont légion.

L'inefficacité des objets contre-phobiques.

Mais, Dieu merci, les agoraphobes ne sont pas totalement démunis dans leur lutte contre l'angoisse. Phœbe, par exemple, a fort heureusement son mari, Robert, qui l'assiste, lui vient en aide, lui évite d'avoir à se trouver confrontée à des situations paniquantes. Mieux encore, chaque fois qu'elle doit sortir de chez elle, il l'accompagne. Sa présente rassurante permet à Phœbe de surmonter sa peur.

Quand, pour une raison ou pour une autre, Robert ne peut pas accompagner Phœbe, celle-ci sort alors avec Julien, son fils de cinq ans. Que pourrait faire ce dernier si Phœbe était victime d'un malaise ? Rien sans doute, mais sa présence a tout de même un effet bénéfique sur l'angoisse de sa mère.

Certains agoraphobes se raccrochent aussi à divers objets qui les sécurisent d'une façon plus ou moins magique : il peut s'agir d'une canne, d'un parapluie, d'un landau, d'un sac à main, d'un chien que l'on tient en laisse, d'un journal que l'on tient à la main. D'autres fois, ce sera un comprimé de tranquillisant que l'on absorbera pour conjurer la peur ou encore que l'on gardera précieusement dans sa poche sans même avoir besoin de l'avaler. Mais on sait qu'il est là, que l'on peut faire appel à lui en cas de nécessité.

L'alcool aussi sert souvent à se donner du courage. Un petit verre avant de sortir, un autre verre en cours de route et l'on se sent alors prêt à affronter vaillamment le monde et ses dangers.

Ces personnes, ces objets divers, ces gris-gris que le phobique utilise pour se prémunir contre le mauvais sort, les psychiatres les appellent des *objets contre-phobiques.*

Si l'objet contre-phobique est indispensable au phobique, les relations qu'il entretient avec lui sont pleines d'ambiguïté. Car justement, en raison de son caractère indispensable, l'objet contre-phobique a vite fait de devenir pesant : pour Phœbe, ce mari qui ne la quitte plus, qui l'accompagne partout, qui ne lui laisse plus une seconde de liberté devient vite horripilant. Bien sûr, c'est sur sa demande expresse qu'il se conduit ainsi, mais qu'est-ce que cela change au résultat, je vous le demande ?

Et puis, il faut le dire, ces objets contre-phobiques ne sont pas la panacée. Bien sûr, ils diminuent l'angoisse, mais ne l'annulent pas totalement. S'ajoute même une peur supplémentaire : celle de se voir privé de son objet contre-phobique.

Les bénéfices secondaires.

Être phobique a aussi ses bons côtés. Revenons à notre chère Phœbe : son mari ferait-il preuve d'autant de serviabilité, de gentillesse si elle n'était pas agoraphobe à ce point ? Sans son agoraphobie, elle devrait probablement faire elle-même une bonne partie des emplettes du ménage, emprunter un métro bondé et nauséabond pour se rendre à son travail. Tandis que là, son cher mari ne peut faire autrement que de la déposer en voiture et, malgré le détour que cela l'oblige à faire, se voit forcé de venir la chercher le soir.

Parmi les cas incurables auxquels nous avons eu affaire, citons celui d'un éboueur qui, du fait d'un épisode d'agoraphobie, avait été muté bien au chaud dans les bureaux de la mairie qui l'employait. Guérir, lui ? Jamais ! Comme l'envie de retrouver ses chères poubelles ne le tenaillait pas outre mesure, son intérêt bien compris était évidemment de rester agoraphobe.

Sortir de sa coquille, quitter un chez-soi confortable, peuvent vous rapporter quantité d'ennuis ! Songez-y avant de chercher stupidement à vous débarrasser de votre phobie ! Vous terrer dans votre petit trou de souris vous épargnera bien des vicissitudes.

Et il n'y a pas que les avantages matériels : avez-vous songé à quel point votre agoraphobie constitue une excuse extraordinaire, tant vis-à-vis des autres que de vous-même ? Vous n'avez rien fait de bon dans l'existence ? Vous n'avez pas de volonté ? Vous êtes lâche, couard, faible, versatile, immature, coléreux, invivable ? Mais ce n'est pas de votre faute puisque vous êtes malade des nerfs, agoraphobe au dernier degré !

Au fur et à mesure que passe le temps, l'agoraphobe s'installe dans son agoraphobie, s'organise, collectionne les avantages, se construit sa petite vie. Et c'est la principale raison qui fait qu'au bout d'un certain laps de temps, il lui devient fort difficile de guérir : avez-vous déjà vu quelqu'un renoncer à ses avantages acquis ? Évidemment, l'agoraphobe se retrouve parfois dans la position d'un syndicaliste qui, par son intransigeance, finit par causer la faillite de l'entreprise qui le paie.

4) Que l'avenir réserve-t-il aux agoraphobes ?

La stabilité.

Certaines agoraphobies sont remarquablement stables. C'est le cas lorsque le phobique parvient à s'organiser un mode de vie supportable — malgré ses inconvénients —. Il poursuit alors son petit bonhomme de chemin, du moins tant qu'aucun changement ne vient bouleverser son fragile équilibre.

La guérison spontanée.

Mieux encore, il arrive parfois que l'agoraphobie guérisse spontanément. Mais ne vous réjouissez pas trop tôt : il ne s'agit parfois, malheureusement, que d'une rémission et la rechute survient quelques temps après. Les guérisons spontanées surviennent généralement tout au début, avant la fin de la première année, ou jamais.

La dépression.

L'agoraphobie a, en fait, souvent tendance à devenir extensive : après quelques améliorations éphémères, après quelques rechutes plus ou moins spectaculaires, voilà notre agoraphobe qui n'ose même plus sortir de chez lui.

Il est alors rare qu'il conserve le moral : il devient triste, fatigué, dort mal, se trouve médiocre, stupide, lâche, sans volonté, commence à penser que la vie ne vaut décidément pas la peine d'être vécue. Bref, *l'agoraphobie évolue en dépression.*

Le fait d'être déprimé aggrave l'agoraphobie : là encore, on se trouve en présence d'un cercle vicieux.

La dépersonnalisation.

Prenez un agoraphobe, extirpez-le de son foyer ô combien sécurisant, enlevez-lui les points de repère grâce auxquels il balise son existence, et vous risquez de le déstabiliser tout à fait. Un départ en vacances, un déménagement, une mutation ou, pire encore, un divorce, un décès plongent l'agoraphobe dans un monde hostile et inconnu. Il est alors pris d'une étrange sensation de *dépersonnalisation :* il se sent brutalement comme détaché, coupé du monde. Son propre corps lui paraît lointain, étranger, comme celui d'un autre. Le voilà même qui, parfois, se sent comme à l'extérieur de lui-même, désincarné.

Il arrive aussi parfois que ce soit plutôt comme si le monde alentour subissait une sorte de brouillage, comme si sa propre tête n'était plus qu'une boule de coton (on parle alors de *déréalisation*).

Mais rassurons immédiatement nos phobiques : ces sensations étranges de dépersonnalisation, généralement très paniquantes pour qui les vit, n'ont rien à voir avec la folie véritable. Elles n'ont aucun caractère de gravité.

Ce sont d'ailleurs ces mêmes sensations qui sont recherchées, souhaitées, par ceux qui pratiquent certaines formes de méditation ou certaines techniques de relaxation. Elles ne sont donc pas, *a priori,* angoissantes. Mais, pour l'agoraphobe, toute sensation qui sort de l'ordinaire est redoutée car interprétée comme le signe qu'il est en train de perdre son contrôle sur lui-même, chose tout à fait insupportable à ses yeux...

Cette sensation de dépersonnalisation, qui dure habituellement de quelques secondes à quelques minutes, qui passe toute seule sans qu'il y ait rien à y faire, déclenche donc le plus souvent un grand mouvement de panique. « Voilà, c'était donc vrai, je perds effectivement l'esprit », se dit notre agoraphobe. Mais c'est en fait la panique, et non la dépersonnalisation, qui est à l'origine de ses malheurs.

37 % des agoraphobes seront un jour ou l'autre victimes d'un épisode de dépersonnalisation.

L'alcoolisme et les intoxications aux médicaments.

L'agoraphobe a souvent tendance à recourir à l'alcool ou aux médicaments pour lutter contre l'angoisse. Et il arrive, dans un certain nombre de cas, que l'on devienne finalement plus alcoolique qu'agoraphobe...

Quant aux tranquillisants, ils n'ont qu'une efficacité toute relative pour combattre la peur phobique : on est donc aisément tenté d'augmenter les doses.

Un petit conseil aux amateurs de drogues : préférez les tranquillisants à l'alcool. Ce sera moins préjudiciable à votre santé... Mais nous en reparlerons plus loin.

Conseils particuliers aux agoraphobes : voir page 257 et suivantes

5) La claustrophobie.

La claustrophobie est dans la situation d'une nation autrefois florissante et dont les terres auraient été annexées par un voisin trop puissant. Quelle déchéance ! Dire qu'au début du siècle elle occupait le second rang, juste après l'agoraphobie ! Mais, sans doute victime d'une politique de rapprochement imprudemment menée, elle s'est fait peu à peu dépouiller et a dû concéder à ladite agoraphobie la plus grande partie de son territoire.

Au XIXe siècle pourtant, les choses étaient bien tranchées : l'agoraphobie consistait en une peur des espaces découverts, tandis que la claustrophobie régnait sans partage sur la peur de rester dans un espace confiné. A l'agoraphobie la peur des rues, des places, des ponts, du grand air, et à la claustrophobie la peur des salles de spectacle, des espaces souterrains et des placards à balai.

C'est à partir du moment où l'agoraphobie a vécu sa révolution culturelle que la claustrophobie aurait dû se méfier. La nouvelle définition que l'agoraphobie se donnait aurait pu lui mettre la puce à l'oreille : car, à partir du moment où l'agoraphobie se définissait non plus comme une peur des espaces découverts, mais comme une peur prononcée de se trouver dans certaines situations, dans certains lieux d'où on ne peut s'échapper aisément ou dans lesquels on ne perçoit pas la possibilité d'être secouru en cas de difficulté, la claustrophobie aurait dû comprendre que c'était là l'équivalent d'une déclaration de guerre.

N'était-il pas évident, en effet, que l'agoraphobie se mettrait tôt ou tard à revendiquer pour elle-même la phobie des lieux publics, des cinémas, salles de concerts, théâtres ou restaurants ? C'est ce qui s'est en effet passé, et comme la claustrophobie ne réagissait toujours pas, sa voisine boulimique alla jusqu'à annexer sans le moindre scrupule la phobie du métro et des ascenseurs, qui pourtant semblait être le noyau dur de la claustrophobie !

Que reste-t-il de nos jours de la claustrophobie ? Bien

qu'elle soit en grande partie devenue un simple satellite de l'agoraphobie, son conquérant lui a toutefois laissé une certaine autonomie interne.

Bien sûr, les claustrophobes ont dû se conformer à la dure loi du vainqueur et se faire agoraphobes : eux aussi souffrent donc d'indécision, de difficulté à faire des choix. Eux aussi se culpabilisent aisément. Eux aussi se montrent parfois difficiles à vivre, oscillant entre agressivité et passivité vis-à-vis de leur entourage.

Ils se caractérisent principalement par la peur de devenir prisonnier d'un lieu ou d'une situation. On peut, par exemple, être bloqué dans un ascenseur, dans une rame de métro, dans un embouteillage, dans la queue d'un supermarché bourré de monde, être englué dans la foule d'un théâtre, d'un cinéma ou d'une église. Mais on peut aussi avoir la même sensation d'enfermement quand on est prisonnier d'un horaire strict ou quand quelqu'un vous témoigne un amour ou une amitié débordants. Dans toutes ces situations, notre claustrophobe (naturalisé agoraphobe) ressent alors une sensation de panique et de suffocation.

Le claustrophobe craint par-dessus tout d'être entravé dans ses mouvements. Il craint les portes fermées, les trains dont les fenêtres ne s'ouvrent pas, les avions hermétiquement clos. Bien souvent, d'ailleurs, ses comportements le trahissent. Sachez repérer les claustrophobes qui vous entourent : si vous voyez quelqu'un qui au cinéma ou au théâtre choisit de façon tout à fait systématique un fauteuil à l'extrémité de la rangée et tout près de la sortie, qui au restaurant demande qu'on lui donne la plus mauvaise table, celle qui se trouve en plein courant d'air (mais qui est située près de la porte), qui fait des pieds et des mains pour occuper la place tout à côté de l'issue de secours dans un avion, qui s'obstine à vouloir ouvrir les fenêtres du salon alors qu'il gèle à pierre fendre, eh bien ! vous ne pouvez pas vous tromper, vous avez affaire à un authentique claustrophobe.

La sécurité obsède bien souvent les claustrophobes : que se passerait-il si le train déraillait et qu'ils ne puissent s'en échapper ? Si l'ascenseur tombait en panne entre deux étages ? Si l'air venait à manquer ? Généreux, ils s'inquiètent aussi pour leurs proches : la vie est si périlleuse, de nos jours...

Mais la claustrophobie se fait parfois plus abstraite, moins évidente. Sont aussi claustrophobes certaines personnes qui redoutent au-delà de toute raison de se trouver ligotées par les liens du mariage ou de signer un contrat de travail trop précis. La sécurité leur semble résider dans la liberté de mouvement, dans la mobilité.

Alain Dé était de ceux-là. Claustrophobe au dernier degré, il ne supportait pas de fermer la fermeture Éclair de son blouson. Cela faisait la troisième fois qu'il échouait à son examen universitaire alors qu'il était pourtant un brillant étudiant, intelligent et travailleur. Alors, pourquoi ces paniques au beau milieu des épreuves ? Ce qui faisait peur à Alain, ce n'était pas tant d'affronter l'examen, ni même de le réussir, mais le fait que s'il passait son diplôme il serait dès ce moment comme sur des rails : il trouverait un job, aurait un bon salaire et adopterait un style d'existence conforme à son rang social. L'idée de cette vie bourgeoise et étouffante qui, il en était sûr, finirait de fil en aiguille par être la sienne suffisait à lui faire froid dans le dos !

Conseils particuliers aux claustrophobes :
voir page 257 et suivantes.

III. Les phobies sociales.

Personne n'en doute, l'homme est un loup pour l'homme. Mais avoir peur des autres, de ses semblables, de ses frères, de ses sœurs au point de rougir sans raison, de bégayer ou même de ne pas parvenir à articuler un mot, au point de ne pas pouvoir se livrer à des actes aussi simples, aussi élémentaires que de manger ou de boire, au point de ne pas oser utiliser des toilettes qui pourtant ferment à clé, est-ce bien raisonnable ?

Non, ce n'est pas raisonnable, et d'ailleurs cela ne se raisonne pas. Cela ne se raisonne pas plus que les blocages sexuels, quand la peur bloque toute possibilité de plaisir.

Combien existe-t-il de phobiques sociaux ? Bien malin qui le sait : qui avouera de bon cœur trembler à l'idée de devoir serrer la main à une personne du sexe opposé ? Qui parlera de son incapacité à aller aux toilettes ailleurs que chez soi ? Qui s'étendra sur sa terreur à l'idée de se mettre à rougir de façon intempestive ? Personne, évidemment. Les phobiques sociaux se camoufleront donc sous des étiquettes extrêmement variées. En fait, tout dépend de la personne qui vous jauge : votre tante Ursule, aidée en cela par votre concierge et votre voisin de palier, parleront volontiers de « timidité maladive ». Votre médecin généraliste optera plutôt pour « de l'angoisse chronique » ou de la « spasmophilie ». Quant à votre psychiatre, s'il pose le diagnostic de « névrose d'angoisse » ou « d'hystérie », ce ne sera que demi-mal : il aurait tout aussi bien pu vous étiqueter « schizophrène » !

Mais, il faut bien l'avouer, les médecins, les concierges et la tante Ursule n'ont pas tous les torts : les phobiques sociaux poussent à la roue. Il est tout de même plus confortable de souffrir d'une déperdition de magnésium, voire d'une névrose homologuée que d'une phobie aussi grotesque que stupide !

1) Le début.

C'est souvent aux environs de la puberté que tout se précipite. Mais, en y réfléchissant, l'on se rend compte que déjà durant l'enfance on n'était pas très sûr de soi, un peu émotif, un peu timide, un peu effacé.

Puis on se met à redouter une situation donnée et, surtout, à avoir peur que cela se remarque : que vont penser les autres si je me mets à rougir, à transpirer, à trembler, à bégayer ? Je serai alors ridicule et c'en sera fini de moi. Jamais je n'oserai me représenter devant eux. Ils se moqueront, se gausseront, me montreront du doigt, éclateront de rire.

De la honte à la culpabilité, il n'y a qu'un pas : tout cela est de ma faute, je suis un moins que rien, un minus, un raté.

2) Et ensuite ?

L'angoisse monte à la façon d'un soufflé. Bien sûr, quand le phobique se trouve confronté à la situation qu'il redoute, il ne manque pas de se montrer maladroit, ce qui ne fait que le confirmer dans sa conviction d'être un incapable.

Alors, que faire ? Fuir, éviter bien sûr, puisque c'est là la tactique du phobique. Mais, comme on l'a vu précédemment, plus on évite et plus cela renforce la peur de la situation qu'on évite. *Plus on fuit et plus on a peur ; plus on a peur et plus on fuit.*

Il arrive qu'en dehors de la situation que l'on craint particulièrement, tout aille bien par ailleurs. Par exemple, certaines personnes ne réagissent sur le mode phobique que si elle sont confrontées à un certain type d'interlocuteur : M. Dupond perdra tous ses moyens en face d'une trop belle femme (pour Mme Dubois, ce sera bien sûr l'inverse), tandis que M. Durand redoutera, en revanche, d'être confronté avec quelqu'un d'autoritaire et de la génération de ses parents. Mais il se peut très bien que MM. Dupond et Durand (ainsi que Mme Dubois) se montrent tout à fait à leur aise avec leur famille et leurs collègues de bureau.

Dans d'autres cas, il n'en va malheureusement pas

de même : on se met à craindre les situations les plus diverses, les rues pleines de monde, la foule des transports en commun, des salles de spectacle ou des restaurants. La phobie se sera étendue, et notre phobique social, comme dans un mauvais jeu de l'Oie, devra reculer de plusieurs cases pour s'en revenir au chapitre « agoraphobie » de notre livre. Nous ne le lui souhaitons pas.

3) Les différentes phobies sociales.

Le trac ou la peur de parler en public.

Dans sa forme mineure, il s'agit du bête trac qui saisit celui qui doit parler devant une assemblée, un groupe ou un public. De nombreux artistes et orateurs sont sujets au trac : se souviendront-ils de leur texte, que va-t-on penser d'eux, seront-ils bons ? Dans la plupart des cas, l'angoisse se dissipe en grande partie dès que l'on commence à parler.

Mais il existe des cas plus graves où, au lieu de se dissiper, l'angoisse ne fait que croître et embellir. Rapidement, la panique s'installe, les idées se troublent, le discours devient flou, hésitant, imprécis. L'orateur ne trouve plus ses mots, hésite, bégaie *. Les pires craintes du phobique se réalisent donc. Il tente alors, lorsque cela est possible, d'abréger son intervention et de fuir.

Plus tard, il passera en revue toutes ses maladresses, ruminera sans fin son échec. Et, bien entendu, là encore, il fera appel à la célèbre tactique phobique : l'évitement. Ah, on ne l'y reprendra plus, à parler en public ! Il fuira donc réunions et discours, et se terrera dans son coin. Jusqu'au jour où, acculé...

Dans certains cas, la peur de parler en public dépend de façon étroite du type de situation auquel on se trouve confronté : tel professeur, qui se sentait parfaitement à son aise lorsqu'il devait faire un cours devant un amphi plein d'étudiants, perdait totalement ses moyens dans un congrès réunissant ses pairs. Il se révélait alors tout à fait incapable de poser la moindre question. Que diraient ses collègues s'il

* Les mécanismes phobiques jouent un rôle important dans la plupart des bégaiements. Ceux-ci sont d'ailleurs traités avec succès par les méthodes que nous verrons plus loin.

bafouillait tout à coup, ou s'il posait une question trop banale, trop stupide ? Non, mieux valait se taire et même, pour plus de sécurité, rester chez soi.

Dans d'autres cas, c'est la simple présence d'une certaine personne dans la salle qui déclenche la panique phobique : un parent, sa mère, sa femme, son fils, à moins qu'il ne s'agisse, là encore, d'une femme trop belle...

La phobie du regard.

Guère éloignée de la précédente, la phobie du regard empêche celui qui en est affligé de croiser le regard des autres. Il baisse alors les yeux, regarde de côté ou se cache derrière des verres fumés. Ses interlocuteurs en déduisent généralement qu'il s'agit d'un individu prétentieux, suffisant ou bien fourbe et dissimulateur. Le phobique du regard évite les autres, et les autres ont tôt fait de le mettre en quarantaine !

L'éreuthophobie ou peur de rougir en public.

L'éreuthophobie est, avec l'agoraphobie et la claustrophobie, une de nos phobies les plus anciennes. Nous la devons, en effet, aux docteurs Pitres et Régis qui, dès 1897, la décrivaient comme une « obsession caractérisée par la crainte de rougir et par l'angoisse qu'éprouvent ces sujets à la seule pensée de rougir ».

Lorsqu'il se trouve face à la situation redoutée, c'est-à-dire lorsqu'une charmante (ou très virile) personne du sexe opposé, ou son chef respecté et bien-aimé, ou encore un familier se met à le dévisager, face à face, les yeux dans les yeux, l'éreuthophobe se met à ressentir des bouffées de chaleur qui remontent depuis le ventre, gagnent rapidement le torse et s'épanouissent enfin sur son visage.

La panique gagne. C'est sûr, l'autre va voir qu'on est rouge comme une pivoine. Que va croire ce beau jeune homme, cette femme somptueuse ? Nous n'osons y penser. Et notre supérieur hiérarchique, que va-t-il déduire de cette rougeur malencontreuse ? Si nous rougissons, c'est que nous sommes en tort, que nous avons quelque chose à nous reprocher : nous avons volé ou nous avons été négligent dans notre travail. Et le bel éphèbe, la femme-vamp, que comprendront-ils si je rougis ? Qu'il m'est venu de drôles de pensées... Oui, c'est cela qu'ils vont conclure, cela ne fait aucun doute.

Tout cela ne date pas d'hier : déjà, à l'école, il suffisait que le maître parcoure la classe des yeux à la recherche du coupable pour que nous nous transformions en brasero. Voilà comment naissent les erreurs judiciaires et les éreuthophobes.

La tactique de l'évitement se traduit ici par divers artifices : on se tient de côté, on jette des regards en biais, les hommes se cachent derrière leur barbe, les femmes font appel à de savants maquillages, tentent de dissimuler leurs traits par une grande mèche en rideau masquant le front et la moitié du visage. Les verres fumés ou les lunettes noires sont aussi très appréciés des éreuthophobes. D'ailleurs, de leur point de vue, la meilleure saison n'est-elle pas l'été ? Le bronzage constitue sans conteste le meilleur des camouflages.

Conseils particuliers pour les phobiques du regard, les éreuthophobes ainsi que ceux qui perdent leurs moyens face à un public : voir page 258 et suivantes.

La « crampe de l'écrivain » ou peur d'écrire devant les autres *.

La « crampe de l'écrivain » fait partie de ces phobies que l'on trouve pittoresques et amusantes tant qu'on n'en est pas soi-même la victime. Elle consiste en un tremblement ou une contracture douloureuse de la main et du bras qui gêne l'écriture au point de la rendre tremblotante ou illisible.

La crampe de l'écrivain n'est en aucune façon l'apanage des écrivains : tous ceux à qui il arrive de tenir parfois un stylo à bille entre leurs doigts peuvent être pris d'une crampe de l'écrivain. On parle aussi de crampe de l'écrivain à propos de tremblements identiques qui surviennent chez certaines personnes lorsqu'elles doivent réaliser des travaux minutieux et délicats : c'est, par exemple, le

---

* La crampe de l'écrivain a longtemps été considérée comme étant non pas d'origine psychologique, mais purement neurologique. C'est encore l'avis de certains neurologues. Mais tout le monde ou presque s'accorde à dire que l'état psychologique joue un grand rôle dans son évolution. Et ce sont d'ailleurs les traitements à visée psychologique qui donnent, de loin, les meilleurs résultats (voir page 258 et suivantes).

cas de l'infirmière qui doit faire une injection ou de la couturière qui ne parvient plus à tenir son aiguille.

Il arrive souvent que la crampe se manifeste uniquement quand le sujet se sent observé ou bien quand ce qu'il écrit sera lu par quelqu'un d'autre. Là encore tout dépend de la nature de l'observateur ou de celui auquel le texte est adressé.

Dans ces cas-là, tout va bien quand personne ne regarde, quand on ne fait que prendre des notes personnelles.

Il arrive aussi parfois que la crampe ne survienne que lorsque la personne doit apposer sa signature sur un document, sur un chèque. Une signature est le plus souvent un gribouillis que l'on fait de façon plus ou moins automatique. Les ennuis commencent à partir du moment où l'on s'efforce de faire une belle signature, une signature qui ait l'air authentique : si vous vous appliquez trop, si vous faites quelque chose de trop bien léché, votre signature ne donnera-t-elle pas l'impression d'être une imitation ? Rien n'est plus dur que de se forcer à avoir l'air naturel.

Conseils particuliers pour ceux qui souffrent d'une crampe de l'écrivain : voir page 258 et suivantes.

La peur de manger et de boire.

Les mains, le bras et même l'épaule du sujet sont pris de tremblements incoercibles alors qu'il est à table et en train de manger. Les couverts s'entrechoquent, le contenu de l'assiette risque à tout moment de s'en aller éclabousser la nappe ou les autres convives, et il devient impossible de boire sans renverser le contenu de son verre.

Et puis, tout peut arriver, surtout le pire. Que penserait-on de vous si vous étiez brutalement pris de vomissements, là, comme ça, et que vous vous mettiez à rendre le contenu de votre estomac sur la nappe ou sur les genoux de votre voisine ? N'y a-t-il pas de quoi trembler ?

La plupart du temps, ces tremblements ne surviennent pas à chaque repas : de toute façon, quand on mange seul, tout va bien. Pour certains, les troubles se déclenchent quand ils participent à un banquet, une réception : les verres sont en cristal finement ciselé, les assiettes en porcelaine fragile et, de plus, il faut veiller à ne pas confondre fourchettes à dessert et couverts à poisson.

D'autres auront des problèmes quand ils se sentent, à tort ou à raison, le point de mire d'un groupe de gens, voire d'une seule personne. Qu'un regard pèse sur eux et ils se sentent perdus ! Dans d'autres cas encore, ce sont essentiellement les situations en tête à tête qui sont redoutées.

Bien entendu, là encore, notre phobique usera et abusera de la tactique de l'évitement. Il fuira noces, banquets, invitations au restaurant ou dîners d'amoureux. Parfois, tout en restera là, mais dans d'autres cas, la phobie prendra de l'extension, se généralisera, et le sujet se mettra à avoir des difficultés relationnelles de plus en plus importantes.

La phobie de manger en public peut être rapprochée de deux autres phobies, la *phobie d'avaler* et la *phobie de déglutir*.

Certains individus, en raison de la boule dans la gorge qu'ils ressentent quand ils sont anxieux, ont l'impression qu'il leur est impossible d'avaler des aliments solides. Mme Joséphine Jy raconte que la simple idée d'avoir à avaler une bouchée de viande, même longuement mastiquée, lui provoque des serrements de gorge et l'impression qu'elle va s'étouffer. Elle est alors immédiatement prise de panique. Cela fait maintenant plusieurs années qu'elle se nourrit exclusivement de soupes, de laitages et de compotes. Le fait qu'on la regarde manger aggrave nettement son trouble.

M. Bertrand Hesse ne supportait pas, quant à lui, l'idée d'avoir à déglutir. Il ne portait jamais de cravate et ses cols de chemise étaient toujours largement ouverts pour ne pas gêner les mouvements de sa pomme d'Adam. Mais comme il ne pouvait pas non plus supporter l'idée que ses interlocuteurs puissent voir les mouvements prétendument anormaux de cette fameuse pomme d'Adam, il tentait de la masquer par des foulards négligemment noués. Il lui était impossible d'ouvrir la bouche ou d'avaler sa salive quand il se sentait observé et il mastiquait des chewing-gums à longueur de journée en guise de camouflage.

Conseils particuliers pour la phobie de manger : ***voir page 260.***

La peur d'utiliser les toilettes.

Ici, notre phobique ne peut satisfaire aux besoins de la nature si quelqu'un l'a vu se diriger vers les lieux d'aisance. Comment uriner, comment déféquer, alors que, non loin de là, quelqu'un sait ce que vous êtes en train de faire ? Bien entendu, la porte est fermée et on ne voit rien. Mais *on sait* et c'est presque pareil : on peut imaginer votre caca, votre pipi, vos efforts pour pousser. Votre nature animale, bestiale, se révèle au grand jour.

Il arrive parfois que cette phobie aille jusqu'à la rétention d'urine ou conduise à la constipation — ou la diarrhée — chronique.

Il n'y a pas de quoi rire.

Conseils particuliers pour la phobie des toilettes :
voir page 258 et suivantes.

Les phobies sexuelles.

Si la phobie des toilettes ou la phobie de manger en public sont encore empreintes du charme de l'inconnu, il n'en va pas de même des phobies sexuelles, largement popularisées depuis les travaux de Masters et Johnson et des sexologues qui leur ont succédé. Il existe des hommes qui, phobiques de certaines parties du corps féminin, les ayant en horreur, paniquent à la simple évocation d'un sexe de femme. Inversement, certaines femmes sont prises d'angoisse à la vue d'un sexe d'homme, surtout en érection. D'autre fois, plus que l'anatomie du partenaire, ce sera l'acte sexuel qui sera redouté : une femme ne supportera pas l'idée d'être pénétrée, un homme paniquera à l'idée de devoir introduire son pénis dans un sexe de femme. D'autres fois encore, la peur sera plus centrée sur l'idée de performance : l'homme parviendra-t-il à conserver son érection, n'éjaculera-t-il pas trop vite, donnera-t-il du plaisir à sa partenaire ? La femme phobique s'angoissera de son côté à l'idée de ne pas parvenir à l'orgasme.

Parfois, plus que de panique, il s'agira d'un sentiment de répugnance à l'idée de toucher ou d'être touché.

Dans tous les cas —nous commençons à bien connaître sa tactique —, le phobique sexuel se mettra à fuir autant que possible tout contact sexuel pour éviter d'être confronté à son angoisse.

Les conséquences des phobies sexuelles ont pour nom éjaculation prématurée et impuissance pour l'homme, vaginisme et frigidité pour la femme. Mais entendons-nous bien : les troubles sexuels que nous venons de citer ne sont pas tous dus à des mécanismes phobiques, et bien d'autres causes peuvent entrer en jeu. Néanmoins, les phobies sont une cause fréquente de dysfonction sexuelle, et le traitement de ces phobies permet leur guérison. Ce type de problème nécessite presque toujours l'intervention d'un professionnel en raison de sa grande complexité.

IV. Les phobies simples.

L'agoraphobie, la claustrophobie, les phobies sociales ainsi que les phobies sexuelles sont des phobies très handicapantes : songez à toutes les choses que ceux qui en sont la proie se sentent obligés de fuir. Mais il existe des phobies moins gênantes dont on peut s'accommoder au prix d'un minimum d'organisation. On appelle ces phobies des « phobies simples ». Ce sont des peurs phobiques qui ne concernent qu'un objet ou une situation bien précise. Le phobique évite alors soigneusement cet objet ou cette situation et lorsqu'il y parvient, ce qui est habituellement le cas, mène une vie tout à fait normale.

Passons en revue les plus courantes :

Les phobies d'animaux.

La gêne occasionnée par une phobie d'animal dépend pour l'essentiel de la fréquence avec laquelle cet animal se rencontre dans la région où l'on habite. Il est évident qu'une phobie des rhinocéros ne constituera pas un gros handicap dans la vie d'un Parisien moyen, mais il n'en ira bien sûr pas de même si notre Parisien est un phobique des chiens, des chats ou des pigeons.

Parfois, le phobique va jusqu'à s'angoisser à la vue d'une photo ou d'un dessin de l'animal concerné. La gêne est alors plus grande : le phobique des serpents se mettra, par exemple, à éviter tout ce qui, de près ou de loin, rappelle un serpent : les vers de terre, les caducées des médecins et des pharmaciens, ou même les fils électriques et les cordons de téléphone !

Les phobies d'animaux les plus fréquemment rencontrées par les psychiatres sont : la phobie des oiseaux (des pigeons surtout) ou des plumes d'oiseau, la phobie des chiens, la phobie des chats et la phobie des insectes. Cela ne signifie d'ailleurs aucunement que ce soit là les phobies les plus répandues dans la population, mais ce sont assurément les plus gênantes en raison du nombre de chats, de chiens, de pigeons ou d'insectes que nous sommes amenés à côtoyer.

Mais, en fait, les phobies de serpents, de chauves-souris, de souris, d'araignées sont extrêmement répandues. Combien d'entre nous peuvent, si l'occasion leur en est donnée, prendre une couleuvre dans leurs mains ?

Conseils particuliers pour les phobiques d'animaux :
voir page 260 et suivantes.

Les phobies des transports.

La plupart des phobies des transports entrent dans le cadre de l'agoraphobie et nous prions le lecteur de se reporter à ce chapitre. Mais certaines phobies des transports sont des phobies simples : le phobique ne craint qu'un seul type de transport et se déplace normalement par ailleurs. Telle personne, par exemple, ne pourra supporter de prendre l'avion, mais ne sera nullement angoissée par un voyage en TGV. Telle autre ne prendra pas le métro, mais voyagera sans problème en autobus. Ou encore telle autre ne roulera pas en voiture, mais circulera en train.

Ces phobies débutent souvent à l'âge adulte, à la suite d'un traumatisme, d'un accident. Un de nos patients, par exemple, avait développé une phobie de la voiture après un grave accident de la route à la suite duquel il avait dû rester de longues minutes prisonnier de son véhicule avant de parvenir à s'en dégager. Par la suite, il n'avait plus pu supporter de pénétrer dans un véhicule automobile, mais continuait à prendre les transports en commun sans difficulté.

Conseils particuliers pour les phobiques des transports :
voir page 261 et suivantes.

La phobie des hauteurs ou acrophobie.

Les personnes qui n'osent pas s'approcher du bord d'une falaise ou qui ne peuvent contempler la vue que l'on a du troisième étage de la tour Eiffel sans se cramponner à la rambarde sont légion. Celles qui n'osent pas s'aventurer sur un balcon situé au sixième étage d'un immeuble ou regarder l'eau qui coule sous un pont sont nombreuses et ne souffrent, en général, pas trop de ce handicap. Celles qui ne peuvent tout simplement pas *monter* au sixième étage (sans même qu'il soit question de regarder en bas) sont plus rares, mais se heurtent déjà à des difficultés plus sérieuses. Quant à celles qui ne supportent pas d'emprunter un escalier ou de monter sur un tabouret, leur vie devient bien compliquée.

L'acrophobe ressent généralement une impression de vertige (médicalement, il s'agit d'un « faux vertige », d'origine psychique et non pas dû à un trouble de l'équilibration). Il a la sensation que le vide l'attire et qu'il risque de tomber. A un stade de plus, il est pris d'une phobie d'impulsion (voir plus loin), craint de perdre le contrôle de lui-même et de se précipiter dans le vide.

Un de nos patients, cadre dans une grande entreprise, ne pouvait supporter de monter plus haut que le quatrième étage, ce qui l'amena à refuser plusieurs promotions qui l'auraient conduit à occuper une situation plus haute dans la hiérarchie... et un bureau plusieurs étages au-dessus du sien !

Conseils particuliers pour les acrophobes :
voir page 262.

V. Les phobies d'impulsion.

Ce que craint celui qui est sujet à une phobie d'impulsion, c'est de perdre la maîtrise de lui-même au point de se livrer à des actes graves comme le suicide ou le meurtre.

S'il a peur des couteaux, des ciseaux trop pointus, des rasoirs, des armes à feu, c'est parce qu'il pourrait s'en servir contre lui-même, contre un mari, contre une femme ou contre un petit bébé sans défense. S'il craint les lieux élevés et les fenêtres ouvertes, c'est parce qu'il pourrait être pris de l'impulsion subite de se jeter dans le vide. S'il craint les quais de métro, c'est parce qu'il pourrait tout à coup lui prendre l'envie de se jeter sur les rails ou bien d'y pousser quelqu'un d'autre.

Lorsque le phobique parvient à éviter les situations qui l'angoissent, la peur le quitte et il retrouve son calme. Lorsqu'au contraire le sujet ne parvient pas à chasser son inquiétude de son esprit, lorsqu'il la rumine sans cesse, il ne s'agit plus à proprement parler d'un problème phobique, mais d'une *obsession*. Lorsqu'il se sent obligé d'avoir un certain comportement, par exemple de vérifier quelque chose ou de se livrer à un rituel conjuratoire, on parle de *compulsion*. Le traitement et l'évolution des obsessions et des compulsions présentent des différences notables avec ceux des phobies. Nous n'en parlerons pas ici : un autre ouvrage serait nécessaire. Nous ne parlerons pas non plus de phobies d'impulsion survenant dans le cadre d'une autre pathologie mentale.

La phobie de l'impulsion incontrôlée est présente dans bon nombre de phobies que nous avons examinées précédemment et, en règle générale, ceux qui en souffrent n'avouent ces idées qu'avec une extrême réticence tant ils ont peur qu'on les prennent pour des fous. Eux-mêmes, d'ailleurs, se mettent bien souvent à douter de leur santé mentale. Rassurons-les tout de suite : l'expérience montre que — à condition qu'il s'agisse bien de troubles phobiques et non d'un autre problème mental — les phobiques ne tuent personne et ne se suicident pas. Cela leur ferait bien trop peur !

Conseils particuliers dans le cas de phobies d'impulsion : voir page 262.

VI. Les phobies médicales, nosophobies et dysmorphophobies.

Phobies de la médecine, des dentistes, du sang et des accidents.

On s'étonne souvent de ce que bien des gens ne consultent leur dentiste qu'à la toute dernière extrémité, lorsque leurs caries les font tant souffrir qu'ils n'ont plus guère le choix. Dans certains cas, il ne s'agit-là que de négligence. Mais dans certains cas seulement.

Mme Brigitte Elle avait les dents en capilotade. Mais l'idée de s'asseoir dans un fauteuil de dentiste lui arrachait des cris encore plus intenses que ceux provoqués par ses douleurs dentaires. L'évocation mentale du sifflement de la roulette la plongeait dans un état de panique. En fait, elle ne pouvait pas même supporter l'idée qu'on lui regarde dans la bouche.

Comme une inflammation s'était déclarée, elle dut en définitive être hospitalisée et soignée sous anesthésie générale.

Le décorum et l'appareillage médicaux fournissent matière à d'innombrables phobies : les sirènes d'ambulance, les odeurs d'éther et de pharmacie, les blouses blanches, les instruments médicaux les plus simples comme les appareils à prendre la tension (dont la seule vue suffit à faire grimper celle-ci) peuvent être source de phobies. Certaines personnes paniquent à l'idée de pénétrer dans l'enceinte d'un hôpital ou d'une clinique, même pour rendre visite à un proche.

Et puis, il y a les piqûres... La vue d'une seringue associée à l'odeur de l'éther provoquait chez Mme Heyne une panique si intense qu'elle se croyait sur le point de perdre connaissance. Cela l'affolait encore plus, car qui sait si des âmes charitables, mais inconsidérées, ne profiteraient pas de son évanouissement pour la conduire malgré elle à l'hôpital ?

Après les piqûres, le sang et les blessures. La phobie du sang de M. Hème l'avait entraîné vers l'agoraphobie : il n'osait plus sortir de chez lui de peur d'être confronté à la vue d'un accident de la circulation : il y aurait alors sans doute du sang partout, des blessés gisant sur le pavé, des plaies béantes et rouges... M. Hème évitait aussi les objets pointus et coupants. L'idée que lui ou quelqu'un d'autre puisse se couper ou se piquer le paniquait au plus haut point.

Mme Gé n'avait pas d'enfant, ce qui la désolait. Mais la vérité était qu'elle ne pouvait supporter de se trouver enceinte car il lui aurait alors bien fallu finir par accoucher. Et accoucher, cela signifiait pour elle l'hôpital, les blouses blanches, les scialytiques, les instruments nickelés et surtout, surtout, l'expulsion d'un enfant tout gluant de sang rouge...

Conseils particuliers dans le cas de phobies médicales : voir page 263.

La phobie des maladies ou nosophobie.

Les nosophobies sont à cheval sur les phobies et les obsessions. Ce seront des *obsessions* si le nosophobe rumine sans cesse et sans pouvoir s'en empêcher. Suivant les cas, il peut préférer se centrer sur une anomalie qu'il affectionne plus particulièrement ou bien passer en revue le catalogue de toutes les maladies qu'il est susceptible d'avoir.

La balance penchera plutôt du côté des phobies quand l'inquiétude aura pris naissance après un événement déterminé (une émission médicale, la lecture d'un article de journal ou d'un livre dans le genre de celui que vous avez entre les mains) et que cette peur aura tendance à s'amenuiser spontanément, du moins jusqu'à ce qu'un nouvel événement extérieur vienne rappeler au nosophobe qu'un jour ou l'autre il pourrait lui arriver de tomber malade.

Les champions de la nosophobie sont sans conteste les étudiants en médecine. Quelle maladie n'ont-ils pas eue au cours de leurs études ? (Mais, rassurez-vous, la plupart s'en remettent assez bien.)

Le nosophobe, donc, se sent tout à coup la proie d'une crainte irraisonnée : il est atteint par la maladie. Il a le cancer, une maladie de cœur, le Sida ou une autre joyeuseté. Les nosophobies sont fréquentes et banales, et beaucoup d'anxieux se livrent avec fièvre aux délices de l'auto-observation sauvage. Car, quand on commence à prêter un tant soit peu d'attention au fonctionnement de son organisme, on ne peut qu'être effrayé par ce qu'on y découvre : la digestion se fait mal et c'est un cancer de l'intestin. Avons-nous depuis peu — en fait depuis que nous y pensons — des sensations plutôt étranges, des grattouillis informes, des picotements inquétants dans le haut du crâne ? Qu'est-ce que cela peut être sinon une tumeur au cerveau ? Notre cœur manque-t-il parfois de régularité, surtout quand nous courons pour attraper notre bus ? L'infarctus nous guette. Nos vertèbres craquent-elles ? C'est à coup sûr un cancer des os. Quoi, notre médecin nous dit que nous nous portons comme un charme ? Quel âne bâté ! Quelle tête fera-t-il quand le spécialiste que nous allons consulter de ce pas confirmera ce que nous savons depuis longtemps, à savoir que nous sommes gravement atteint, et même définitivement perdu ? Nous reviendrons alors le voir, ce stupide généraliste de rien du tout, et nous lui mettrons notre tumeur sous le nez, ou notre infarctus, ou notre maladie de Dubrovnick-Bratislava (trois cas au monde...). Rira bien qui rira le dernier !

Conseils particuliers pour les nosophobes : voir page 263.

La phobie de la mort ou thanatophobie.

La peur de mourir est quasi universelle. Son intensité dépend pour beaucoup de la culture à laquelle on appartient, de sa croyance à tel ou tel dogme religieux ou philosophique. Il semble que, dans le monde occidental, la phobie de la mort soit devenue générale. La plupart des gens évitent de penser qu'ils vont mourir, écartent tout ce qui peut les obliger à regarder en face cette idée déprimante, utilisent des tournures de phrase pour éviter d'avoir à prononcer des mots comme « mort » ou « mourir » (par exemple, on dira : « il nous a quittés », « il a disparu »). Nombreux aussi sont ceux qui ne supportent pas d'être confrontés à la vue d'un cadavre, fut-ce celui d'un parent.

Mme Berthe Paix paniquait devant tout ce qui se rapporte à la mort : elle évitait de passer devant cimetières et magasins de pompes funèbres, s'angoissait à la vue d'un vieillard (dont les jours sont comptés !) et ne regardait jamais de westerns ou de films policiers. Tout cela n'aurait pas été bien grave si sa phobie ne l'avait pas conduite à négliger une petite boule au sein. Après l'avoir tâtée, elle s'était purement et simplement mise à en nier l'existence. Car la peur de mourir de Berthe était telle qu'elle préférait ne rien savoir de son état de santé. Cette politique de l'autruche est typiquement phobique.

Conseils particuliers pour les phobiques de la mort : voir page 263.

La dysmorphophobie ou phobie de sa propre morphologie.

Si les nosophobies et les phobies d'impulsion étaient à cheval sur phobies et obsessions, la dysmorphophobie, malgré son nom, appartient incontestablement au groupe des obsessions *. Le docteur Lempérière la définit comme une « idée fixe et obsédante, certitude douloureuse de difformité. L'idée prévalante porte sur tout ou partie du corps avec une prédilection pour le visage, le nez en particulier ». Mais l'obsession peut aussi porter sur les seins ou le poids chez la femme, la taille ou le pénis chez l'homme.

Le dysmorphophobe est donc intimement persuadé que son corps, en totalité ou en partie, n'a pas une forme, une longueur, une largeur satisfaisantes. Le nez est trop long, le menton trop court, les yeux trop bridés, le ventre trop bombé, les cuisses trop cellulitiques, le pénis trop petit. Pour le dysmorphophobe, tout va mal et tout continuera à aller mal tant que son « anomalie » anatomique persistera. Car bien sûr, tout le monde la voit, cette anomalie, et ne regarde même que cela. Cela explique la totalité de ses échecs tant dans sa vie professionnelle (« On ne m'embauche pas parce que je suis trop grosse ») que dans sa vie privée (« Comment aimer quelqu'un qui a un nez comme le mien ? »). Le dysmorphophobe consulte donc non pas le psychiatre, mais le chirurgien esthétique. Malheureusement

* De même que précédemment, nous ne prendrons pas en compte d'autres affections neuro-psychiatriques qui peuvent se manifester par une dysmorphophobie.

pour lui l'opération se révèle le plus souvent décevante : bien que son nez soit désormais digne de celui de Cléopâtre, les affaires du (ou de la) dysmorphophobe ne s'arrangent guère. Deux solutions sont alors possibles : sombrer dans la dépression ou bien décider que le menton, lui aussi...

Conseils particuliers pour les dysmorphophobes : voir pages 263-264.

VII. Sont-ce aussi des phobies ?

Les phobies alimentaires.

La plupart des religions imposent certaines restrictions alimentaires : les juifs et les musulmans ne mangent pas de viande de porc, les hindous sont végétariens, les catholiques se voyaient interdire la viande le vendredi et en période de carême.

Diverses croyances et philosophies font de même. Les végétariens ne mangent pas de viande, mais consomment œufs et laitages, tandis que les végétaliens (avec un « l ») ne touchent à aucun produit animal.

Et puis, sur un plan plus général, certains produits se mangent ici mais pas là : le même qui mange des grenouilles et des escargots frissonnera à l'idée de toucher à des termites grillés, et réciproquement.

D'autres individus se créent leurs tabous alimentaires sans l'aide de personne : pas de fraises pour celui-ci, pas de lapin pour celui-là.

Tous ces braves gens sont-ils phobiques ? A ce compte-là, nous le serions tous ! Aussi, pour préserver la susceptibilité de chacun, seuls auront le droit de s'appeler phobiques ceux chez qui les tabous alimentaires représentent un véritable handicap. Mais, à vrai dire, sur le plan strictement psychologique, tous les interdits alimentaires ont une structure identique à celle des phobies : on évite certains aliments, et plus on les évite, plus on panique à l'idée d'avoir à en manger. Quant aux justifications des uns et des autres pour ne pas manger ceci ou cela... vérité au-deçà des Pyrénées, erreur au-delà !

Conseils particuliers pour ceux qui souffrent de phobies alimentaires : voir pages 264-265.

Les aversions.

Les aversions ne sont pas des peurs, mais des dégoûts et des répulsions pour le contact avec certaines substances, certaines matières.

Mme Julie Higrecque, par exemple, ne pouvait pas supporter le contact de la laine. Ce n'était en aucune façon une allergie ou quoi que ce soit de ce genre : il s'agissait simplement d'une question de sensation sur la peau. La simple idée d'un pull en laine angora suffisait à provoquer chez elle des grincements de dents et des serrements de mâchoires. Julie en était arrivée au point de ne plus pouvoir prendre les transports en commun durant la saison froide en raison du nombre incroyable des porteurs de pulls et de gilets.

Les aversions les plus fréquentes sont celles pour le velours, la laine, le coton hydrophile, la peau de pêche, les tissus synthétiques et le caoutchouc, surtout quand il couine. Mais la suédine, la peluche, la paille de fer, la craie, le talc et les balles de tennis neuves ont aussi leurs détracteurs.

Certains bruits peuvent aussi provoquer les mêmes réactions de rejet : la craie qui crisse sur un tableau noir, le caoutchouc que l'on frotte, un couteau qui dérape sur une assiette ou une charnière qui grince peuvent causer des tremblements et des sensations de malaise.

Une aversion constitue parfois un lourd handicap : telle élève-infirmière avait, par exemple, été obligée d'arrêter ses études parce qu'elle ne pouvait supporter l'idée d'avoir à toucher du coton. Mais, le plus souvent, l'aversion représente une simple gêne plutôt qu'un réel problème.

Les superstitions.

Être superstitieux, c'est croire que certains actes, certains signes, certains objets, certaines personnes possèdent un pouvoir caché, magique, lourd de conséquences bonnes ou mauvaises. Phobies et superstitions ont beaucoup de points communs.

Dans les deux cas, nos sujets évitent certains objets, certaines situations, et lorsqu'ils y sont confrontés (ou à la simple pensée qu'ils pourraient l'être) sont submergés par l'angoisse.

En fait, comprendre le fonctionnement des superstitions nous aidera à comprendre comment on peut devenir phobique et le rester.

Prenons, par exemple, la phobie des échelles. Supposons que vous fassiez partie de ces personnes qui évitent toujours très soigneusement de passer sous les échelles. A chaque fois que vous voyez une échelle appuyée contre un mur, vous faites un détour pour ne pas avoir à passer dessous. Puis vous constatez avec soulagement que rien ne se produit : aucun pot de peinture ne vous tombe sur la tête, aucune voiture ne vous renverse. Vous en « déduisez » alors immédiatement que c'est parce que vous avez évité l'échelle qu'il ne s'est rien passé. Et cette constatation, éminemment discutable, vous renforce dans votre idée que oui, passer sous une échelle porte malheur et est extrêmement dangereux. La prochaine fois, vous vous montrerez encore plus circonspect face aux échelles. Car vous l'avez échappé belle, n'est-ce pas ? Que vous serait-il arrivé si vous aviez commis la folie de passer dessous ? Vous préférez ne pas y penser ! *L'évitement* des échelles vous renforce donc dans votre conviction superstitieuse.

Imaginons maintenant que, pour une raison ou pour une autre, vous soyez amené à passer tout de même sous ladite échelle. Vous en serez certainement très effrayé. Cette peur intense que vous aurez ressentie vous *sensibilisera* à la crainte des échelles : vous vous direz sans doute quelque chose comme : « puisque j'ai eu si peur en passant sous cette échelle, c'est donc bien que passer sous les échelles est une épreuve redoutable ».

Si, maintenant, vous vous trouvez obligé ou si vous vous obligez vous-même à passer sous des échelles de façon régulière et répétée, vous vous apercevrez que, passé la première période de panique, votre peur se met progressivement à décroître. Il y aura *habituation.* Sur le plan du discours intérieur, cela pourrait se traduire par la logique suivante : « puisque je passe sous des échelles sans qu'il m'arrive rien, c'est donc que c'est moins dangereux que je ne le pensais ».

Ces mécanismes d'habituation et de sensibilisation, dont nous avons déjà parlé à propos des peurs et que nous retrouvons ici, ajoutés à l'évitement systématique des situations d'angoisse, tout cela mis ensemble représente les caractéristiques principales de la peur phobique.

Alors, comme ça, il n'y aurait guère de différence

entre la peur de sortir dans la rue de l'agoraphobe et celle de passer sous une échelle du superstitieux ? Il semble bien que oui : dans ces deux cas, la peur du sujet est hors de proportion avec le danger réel. Dans les deux cas, on pense qu'il se passerait très probablement quelque chose d'horrible (quoi ? On ne sait pas, mais on peut tout imaginer...) si on rompait le tabou.

Mais peut-être pensez-vous que tout cela va contre le bon sens : tout le monde sait bien qu'il ne faut pas passer sous les échelles ! Tandis que ne pas oser traverser une rue, ça n'a pas de sens, c'est stupide et fou !

Ne seriez-vous pas superstitieux, par hasard ?

Conseils particuliers pour les superstitieux : voir page 265.

La peur des êtres paranormaux.

Vous n'avez pas seulement peur des échelles et des chats noirs, mais aussi des fantômes, des revenants, des esprits malins, des loups-garous, des djinns, des goules, des vampires, des gnômes, des mauvaises fées, des diables et, pour finir, du plus terrible de tous, Satan, Belzébuth, le Démon.

Pourtant, vous n'avez jamais vu aucun de ceux qui vous font si peur. Vous ne connaissez d'ailleurs personne (personne qui ait la tête sur les épaules en tout cas) qui puisse affirmer qu'il a vu, de ses yeux vu, le moindre petit bout de corne ou de sabot fourchu d'un quelconque petit diablotin de la dernière catégorie.

Mais vous n'avez pas besoin de les voir. Vous ne tenez surtout pas à les voir ! C'est bien assez de les savoir là, tapis dans l'ombre, vous guettant, prêts à vous tirer par les pieds !

Tous les gens rationnels vous le diront : les fantômes et tous leurs petits copains, ça n'existe pas (touchez du bois si vous ne vous sentez pas rassuré en disant cela) ! Alors, s'ils n'existent pas, pourquoi continuent-ils à nous persécuter depuis que le monde est monde ? N'est-ce pas étrange, franchement anormal, voire paranormal ?

Remarquons tout d'abord que, de par la structure même de notre cerveau, nous sommes spontanément enclins à rechercher et à établir des relations de causalité entre les événements. Des phénomènes sans cause connue nous sont proprement intolérables, nous paniquent plus que tout.

Il nous faut, de plus, attribuer tout ce qui nous arrive à des actes intentionnels. Dans la pensée magique ou prélogique, le hasard n'existe pas : une mauvaise récolte, un accident, une maladie ou, à l'inverse, la réussite d'un projet, un gain, une naissance sont toujours provoqués par quelqu'un. Ce quelqu'un pourra être un dieu dont les caprices expliqueront l'incohérence apparente de la vie humaine, ou encore un sorcier qui se sera mis au service d'un individu malintentionné.

Que se passe-t-il quand on a peur sans raison valable ? Quand on a peur du noir, par exemple ? Le parquet craque, quelque chose grince. Il n'est pas question d'admettre que nous avons peur comme ça, spontanément. Il faut absolument que quelque chose ou quelqu'un soit à l'origine de notre peur. C'est déjà une façon de se rassurer car la peur suprême, c'est la peur de l'inconnu, du néant, du chaos, de l'insensé. Donc, quand personne ne daigne nous faire peur, nous sommes bien forcés d'imaginer nos ennemis.

Cela fait si longtemps que l'espèce humaine procède de la sorte qu'elle a constitué tout un bestiaire d'entités maléfiques, ce qui nous épargne la corvée d'avoir à tout imaginer depuis le début.

En somme, pour paraphraser Descartes, on pourrait dire à propos des fantômes, des diables et tutti quanti : « J'ai peur, donc "ils" sont ». Plus j'ai peur, et plus « ils » sont présents et puissants.

Car nous mesurons la puissance des entités maléfiques à l'aune de notre frayeur. Puisque j'ai peur, c'est donc que cela est réellement effrayant. Et puisque j'ai très peur, c'est donc que cela est très, très effrayant.

Magnifique cercle vicieux, qui nous fera d'autant plus craindre les fantômes que nous sommes plus paniqués, et qui injectera dans l'idée de fantôme une puissance proportionnelle à notre degré de panique.

VIII. Les phobies de l'enfant et de l'adolescent.

Les peurs du jeune âge.

Nous n'avons jusqu'à présent parlé que des phobies de personnes adultes. Or, certaines peurs sont caractéristiques de certaines étapes du développement de l'enfant et ressemblent à s'y méprendre à des phobies.

Si après avoir pris votre nourrisson dans vos bras, vous le lâchez brusquement (le rattraper ensuite n'est pas interdit) le privant ainsi brutalement de point d'appui, il prendra peur. A cet âge, un bruit inattendu, une lumière violente peuvent aussi occasionner des peurs. Puis, vers le huitième mois environ, alors qu'auparavant il faisait spontanément confiance à n'importe qui, il se met à craindre les étrangers, devient xénophobe. Chaque fois que sa mère sort de son champ de vision, il panique. C'est vers deux ans que cette *angoisse de séparation* est la plus aiguë. Elle décroît ensuite progressivement pour disparaître aux environs de trois ou quatre ans.

L'angoisse de séparation et la peur de l'agoraphobe se ressemblent par bien des points et beaucoup de théories psychiatriques (en particulier psychanalytiques) font de cette période de la vie le moment où le destin de l'agoraphobe se décide.

De trois à six ans environ, c'est la période des terreurs nocturnes : l'obscurité se peuple de monstres effrayants, de fantômes, de sorcières, d'ogres. Plein d'animaux prennent des allures inquiétantes et, au premier chef, les loups qui, comme chacun sait, mordent et mangent les petits enfants. L'enfant a aussi peur des orages, des éclairs, du feu, de la nuit. Il ne veut plus rester seul, a besoin qu'on lui laisse une lumière allumée près de son lit.

Tout cela fait partie des peurs normales par lesquelles passent tous les enfants. Ces terreurs ne deviennent préoccupantes que lorsqu'elles persistent bien au-delà de l'enfance ou, évidemment, quand elles resurgissent à l'âge adulte.

Conseils particuliers aux parents inquiets des peurs de leurs enfants :

La plupart des parents ne s'angoissent pas trop des peurs de leurs enfants et ils ont bien raison : il est normal, naturel, qu'un nourrisson de dix mois pleure quand sa mère le laisse ou quand un étranger s'approche. Mais il arrive quelquefois que ces pleurs prennent des proportions inquiétantes. Cela est bien souvent dû à l'angoisse de la mère, à sa culpabilité de laisser son enfant à d'autres (« Ne suis-je pas une mauvaise mère si je pose Zouzou dans son parc au lieu de le tenir dans mes bras ? Si je ne le prends pas la nuit dans mon lit ? Si je l'abandonne à la crèche ? »)

Certaines mères ont peur que leur enfant ait peur. Elles se mettent alors à surprotéger leur bambin, à le couver, à l'empêcher d'expérimenter la peur et la solitude. En faisant cela, elles obtiennent, le plus souvent, l'effet exactement inverse de celui recherché.

Pour rassurer l'enfant, il faut donc lui montrer qu'on ne s'angoisse pas quand il a peur ou quand il pleure. La sérénité des parents lui permettra de recouvrer son calme.

Le problème est identique quand un enfant de trois à six ans se met à faire des cauchemars, à parler de fantômes ou de revenants, à ne plus vouloir dormir seul. Si les parents s'angoissent de ces anomalies, ils ne feront que les amplifier. Il est bien préférable de dialoguer, de poser des questions sur ces fantômes et autres monstres, de les faire décrire, de demander à l'enfant de les dessiner. L'enfant comprend ainsi que les angoisses qu'il ressent n'ont rien d'anormal ou d'inquiétant, qu'elles sont supportables, maîtrisables, qu'on peut continuer à vivre malgré elles. Et, bientôt, ces angoisses ne seront plus qu'un mauvais souvenir…

Les phobies scolaires.

Vers six ans environ, l'enfant abandonne la plupart du temps ce genre de frayeurs pour d'autres, plus concrètes : c'est la période des angoisses à propos de l'école, des camarades de classe, du maître, du travail scolaire. A l'extrême, ces angoisses aboutissent au refus pur et simple d'aller à l'école, à ce qu'on appelle la phobie scolaire.

Deux éléments entrent en jeu dans des proportions variables. D'un côté, l'angoisse de séparation, la peur de quitter sa mère, la peur que quelque chose n'arrive à celle-ci pendant son absence. De l'autre, la peur de l'école et de ce qui peut s'y passer.

L'enfant se met donc à se plaindre de l'école, puis se refuse à y aller. Cette fuite de l'école ne peut en aucun cas être assimilé à la classique école buissonnière : la motivation n'est nullement le désir de vagabonder, mais bel et bien la peur de l'école. D'ailleurs, s'il arrive parfois que l'enfant ne se rende pas en classe, il ne profite guère de cette liberté et retourne chez lui dès que possible. Si on le force à reprendre l'école, l'enfant s'angoisse, perd l'appétit, se met à avoir des nausées, des vomissements, des maux de tête. Ces maladies lui évitent d'avoir à manifester son refus scolaire de façon ouverte : il est simplement « malade » de plus en plus souvent...

Moins l'enfant va à l'école et plus il a peur d'y retourner. Il est d'ailleurs fréquemment soutenu par un de ses parents (souvent la mère, mais parfois le père) qui, lui-même très anxieux, souvent agoraphobe ou ancien agoraphobe, l'encourage... à avoir peur.

Parfois, heureusement, la phobie scolaire est plus bénigne : l'enfant ou l'adolescent ne tremble que devant certains professeurs, ne s'angoisse qu'à propos de matières bien déterminées. Mais le refus de l'école compromet bien sûr la réussite scolaire...

Conseils particuliers aux parents affligés d'enfants phobiques de l'école :

Nous venons de le dire, c'est le plus souvent l'un des parents, voire les deux, qui encourage la phobie scolaire par son comportement surprotecteur.

Parents, posez-vous la question suivante : cela vous angoisse-t-il que votre enfant vous quitte ? Qu'il devienne indépendant, qu'il ait l'esprit d'aventure, qu'il prenne quelques risques ?

La meilleure attitude lorsque votre enfant refuse d'aller à l'école n'est sûrement pas de l'y contraindre. Il faut, au contraire, entamer le dialogue avec lui, lui demander d'expliquer ce qui lui fait si peur, quelles sont ses difficultés. Il faut surtout lui faire comprendre qu'il est normal, naturel, de vivre des moments pénibles à l'école, mais qu'on le croit capable d'y faire face. Bien sûr, ses parents l'aideront et le soutiendront au maximum : il ne sera pas seul devant l'épreuve.

Mais ce genre de dialogue n'est pas toujours facile à établir. Aussi, si la phobie scolaire persiste, il ne faudra pas hésiter à recourir à l'aide d'un professionnel, psychiatre ou psychologue, qui aidera à la fois parents et enfant.

Les phobies de l'adolescence.

Nous n'en dirons qu'un petit mot : l'adolescence est l'âge des phobies sociales par excellence et nous prions le lecteur de se reporter à ce chapitre.

La plupart des adolescents traversent des périodes de doute à propos d'eux-mêmes et de leur capacité à devenir adultes. Ils craignent de rougir, d'être ridicules, maladroits... La plupart du temps, tout s'arrange spontanément. Mais quelquefois aussi le trouble s'installe et persiste à l'âge adulte. Un adolescent qui s'isole, qui se met à éviter les contacts avec le sexe opposé, à fuir les groupes a besoin d'être aidé.

IX. Le phobique et sa famille.

L'existence de phobies chez les enfants et les adolescents, le problème bien particulier des phobies scolaires, tout cela nous conduit très logiquement à envisager quelles peuvent bien être les relations qu'entretiennent les phobiques avec leur famille. Car nous avons jusqu'à présent considéré les phobiques comme des individus indépendants et autonomes. Ce n'est pas vrai : les phobiques ne sont ni indépendants ni autonomes. La plupart d'entre eux souffrent de nombreux problèmes relationnels. Les phobiques sociaux tendent pour leur part à se couper de leurs congénères tandis que les agoraphobes, nous l'avons vu, sont au contraire hyperdépendants, tributaires de leur famille, de leurs amis qui doivent les assister pour toutes les tâches qu'ils sont incapables de réaliser par eux-mêmes. Ce besoin de s'appuyer sur des tiers pour se protéger de la survenue d'un hypothétique malaise, d'une panique brutale est, bien sûr, typique des agoraphobes, mais bien d'autres phobiques ressentent eux aussi la nécessité de se faire aider, protéger, conforter.

L'incompréhension de l'entourage.

Justement, se faire dorloter n'est pas toujours facile : le phobique a bien du mal à ce qu'on le prenne au sérieux. Tout d'abord parce que bon nombre de phobies paraissent risibles : avoir peur de rougir en public n'apparaît pas comme un problème suffisamment grave pour justifier le refus systématique de toute sortie. Une peur de ce genre ne peut qu'être mineure, et le phobique s'entend dire à longueur de journée qu'il suffirait qu'il fasse preuve d'un peu de volonté, qu'il prenne sur soi pour que son problème soit résolu.

Pour leur entourage, les phobiques ne sont souvent

rien d'autre que des paresseux qui se complaisent dans leur trouble.

Un fait supplémentaire vient ajouter de l'eau à ce moulin : l'intensité de la phobie est généralement fluctuante. Tout dépend du niveau de stress et de dépression du phobique, ainsi que d'un tas d'impondérables... Cela va mieux certains jours, plus mal à d'autres moments. Et puis, aussi, la plupart des phobiques parviennent — généralement au prix d'un grand effort sur eux-mêmes — à surmonter leur peur et à faire ce qu'ils ont à faire quand ils sont confrontés à une situation réellement urgente.

Mme Yolande Erre, dame de 55 ans qui ne sortait pratiquement jamais de chez elle depuis plusieurs années en raison de son agoraphobie, se révéla capable de faire le voyage de Bordeaux jusqu'à New York pour voir son fils gravement malade. Elle dut pour cela prendre successivement des taxis, le train, de nouveaux taxis, l'avion et encore des taxis. Elle resta une semaine au chevet de son fils, se débrouillant par ailleurs pour vivre à New York alors qu'elle ne parlait pas l'anglais. Mais lorsqu'elle revint chez elle, son agoraphobie se révéla inchangée : elle ne pouvait pas plus qu'avant se rendre au bureau de poste au coin de la rue !

Comment la famille entretient la phobie.

Bien que l'entourage se montre souvent sceptique et ironique vis-à-vis du phobique, il n'en finit pas moins par céder. Puisqu'il est un fait que l'agoraphobe est incapable de se déplacer seul ou de pénétrer dans un magasin sans défaillir, le conjoint, les enfants, les voisins, la mère ou la belle-mère mettront la main à la pâte et feront tout cela à sa place. Quand l'agoraphobe doit absolument sortir de son petit nid, par exemple pour se rendre à son travail, chez le dentiste ou pour faire des emplettes personnelles, quelqu'un se dévouera pour l'accompagner. Si, de plus, l'agoraphobe ne supporte pas de rester seul chez lui, il se trouvera bien là aussi quelqu'un qui restera pour lui tenir compagnie.

L'agoraphobe est — peut-être par la force des choses — un fin politique. Il sait inspirer la pitié, se montrer gentil, use parfois de l'humour pour se faire accepter. Tous les moyens sont bons pour convaincre les autres de lui venir en aide. Bien sûr, nous l'avons vu, à la longue cela lui coûte et il se met à souffrir de cette dépendance. Mais, que voulez-vous ? dans la vie, on se défend comme on peut !

L'entourage de notre agoraphobe se rend donc à ses raisons et accepte, le plus souvent de bon gré, de soulager le phobique des corvées qu'il ne peut pas faire. C'est, après tout, la solution la plus simple. La seule aussi qui permette la continuation d'une vie familiale.

Ce dont l'entourage du phobique ne se rend pas compte, c'est qu'en procédant ainsi, on aide le phobique à pratiquer sa célèbre tactique de l'évitement qui, nous l'avons vu, est au centre de son problème agoraphobique. Rappelons-le encore une fois (on ne le dira jamais assez) : *plus le phobique évite les situations qui lui font peur, et plus ces situations lui feront peur à l'avenir.*

La gentillesse et la serviabilité sont décidément bien mal récompensées : c'est en aidant le phobique que l'on aggrave son cas.

Toute la vie familiale s'organise donc autour de la phobie. Le comportement d'évitement est en quelque sorte légitimisé : « Maman ne peut pas faire ses courses elle-même, mais ce n'est pas sa faute, dit la fille d'agoraphobe. Tout cela est dû à sa phobie et il est normal que je les fasse à sa place ».

L'agoraphobe prend l'habitude de compter sur les autres, et les autres prennent l'habitude de l'assister en tout.

Et quand l'agoraphobe se décide à réagir, il se heurte paradoxalement à une formidable force d'inertie. La sienne tout d'abord, qui n'est pas mince, mais aussi celle de ses proches qui, comme nous allons le voir, peuvent aussi trouver leur intérêt à cette situation.

Et il n'est d'ailleurs pas rare qu'après une amorce de traitement, surtout au moment où l'agoraphobe se met à faire des progrès tangibles, commence à s'émanciper, que tout ce beau monde tombe d'accord pour conserver le consensus actuel et stopper la thérapie. Comme le dit la sagesse populaire : on sait ce qu'on perd, on ne sait pas ce que l'on trouve.

Comment la famille crée la phobie.

Mais allons plus loin : la phobie ne prend-elle pas naissance au sein même de l'unité familiale ? Une famille est plus qu'une simple collection d'individus vivant côte à côte. C'est aussi l'unité éducative et culturelle de base. Chaque famille enseigne, consciemment ou non, en quoi consiste la vie, comment doit se dérouler l'existence, comment on doit faire face aux problèmes, ce qui arrive à ceux qui ne parviennent pas à faire face. Que se passe-t-il si les parents, tant par la vertu de l'exemple que par le discours qu'ils tiennent, apprennent à leurs enfants que le monde est peuplé d'obstacles insurmontables, qu'il faut être sur le qui-vive, se méfier de tout, que n'importe quoi peut arriver à n'importe quel moment sans que l'on n'y puisse rien, et que le mieux, dans de telles circonstances, est de prendre ses jambes à son cou ? Il n'est pas dit, même si vous apprenez consciencieusement cette leçon, que vous deveniez automatiquement phobique, mais vous y aurez été grandement préparé.

C'est dans ce sens qu'on peut parler de familles phobiques, de mariages phobiques, voire de « culture phobique ». Dans ces familles règne un climat permanent d'insécurité et d'angoisse ainsi que l'idée que la meilleure stratégie, quand on se trouve confronté à une difficulté, est de refuser l'obstacle, de fuir ou même de nier totalement l'existence du problème. Certaines mères, certains pères paniquent chaque fois que leur conjoint ou leur enfant est en retard : a-t-il été victime d'un accident ? d'un kidnapping ? Gît-il dans une mare de sang quelque part au bord d'une nationale ? Est-il tombé entre les mains d'un affreux sadique ? Prendre sa voiture est dangereux, aller cueillir des champignons dans les bois (et les vipères, avez-vous pensé aux vipères ?) est dangereux, sortir dans la rue est dangereux, vivre est dangereux. Le salut ? Il réside dans la fuite. Ne pas sortir de chez soi, rester blottis tous ensemble au coin de l'âtre, rentrer la tête dans les épaules, voilà la solution.

Ces « familles phobiques » ont été particulièrement étudiées dans le cas des phobies scolaires [(13)]. Les enfants qui développent ce genre de phobie ont très fréquemment des parents anxieux qui les surprotègent, s'inquiètent à l'excès de leur santé, des misères que peuvent leur faire l'instituteur ou leurs petits camarades.

Il est aussi intéressant de remarquer que l'agoraphobie et les phobies scolaires se transmettent en quelque sorte de parent à enfant : tout d'abord, les enfants de femmes agoraphobes souffrent très fréquemment de phobies scolaires. Une étude [(5)] portant sur 786 femmes agoraphobes au total en a sélectionné 299 qui étaient mariées et avaient un enfant entre 7 et 15 ans au moins. On trouva que 14 % de ces enfants présentaient une phobie scolaire !

Et, réciproquement, il est fréquent que ces enfants ayant souffert de phobies scolaires deviennent par la suite agoraphobes.

D'autres psychologues eurent l'idée de questionner des patients phobiques sur la façon dont ils voyaient leurs parents : les patients souffrant de phobies sociales (c'est-à-dire qui avaient peur de s'exprimer ou de se livrer à certaines activités en présence de certaines personnes) ou de timidité maladive décrivirent leurs parents comme étant tout à la fois surprotecteurs et très maternels : des parents étouffants, en quelque sorte. Les agoraphobes, quant à eux, parlèrent de leurs parents en termes apparemment paradoxaux : ces parents auraient été tout à la fois hyperprotecteurs et trop indifférents ! Mais la contradiction n'est qu'apparente : ces parents ne surprotègent leurs enfants qu'en fonction de leurs propres angoisses et pour bien des aspects de la vie, se montrent totalement indifférents. Pour telle mère, l'important peut être, par exemple, que sa fille ne fasse pas de mauvaise rencontre dans des rues mal fréquentées. Elle tentera donc jour après jour d'inculquer à son enfant ce dont elle est tout à fait convaincue elle-même, à savoir que franchir le perron du domicile familial vous expose à une infinité de dangers. Peu lui chaut par ailleurs si sa fille, isolée de ses camarades et de plus en plus angoissée elle aussi, en vient à tourner en rond dans sa chambrette et à se déprimer peu à peu. De tels parents apparaissent donc fréquemment à l'enfant comme pétris de contradictions, ambivalents, soufflant tantôt le chaud, tantôt le froid.

Le couple phobique.

Le couple constitué par un agoraphobe, ou une personne souffrant d'une autre phobie grave, et son conjoint n'est pas ce qu'on peut appeler un couple heureux et équilibré. Tout d'abord, comme le fait remarquer le docteur Joseph Wolpe, grand spécialiste du traitement des phobies [44], beaucoup de femmes souffrant d'agoraphobie (rappelons que de 60 à 80 % des agoraphobes sont du sexe féminin) s'estiment mal mariées et malheureuses en amour. Elles ont aussi la sensation qu'elles ne peuvent rien y faire. Quitter son mari est impensable quand on se sent tout à fait incapable de se débrouiller seule. Les liens du mariage sont comme une prison étouffante et dont elles ne possèdent pas la clé. Alors, protester, dire au mari que vraiment ça ne va pas, que les choses ne peuvent pas continuer ainsi plus longtemps ? Vous n'y pensez pas ! Un minimum de confiance en soi est nécessaire pour oser tenir un tel langage. Non, la plupart du temps, la femme souffrant d'agoraphobie passe son temps à camoufler ses rancunes et ses colères. Quand la coupe déborde et qu'elle éclate enfin, elle s'en culpabilise et retourne bien vite à sa passivité.

Et le conjoint, comment voit-il les choses ? Celui ou celle qui se retrouve marié à un ou une phobique se trouve plongé dans une situation singulière : il est tout à coup investi d'une autorité, d'un pouvoir qu'il n'avait pas demandé. Il est, qu'il le veuille ou non, l'élément moteur, fort : c'est à lui qu'incombe de faire face aux événements et de protéger le phobique des périls du monde extérieur. Même si le conjoint du phobique n'est au départ qu'un être ordinaire, avec ses lacunes, ses difficultés personnelles, il lui faut rapidement s'aguerrir, apprendre à se débrouiller pour deux. Cette situation, malgré ses inconvénients, n'est pas forcément déplaisante : bien sûr, le mari de l'agoraphobe doit faire nombre de corvées dont il se serait sans doute passé (les achats du ménage, accompagner sa femme dans tous ses déplacements), bien sûr, il doit supporter de nombreuses sautes d'humeur, des revirements sans fin, mais, d'un autre côté, il a la satisfaction de régner sans partage.

En fait, cet « homme fort » (ou cette « forte femme ») est très souvent intérieurement fragile et peu sûr de lui : les agoraphobes se choisissent très rarement des machos pour mari (ceux-là leur font bien trop peur) mais plutôt des compagnons doux et peu agressifs.

On voit à présent le piège dans lequel le « couple phobique » se trouve enfermé : si l'agoraphobe guérit et reprend son autonomie, son conjoint risque de tomber du piédestal sur lequel il se trouve placé. Sa force apparente est essentiellement tributaire de la faiblesse de son conjoint. Dans bien des cas, même s'il peste ouvertement contre la dépendance de son compagnon ou sa compagne, même s'il le ou la pousse à entreprendre un traitement, il souhaitera plus ou moins consciemment, plus ou moins secrètement, que celui-ci échoue. De temps à autre, il agira en conséquence et se livrera avec plus ou moins de discrétion à des actes de sabotage. Impliquer le conjoint dans le traitement, l'amener à prendre conscience de ses difficultés, à admettre que le phobique puisse un jour se libérer de sa tutelle peuvent parfois être des actes thérapeutiques décisifs. Nous en reparlerons.

Troisième partie :

Comprendre et guérir.

I. Mais comment peut-on être phobique ?

Nous connaissons désormais beaucoup de choses sur l'infinie variété des peurs et des phobies, sur la vie des phobiques et de leur entourage, mais nous n'avons encore rien dit de la façon dont les phobies apparaissent. Ne croyez pas que ce soit par pure méchanceté, dans le but de vous frustrer. Non, votre curiosité est tout à fait légitime. Mais voilà : la vérité est qu'on n'a, en la matière, aucune certitude. Ou plutôt, chacun a ses propres certitudes, ce qui est pire. Les médecins axés sur la biologie pure et dure ont les leurs, les psychanalystes et les comportementalistes ne sont pas en reste. Sans compter les phobiques eux-mêmes, qui ne sont pas les derniers à vous expliquer le pourquoi de leurs peurs.

1) Que dit le sens commun ?

Que faire quand on se trouve aux prises avec un mal mystérieux et qui vous dépasse, quand on a peur de sortir dans la rue, quand on craint les chats ou les canaris ou quand on tremble à l'idée de regarder quelqu'un dans les yeux ? Lorsqu'on prend le temps d'y penser, on sait bien que cette peur est démesurée par rapport à son objet. Et les êtres humains sont ainsi faits qu'ils tolèrent mal l'inconnu : ils préfèrent la plupart du temps une explication illogique et tirée par les cheveux que pas d'explication du tout. Alors on passe sa vie en revue, à la recherche de quelque chose qui pourrait expliquer ce qui nous arrive :

— *« Après tout ce que j'ai subi ces derniers temps, il n'est pas surprenant que je fasse une dépression nerveuse ! »*

C'est un premier type d'explication. Et, après tout,

ce raisonnement n'est pas dénué de logique : nous avons vu qu'une trop grande accumulation de stress était à l'origine de bien des états de panique. Quant au terme de « dépression nerveuse », il recouvre pour la plupart des gens tous les problèmes psychologiques de quelque nature qu'ils soient. Et, là encore, le bon sens n'a pas tout à fait tort puisque la plupart des difficultés psychologiques, si elles sont trop intenses ou si elles persistent trop longtemps, finissent par entraîner un état dépressif.

—« Avec la vie que je mène, il était fatal que je craque.»

Ici, ce qui est mis en accusation, c'est une vie usante, monotone, fatigante, dépourvue d'intérêt. C'est, en quelque sorte, un « métro, boulot, dodo, phobie ». La rancœur d'avoir à prendre le métro, la répugnance chaque jour un peu plus forte à la promiscuité, aux mauvaises odeurs, finissent par se transformer en phobie des transports en commun. De même, la lassitude qui vous prend à l'idée d'avoir à faire vos achats chaque jour de la semaine, d'avoir encore et encore à affronter les sempiternelles corvées, d'avoir à pousser cet insupportable chariot dans des rayonnages remplis de tonnes de conserves ou de lessives, savoir qu'on sera bousculé, houspillé par des hordes de ménagères grincheuses et de vendeuses en folie, tout cela ne peut qu'aboutir à l'agoraphobie. Là aussi, les gens évoquent la fameuse « dépression nerveuse ». Pour eux, la phobie est le symptôme le plus visible, le plus évident, d'un malaise plus profond, la petite partie émergée d'un immense iceberg de mal-être.

Dans cette explication aussi apparaît un fond de vérité : ruminer sans cesse à l'intérieur de soi des rancœurs, des dégoûts portant sur les situations dans lesquelles on se trouve, avoir la sensation qu'il n'est pas possible d'échapper à ces mêmes situations, confère à sa vie un côté aversif. Cette façon de penser encore et encore à tout ce qui ne va pas, à tout ce qui fait peur, peut être rapprochée de ce que les comportementalistes appellent *l'incubation cognitive* (voir page 178). Pour certains psychiatres et psychologues, il s'agit-là de l'un des mécanismes essentiels de la construction des phobies.

— « *Cette histoire de phobie provient d'un manque de volonté.* »

Cette troisième explication aurait tendance à fleurir dans la bouche des parents de phobiques plutôt que dans celle des phobiques eux-mêmes. Il s'agit, en quelque sorte, de la réponse du berger à la bergère. Les phobiques accusent leur mode de vie, mais leur entourage qui se trouve confronté le plus souvent aux mêmes difficultés, ne peut accepter ce genre d'explication qui le remet lui-même en question. « Pourquoi est-ce que je tiens le coup et pas toi ? », dira le mari. La réponse est toute trouvée : tout cela n'est qu'une question de volonté. L'existence est dure pour tout le monde, dans la vie, il faut faire preuve de courage, prendre sur soi, ne pas faiblir, ne pas se laisser aller, lutter, ne pas lâcher prise.

Là encore, tout n'est pas faux : il est vrai que beaucoup de phobiques ont tendance à se montrer passifs, à fuir, à éviter les obstacles. De plus, et nous le verrons dans le traitement comportemental des phobies, se guérir de ses peurs demande une certaine dose de courage. De là à penser que le manque de courage est à l'origine desdites phobies, il n'y a qu'un pas que certains n'hésitent pas à franchir.

— *« Moi, phobique ? Allons donc ! Je suis un peu timide, voilà tout. »*

Ce déni de l'existence même de la phobie est monnaie courante. Les phobies sociales sont mises sur le compte de la timidité, les agoraphobes expliquent que, s'ils ne sortent plus de chez eux, c'est tout simplement parce qu'ils n'ont rien à faire dehors, les phobiques des ascenseurs prétendent monter les escaliers quatre à quatre uniquement pour garder la forme et les phobiques de l'avion vantent le plaisir des vacances à bicyclette. Quant aux nosophobes (qui, rappelons-le, sont les phobiques des maladies) il ne leur viendrait jamais à l'idée de dire que leur angoisse d'avoir le cancer constitue une anomalie : n'est-il pas normal de trembler devant une maladie aussi terrible ? Ce sont ceux qui continuent à dormir paisiblement, sans une pensée pour les redoutables cellules malignes qui les grignotent peut-être déjà de l'intérieur, qui constituent une énigme à leurs yeux.

— *« Ma mère (ou mon grand-père, ou mon oncle Félicien) était phobique. Donc, moi aussi. »*

Cette explication présente plusieurs avantages. Et tout d'abord celui de la simplicité : point n'est besoin de chercher plus loin, les phobies sont d'origine génétique ; on les tient en héritage de sa famille comme des yeux bleus ou un grand nez. Le second avantage est qu'elle permet une déculpabilisation de l'intéressé : je suis né comme ça et je n'y puis rien. Tout ça n'est donc pas de ma faute et il n'y a strictement rien à y faire.

D'autres phobiques qui se retranchent derrière cette sorte d'explication pensent non pas à une origine héréditaire, mais à un fait d'éducation : ma mère, qui était claustrophobe, m'a inculqué ses conceptions phobiques de l'existence et m'a ainsi transmis sa phobie.

Mais qu'en est-il vraiment ?

2) Certaines peurs sont-elles purement instinctives, innées et incurables ?

Serait-il possible que certaines de nos peurs nous soient transmises par nos parents, qui, eux-mêmes, les tiendraient des leurs, et ainsi de suite jusqu'à Adam et Eve ?

Et puisque nous parlons d'Adam et Eve, qu'en est-il de cette peur banale, partagée par plus de 70 % d'entre nous : la phobie des serpents. Ne serait-ce pas là une peur typiquement génétique ? Ne sommes-nous pas instinctivement effrayés par tout ce qui a une forme allongée, qui rampe sur le sol en zigzag et qui produit des sifflements ? Nous partageons d'ailleurs cette réaction avec tous les autres primates et, de plus — et cela semble un argument décisif — nous semblons avoir peur d'emblée, spontanément, dès la première fois, même si nous n'avons jamais vu le moindre serpent. Dans ces conditions, d'où nous viendrait cette peur si ce n'est de nos gènes ?

La peur de certains animaux, de l'obscurité, des lieux élevés, la crainte des étrangers, seraient-elles donc des tares contre lesquelles il n'y aurait rien à faire puisqu'elles seraient inscrites au plus profond de nos cellules, qu'elles feraient partie de notre héritage génétique ? Ou bien, au contraire, l'homme naîtrait-il vierge de toute frayeur ? Ses parents, la société le pervertiraient-ils, lui inculqueraient-ils des peurs stupides par une éducation maladroite ? Cette dernière hypothèse laisserait apparemment plus d'espoir : ce qui a été appris pourrait être désappris. Un traitement de ces peurs serait donc possible. De plus, de meilleurs principes éducatifs pourraient aboutir à la construction d'un homme nouveau, dégagé de sa gangue de névroses, sans peur et sans reproche.

On le voit, nous sommes embarqués sur un terrain terriblement glissant : le serpent, animal maudit, nous a entraînés en pleine querelle idéologique. Nous voici avec, à notre droite, les tenants de l'inné, conservateurs, qui pensent que tout est joué à la naissance, et, à notre gauche, les progressistes, qui croient l'homme perfectible, éducable et guérissable. Parviendrons-nous à nous tirer de ce mauvais pas ?

Examinons les idées recues. On a généralement tendance à considérer qu'un comportement immuable, présent de tous temps et sans exception chez un grand nombre d'individus d'une espèce donnée a toutes les chances d'être inné, inscrit dans les gènes et transmis par voie héréditaire. Inversement, un comportement qui apparaît plus ou moins tardivement après la naissance et qu'il est nécessaire d'apprendre est généralement déclaré comme appartenant au domaine de l'acquis.

De plus, ce qui serait inné serait fixe, immuable, hors d'atteinte. Seul ce qui serait acquis pourrait être modifié.

Rien de tout cela n'est vrai.

Il est de fait que tous les enfants, de quelque race qu'ils soient, quel que soit leur milieu, l'éducation qu'ils reçoivent, passent tous par des peurs similaires à des âges similaires. Ainsi, chez les nourrissons, ce sont surtout des stimuli brutaux, nouveaux, intenses qui déterminent l'apparition de peurs. Puis ce type de peur tend à s'effacer et est remplacé successivement par la peur des étrangers et de la séparation d'avec la mère (qui atteint son sommet vers deux ans et décroît pour disparaître vers trois-quatre ans). Viennent ensuite des terreurs de créatures imaginaires, la peur des éléments naturels, de la nuit, des animaux féroces. Puis tout cela disparaît peu à peu pour laisser la place, à l'âge scolaire, à des peurs en relation avec les contacts sociaux : peurs de l'instituteur, des mauvaises notes, des camarades.

Ce calendrier immuable des peurs est-il inscrit dans nos gènes ? Non, rétorquent les tenants de l'acquis : cela signifie tout au plus que nous passons par des stades de maturation successifs et que nous apprenons à avoir peur de telle chose à tel âge.

Alors, comment départager ces frères ennemis ? Si l'on parvenait, par exemple, à prouver que certaines peurs apparaissent sans qu'il soit besoin de les apprendre d'aucune façon, cela constituerait sans nul doute un point décisif en faveur des peurs d'origine innée.

Or, il semble bien que cela ait été fait, comme en témoigne une expérience d'éthologie sur les singes Rhésus rapportée par Irenäus Eibl-Eibesfeldt[12]. Des singes sont élevés dès leur naissance de telle sorte qu'ils n'aient jamais l'occasion de voir le moindre individu de leur race, ni de voir leur propre image se refléter dans un miroir ou dans de l'eau. Lorsqu'on projette à ces singes des images menaçantes de leurs congénères, celles-ci les laissent totalement indifférents jusqu'à l'âge de deux mois et demi environ, ce qui paraît tout à fait logique. Pourquoi, après tout, ces singes craindraient-ils d'autres singes alors qu'ils n'ont jamais eu l'occasion d'être menacés par l'un d'eux ? Pourtant, tout se met à changer à partir de cet âge charnière : contre toute logique, voilà nos singes qui se mettent à avoir peur quand ils voient apparaître l'image de congénères menaçants sur l'écran ! Comment expliquer une telle chose ? Les éthologues voient là la preuve de l'existence d'un déclencheur inné qui se développe en l'absence de toute expérience sociale et qui permet au jeune singe de reconnaître des expressions de menace même s'il n'a jamais eu l'occasion de se frotter à un de ses semblables et d'en expérimenter la signification.

Les exemples de comportements innés pullulent dans le monde animal : les dindes, par exemple, n'ont pas besoin d'avoir vu un faucon de leurs propres yeux pour avoir peur d'un leurre imitant cet oiseau.

On dispose de plus de faits en tous points comparables chez les êtres humains : par exemple, un nourrisson que l'on pose sur une plaque de verre dans un espace vide manifestera une peur innée de l'abîme bien qu'il n'ait encore jamais expérimenté la moindre chute ou amorce de chute.

Mais peut-être les choses sont-elles plus subtiles ? Pour un chercheur comme Seligman[35], certaines peurs ne sont ni tout à fait innées, ni tout à fait acquises : *elles sont préparées.*

Il est, en effet, frappant de remarquer à quel point certaines peurs sont répandues et combien elles s'acquièrent aisément quand — par miracle — on n'en est pas encore atteint. Toutes les peurs que nous avons citées plus haut, la peur des serpents, des souris, des rats, des lieux élevés ou inconnus, de l'eau, de l'obscurité, s'acquièrent même en l'absence de tout contact direct : combien de phobiques des serpents ont déjà approché, au moins une fois dans leur existence, un véritable serpent ? Bien peu assurément.

Inversement, certaines peurs d'objets ou de situations réellement dangereux ne se développent pas : par exemple, la phobie de l'électricité et des prises de courant est tout à fait rarissime, même en cas d'électrocution.

Pourquoi ce paradoxe ? Pour Seligman, nous sommes prédisposés génétiquement à être la proie de certaines phobies qui, dans les temps prétechnologiques, avaient valeur de facteur de sélection du point de vue de l'évolution.

Par exemple, avoir peur des serpents, c'est s'en méfier, éviter de se trouver sur leur route et donc avoir moins de risques de se faire mordre, ce qui augmente alors les chances de survie.

Tout cela est bel et bon. Il existerait donc, inscrite quelque part dans nos gènes, une certaine prédisposition à avoir peur de certaines choses plutôt que d'autres. Mais cela signifie-t-il pour autant que ces peurs innées, ou peurs préparées, soient incontournables, hors d'atteinte de tout traitement ?

Absolument pas.

Pour reprendre la phobie des serpents (qui, s'il existe des « phobies génétiques », en fait assurément partie), celle-ci peut parfaitement être gommée par quelques séances de thérapie comportementale.

Et n'est-ce pas ce qui importe, après tout ?

II. La médecine et les phobiques.

Innées ou acquises, qu'importe puisque nous pouvons guérir de nos peurs phobiques. Mais le problème, de nos jours, pour un phobique résolu à cesser de l'être, est de parvenir à faire un choix dans l'éventail grandissant des méthodes de traitement. A tout seigneur tout honneur : commençons par le discours proprement médical.

1) Explication biologique des peurs phobiques.

Comment la médecine comprend-elle nos angoisses et nos peurs immotivées ? Nous avons déjà parlé, dans la première partie de ce livre, du stress et de ses conséquences, en particulier sur notre degré d'anxiété, de tension nerveuse. Soit sous l'effet d'une trop grande accumulation de stress, soit parce qu'on a affaire à un individu trop fragile, soit par une combinaison des deux, on observerait alors une hyperactivation de certaines parties du cerveau. Ce dernier resterait, en quelque sorte, toujours « sous tension » et c'est cela que nous appellerions « anxiété » ou « angoisse ».

Les états de peur intense et immotivée, ou « attaques de panique », seraient dus à des phénomènes semblables : le cerveau de certains individus, pour des raisons non encore éclaircies, ne pourrait pas supporter un trop grand nombre de messages lui arrivant à la fois. La saturation provoquerait alors une sorte d'emballement.

Mais prenons un exemple. Nous sommes dans un grand magasin. Il y a foule et nous sommes bombardés de toutes sortes de messages : bruits, odeurs, images nous submergent. Nous devons, de plus, faire rapidement des choix : quelqu'un vient en face de nous, allons-nous passer à gauche ou à droite, allons-nous nous écarter ? Achèterons-nous ? Irons-nous ailleurs ? Notre cerveau n'arrive plus à trier ces données, à procéder aux choix nécessaires. Il entre en état de surstimulation et nous devenons de plus en plus anxieux. Si les choses s'aggravent encore, nous faisons une véritable attaque de panique (voir pp. 85-86), nous nous sentons alors très malades, avons l'impression que nous allons perdre connaissance ou même mourir sur-le-champ.

Si notre cerveau s'installe dans cet état de surstimulation, nous sommes devenus des anxieux chroniques. Mais examinons une situation plus originale : que se passe-t-il si nous nous mettons à faire ces attaques de panique, non pas n'importe où ni n'importe quand, mais seulement quand nous nous trouvons dans des lieux bruyants et encombrés comme les grands magasins, les rues pleines de monde et les transports en commun ? Chez nous, bien au calme, tout va bien. Mais la foule, les grands espaces, le monde extérieur, cela notre cerveau ne le supporte pas. Notre cœur s'emballe, nous transpirons, nous avons des vertiges, des fourmillements, du mal à respirer et l'impression que nous devenons fous.

Que faisons-nous alors ? Nous nous mettons à développer une peur de plus en plus importante de tous les endroits où ce genre de malaise est susceptible de nous arriver. Nous nous mettons donc à fuir les foules, les lieux publics, les trop grands espaces et évitons, autant que faire se peut, de sortir de chez nous : voilà, nous sommes devenus agoraphobes !

Pour certains chercheurs [21, 37], l'angoisse et les attaques de panique seraient donc dues à un dérèglement subtil du système nerveux, devenu incapable de supporter des stimulations trop nombreuses dans un temps donné. Des attaques de panique répétées finiraient à la longue par entraîner l'apparition d'une peur d'anticipation : ce serait pour ne pas avoir à revivre une expérience aussi éprouvante que l'individu éviterait tous les lieux à risque.

Cette explication est séduisante, fondée sur de solides assises biologiques, mais elle présente un défaut : elle ne s'applique qu'aux agoraphobes qui font des attaques de panique. Les phobiques des chiens, des chats, du sang, des piqûres et des petits placards sombres ne sont pas concernés. Sur ceux-là, la biologie n'a pratiquement rien à dire et les abandonne aux « psy » en tout genre : psychiatres, psychologues, psychanalystes... Autant dire qu'elle les traite par le mépris !

Nombreux sont ceux qui protestent contre cette séparation effectuée entre les agoraphobies d'un côté et toutes les autres phobies de l'autre. Après tout, si les agoraphobes sont plus perturbés que, par exemple, les phobiques des araignées, c'est peut-être uniquement parce qu'il est plus facile d'éviter les araignées que les lieux publics... On retrouverait d'ailleurs chez tous les phobiques, quels qu'ils soient, les mêmes traits de caractère, les mêmes difficultés interpersonnelles, les mêmes antécédents dépressifs et la même réactivité émotionnelle supérieure à la moyenne [15]. Dans ces conditions l'attaque de panique, propre aux agoraphobes, ne permettrait donc pas d'expliquer pourquoi les phobiques sont phobiques.

2) Que propose la médecine « classique » pour soigner les phobies ?

Précisons tout de suite un point : mieux vaut, pour le phobique, s'assurer que c'est bien d'une phobie qu'il souffre et non pas d'autre chose. Certaines maladies psychiatriques peuvent, en effet, se traduire par l'apparition de phobies. C'est, par exemple, le cas de certaines dépressions mélancoliques, de la schizophrénie, ainsi que d'autres tableaux psychotiques. Des états d'angoisse diffuse peuvent aussi se compliquer de phobies. De plus, certaines phobies appartiennent au groupe des obsessions-compulsions. Tous ces troubles nécessitent des traitements tout à fait différents. Nous ne parlerons ici que de la façon dont on soigne les phobies qui ne sont que des phobies.

Les tranquillisants.

Les comprimés ou les gélules multicolores que votre médecin vous prescrit et que votre pharmacien vous délivre avec un grand sourire constituent le plus simple et le moins coûteux des traitements. Et les petites pilules dont vous hériterez si vous allez raconter des histoires de phobie à votre médecin traitant ont toutes les chances d'appartenir à la classe des tranquillisants.

Ceux-ci sont, en effet et selon toute apparence, des médications de tout repos (dans tous les sens du terme), sans histoire, sans danger. Ils diminuent la sensation d'angoisse ainsi que les signes physiques d'anxiété : le phobique cesse de trembler comme une feuille, les palpitations se calment, la respiration se normalise, la sensation d'irréalité se dissipe, la peur de mourir diminue. Bref, tout va mieux, beaucoup mieux.

Mais tout ne va pas parfaitement, loin de là : tout d'abord, aucun tranquillisant n'est suffisamment puissant pour faire réellement disparaître la panique dans le moment de la confrontation avec l'objet de sa phobie. La peur est moins forte, mais persiste.

Ensuite, existe le problème de l'habituation à long terme : les tranquillisants deviennent vite des objets contre-phobiques (voir pp. 91-92). Le patient devient dépendant de sa petite boîte, de ses petites pastilles.

Enfin, sur le plan pharmacologique, les tranquillisants ont tendance à perdre de leur efficacité au cours du temps et, en outre, diminuent la vigilance.

Que faut-il donc penser des tranquillisants ? Qu'ils sont d'excellents médicaments tant qu'on les considère comme une aide temporaire, mais qu'ils ne constituent pas en eux-mêmes une solution au problème du phobique.

Les bêta-bloquants.

Les bêta-bloquants sont des médicaments prescrits surtout en médecine cardiologique. Ils agissent en bloquant non pas l'angoisse mais les effets de celle-ci sur le corps : les sueurs froides disparaissent, le cœur se ralentit, les tremblements cessent. Les bêta-bloquants modifient peu le vécu de l'anxiété et pourtant le phobique constate que son corps ne bronche pas. Puisqu'« il ne perd plus ses moyens », cela lui permet donc de faire face de façon plus efficace à la situation à laquelle il se trouve confronté.

Les bêta-bloquants sont, par excellence, les médicaments du trac. Quand quelqu'un doit, par exemple, affronter une situation qu'il redoute, un examen, un discours devant une assemblée, les bêta-bloquants pourront lui permettre de s'en tirer avec succès.

Néanmoins, on ne peut pas dire que ces médications constituent le traitement adéquat d'une phobie véritable.

Les antidépresseurs.

Comme leur nom l'indique, les antidépresseurs sont des médicaments actifs dans les états dépressifs. Mais, comme leur nom ne l'indique pas, ils se révèlent aussi efficaces dans le traitements des phobies, même quand elles ne sont pas accompagnées de dépression.

Les antidépresseurs ne semblent, en fait, pas agir sur les phobies elles-mêmes, mais sur les attaques de panique ainsi que sur les sensations de dépersonnalisation.

La conclusion est simple : ces médicaments sont intéressants chez les agoraphobes qui présentent des attaques de panique ainsi que chez tous les phobiques souffrant par ailleurs de dépression. Pour toutes les autres catégories de phobiques, ils ne présentent pas d'intérêt particulier.

Là encore, il faut savoir que ces traitements ne sont pas sans inconvénient : leur délai d'action sur les attaques de panique est particulièrement long puisqu'il va de trois semaines à... trois mois. De plus, si aucun autre traitement n'est entrepris par ailleurs, les rechutes sont fréquentes au moment de l'arrêt du traitement.

Les effets secondaires des antidépresseurs sont, en outre, nettement supérieurs à ceux observés avec les tranquillisants : outre une vigilance diminuée, une baisse des facultés de concentration et de mémoire, ils dessèchent désagréablement la bouche, constipent et provoquent parfois des troubles de la vision (sans aucune gravité, précisons-le pour ne pas vous en dégoûter tout à fait).

Le plus connu, et l'un des plus employés, des antidépresseurs est la clomipramine ou Anafranil®. Mais la plupart des autres antidépresseurs de la même famille (dits « tricycliques ») ont une action comparable. Une autre catégorie d'antidépresseurs, les « IMAO » (ou inhibiteurs de la mono-amine-oxydase) ont, eux aussi, une action positive mais sont peu utilisés en France en raison de leur maniement délicat.

3) Limites des traitements médicaux.

En ce qui concerne les phobies, la médecine est donc loin d'être toute-puissante. Les tranquillisants calmeront une partie des angoisses mais seront incapables de supprimer les peurs phobiques. Toutefois, si vous êtes agoraphobe et que vous êtes régulièrement la proie de violentes attaques de panique, n'hésitez pas à prendre les antidépresseurs que vous prescrira votre médecin : même si ces médicaments ne modifient en rien votre peur phobique proprement dite, ils auront un effet bénéfique sur vos paniques. Ce n'est déjà pas si mal.

III. La psychanalyse et les phobiques.

Pour les psychanalystes, l'affaire est claire : les phobies ne sont en aucun cas d'origine génétique. D'ailleurs, dans la lutte qui oppose les tenants de l'inné à ceux de l'acquis, les psychanalystes ont depuis toujours choisi leur camp : ils sont résolument pour l'acquis et contre l'inné. L'homme étant un être de culture, et la culture ne se transmettant pas par les gènes, aucun problème humain ne saurait prendre sa source dans les chromosomes de l'espèce !

La psychanalyse a été pendant bien longtemps la seule théorie explicative des phobies. On a d'ailleurs vu que c'est à Freud qu'on doit la spécificité du concept de phobie, autrefois considérée par les psychiatres comme une simple variante des obsessions. Mais bien des choses sont venues remettre en question l'hégémonie psychanalytique : la réussite de certaines thérapies (et en particulier des thérapies comportementales) qui, en s'attaquant directement au « symptôme », en débarrassant les phobiques de leurs phobies sans que survienne aucune des catastrophes prédites par la théorie psychanalytique, a quelque peu dérangé le bel édifice.

Mais, malgré ces vicissitudes, la théorie psychanalytique est loin d'être morte et s'est même banalisée au point de faire partie du langage courant. L'inconscient ne fait plus peur et le sexe encore moins. Votre charcutière ou la demoiselle des PTT (que les charcutières et les demoiselles des PTT se rassurent : je les aime bien) vous le diront : votre phobie des serpents n'est rien d'autre qu'une peur du pénis, et votre agoraphobie n'est pas autre chose qu'un désir de viol que vous refoulez on ne sait trop pourquoi.

Mais, en fait, cette théorie et cette pratique psychanalytiques, tant décriées par les uns, tant portées aux nues par les autres, quelles sont-elles ?

1) La théorie psychanalytique des phobies.

Le petit Hans.

Il est toujours bon de commencer par le commencement. Et au commencement de la théorie psychanalytique des phobies, était le petit Hans.

C'est en 1909 que Sigmund Freud publie « Analyse d'une phobie chez un enfant de cinq ans ». Bien que la centaine de pages que Freud consacre à la phobie de Hans ne se laisse guère aisément résumer, nous allons tout de même tenter d'en extraire les idées principales. Que les puristes et les exégètes freudiens veuillent bien nous pardonner !

Hans était donc un gentil garçon de trois ans, plutôt calme, qui ne semblait pas avoir de problème. Bien sûr, comme c'est très fréquemment le cas à cet âge, Hans craignait son père qui lui apparaissait comme un personnage assez impressionnant, et était au contraire très attaché à sa mère dans les jupes de laquelle il était toujours fourré. Mais, à trois ans, il n'y a là rien de bien inquiétant, n'est-ce pas ? Un jour, au cours d'une promenade à la campagne, il assiste à une scène champêtre banale : un cheval urine dans un champ. Hans remarque la taille impressionnante de l'animal et surtout celle, peut-être encore plus impressionnante, de son pénis... Quelques temps plus tard, en ville cette fois, il assiste à la chute d'un autre cheval qui, en train de tirer un bus, tombe « comme mort », les quatre fers en l'air.

C'est à partir de ce moment que Hans se met à avoir peur d'être mordu par un cheval dans la rue (rappelons que les chevaux étaient, en ce temps-là, fort nombreux dans la capitale autrichienne). Cette peur se généralise rapidement à d'autres animaux comme la girafe du zoo de Vienne, ainsi qu'aux objets qui rappellent une bouche de cheval. Le père de Hans, qui est médecin et fort intéressé par les thèses freudiennes (sa femme et lui sont, en fait, tous deux de fidèles disciples de Freud), décide avec l'aide de Freud de tenter de comprendre les ressorts inconscients de cette phobie. Ce sera donc le père de Hans qui interrogera son fils et qui rapportera au docteur Freud le résultat de ses observations.

Comment Freud explique-t-il l'origine de la phobie

des chevaux du petit Hans ? Tout part, pour Freud, du célèbre triangle œdipien : comme tous les petits garçons, Hans était amoureux de sa mère et haïssait son père, considéré comme un rival. Et cette jalousie que Hans ressentait vis-à-vis de son père le conduisait à imaginer des scènes où il tuerait son père et pourrait garder sa mère pour lui seul.

Jusque-là, rien que de très banal, direz-vous. Car, dans ce quatrième quart du XXe siècle, chacun sait que tous les enfants vous « font un complexe d'Œdipe » au même titre que la rougeole ou la varicelle. Et, de fait, depuis qu'on laisse les enfants parler et qu'on va même jusqu'à écouter ce qu'ils disent, quel parent n'a pas entendu un jour ou l'autre son charmant petit rejeton affirmer qu'il épouserait maman et que papa, ma foi... (pour les filles, c'est évidemment l'inverse : elles épouseront papa tandis que maman devra bien disparaître d'une façon ou d'une autre...).

Hans est donc la proie d'un conflit émotionnel : son père est un rival dont il souhaite et imagine la mort. D'un autre côté, il n'est pas sans savoir que tuer son père, même en imagination, est un acte répréhensible. Et, de plus, il continue à éprouver de l'affection pour ce père malgré la rivalité qui l'oppose à lui.

Mais comment passe-t-on du complexe d'Œdipe à la phobie des chevaux ? Pas d'impatience, nous y arrivons.

Comme tous les enfants de son âge, qui croient en la toute-puissance de la pensée, Hans ne doutait pas que son père devait être capable de deviner les sentiments qu'il éprouvait à son égard. « Sûrement, mon père lit-il sur mon visage que je veux sa mort », devait penser Hans dans un recoin de sa petite tête. « Et, bien sûr, il voudra se venger, puisqu'à sa place c'est ce que je voudrais, moi. » Hans commença donc à avoir peur de son père.

Par ailleurs, Hans, dans un autre recoin de sa tête, à la vue du cheval urinant dans le pré, avait établi une relation symbolique entre les chevaux, animaux puissants au pénis impressionnant, et son père, lui aussi grand et fort.

Quand Hans vit ce second cheval tomber « comme mort » dans la rue, il additionna deux et deux, et imagina que son père aussi pourrait mourir si lui, Hans, le « tuait » en imagination. Et tuer son papa pour lui voler sa femme, c'est se mettre en tort et s'exposer à un châtiment en proportion de la faute commise, c'est-à-dire terrible.

Le moyen de se sortir de ce conflit intérieur ? Il consistait, par exemple, à bien séparer les rôles : la haine du père et la peur d'une punition en raison de cette haine seront éjectées de la conscience, feront l'objet d'un *refoulement* dans l'inconscient. De la sorte, les papas resteront gentils et inoffensifs, et puisqu'il faut bien que la charge d'angoisse se porte quelque part, ce seront les chevaux, équivalents symboliques des papas, qui en feront les frais, qui deviendront de dangereux animaux qui mordent et castrent les petits enfants méchants. Il y aura eu *déplacement* de l'angoisse.

Donc, à un danger intériorisé, la peur du père, Hans substituait un danger externe : le cheval qui mord. Hans pouvait désormais continuer à aimer son père et sa mère en toute quiétude : après tout, craindre de se faire mordre par un cheval est moins effrayant que craindre de se faire castrer par son père !

Explication psychanalytique des phobies.

Freud, à vrai dire, a proposé successivement, au fur et à mesure qu'il élaborait la théorie psychanalytique, plusieurs mécanismes pour expliquer les phobies. « Dans les phobies, écrit Freud en 1895, l'angoisse n'est pas dérivée d'un souvenir quelconque, elle est d'origine sexuelle. Ce que redoute le malade, c'est l'avènement d'une telle attaque d'angoisse dans les conditions spéciales où il croit ne pas pouvoir y échapper. »

C'est ce surgissement brutal de l'angoisse qui caractérise donc la phobie. L'objet dont on a apparement peur n'est qu'une sorte de leurre, une couverture masquant la peur réelle, toujours d'origine sexuelle.

Puis, avec l'analyse du petit Hans que nous venons de voir, la névrose phobique change de nom et devient « l'hystérie d'angoisse » (pour montrer la parenté des mécanismes phobiques avec ceux de l'hystérie). Le véritable objet de la peur est refoulé et l'angoisse se déplace sur un objet de substitution.

Plus tard encore, dans « Inhibition, symptôme et angoisse », Freud ne considère plus que l'angoisse phobique soit due au refoulement : il fait, en effet, de l'angoisse un signal avertissant le « Moi » d'un danger. La causalité s'en trouve inversée et c'est l'angoisse (de la castration, en l'occurrence) qui précède et provoque le refoulement. Dans cette optique, la phobie devient alors une organisation mentale dont le rôle est d'atténuer l'angoisse.

Tout cela, on le voit, n'est pas simple, et nous nous en excusons. Que faut-il retenir en définitive des théories avancées par Freud ? L'idée de base de la plupart des interprétations freudiennes peut néanmoins se résumer à ceci : *le phobique est l'objet d'un conflit de nature sexuelle. Pour éviter ce conflit intérieur, il le refoule dans l'inconscient et déplace l'angoisse sur un objet extérieur.* Un conflit interne s'est transformé en peur externe.

Dans cette optique, que sont les agoraphobes ? Ce sont des personnes qui, effrayées par leurs propres pulsions sexuelles, s'en protègent par l'évitement des situations où un rapprochement serait possible. La rue, les lieux publics sont, en particulier, des espaces de liberté où, en quelque sorte, tout peut arriver. Ce qui effraie les agoraphobes, c'est donc l'idée qu'ils pourraient jouir de cette liberté et, plus particulièrement, qu'ils pourraient se laisser aller à accepter des invites ou faire eux-mêmes des avances aux gens qu'ils croiseraient dans la rue.

De même, la peur des voyages viendrait se substituer à la peur d'être transporté par de violentes émotions et de perdre le contrôle de soi-même. Cette peur serait, en l'occurrence, en grande partie une peur de sa propre sexualité. De là à dire que la phobie des transports en commun s'assimile en quelque sorte à la peur de l'amour en groupe, il n'y a qu'un pas que certains psychanalystes ont d'ailleurs gaillardement franchi !

Dans le même ordre d'idée, de nombreux tenants de la psychanalyse partent de l'idée freudienne selon laquelle le symptôme phobique ne peut être compris qu'au travers de son contenu symbolique, que ce symptôme est donc l'équivalent du contenu manifeste d'un rêve *. On a ainsi vite abouti à une « clef des phobies » comme il existe une « clef des songes »... On serait ainsi phobique des avions parce que ceux-ci auraient une forme phallique (mais,

* Les rêves, pour les freudiens, présentent un contenu manifeste, qui consiste dans le récit du rêve proprement dit, et un contenu latent, caché à l'intérieur du précédent. La libre association d'idées à partir du contenu manifeste du rêve permet de retrouver le contenu latent, inconscient, et de le mieux comprendre. La plupart des psychanalystes utilisent cette technique pour faire progresser le traitement psychanalytique entrepris avec leurs patients.

dans une telle optique, que devient alors la phobie des hélicoptères ?) et si les serpents inspirent autant la terreur, c'est parce qu'ils représentent l'archétype du pénis (le phallus, pour les connaisseurs...) capable de s'infiltrer dans les moindres recoins du corps humain... Mais, disons-le bien haut, ce genre d'interprétation relève de la psychanalyse de bazar.

Tout, dans les phobies, serait-il d'origine purement sexuelle ? Le corps des psychanalystes est loin d'être unanime à ce sujet. Pour certains d'entre eux, ce qui subit un refoulement dans l'inconscient, ce sont des terreurs bien plus profondes, bien plus archaïques. La phobie ne sert plus à refouler un conflit œdipien, mais vise à empêcher de profonds sentiments de désespoir, une hostilité meurtrière vis-à-vis de l'entourage, des désirs profondément masochistes, de parvenir à la conscience.

Pour mieux comprendre, prenons le cas d'Albertine : Albertine est une jeune femme divorcée et sans enfant. Quand son père meurt, elle décide d'accueillir sa vieille mère sous son toit plutôt que de la voir échouer dans un hospice sordide. Quelques mois après, débute une agoraphobie fulgurante : Albertine ne peut pratiquement plus sortir de chez elle sans être accompagnée et justifie ses angoisses par la peur que sa mère pourrait décéder durant son absence. Heureusement, elle travaille à quelques rues de là et le bloc d'immeubles dans lequel elle réside comprend de nombreux magasins... et un cabinet de psychanalyste ! Elle entame donc une cure psychanalytique et prend progressivement conscience que derrière une tendresse filiale de façade se cachent des sentiments agressifs vis-à-vis de sa mère. Au fur et à mesure qu'Albertine se débarrasse de ces sentiments en en prenant conscience, elle voit son agoraphobie régresser.

Les derniers développements de la psychanalyse, en particulier les travaux des disciples de Jacques Lacan, même s'ils reconsidèrent le sens à donner aux conflits sexuels, au complexe d'Œdipe et à l'angoisse de castration, ne remettent pas en question leur prééminence dans l'origine des phobies. Mais faire une étude exhaustive des théories psychanalytiques n'est pas notre propos ici. Tout ce que nous voulons savoir, c'est dans quelle mesure le psychanalyste peut aider le phobique à s'en sortir.

2) Comment se déroule une psychanalyse.

Vous ne croyez pas que les médicaments puissent vous être du moindre secours. Vous pensez, au contraire, que votre phobie est due à un conflit profondément enterré dans votre inconscient. Vous avez donc décidé d'entreprendre une cure psychanalytique. Comment les choses vont-elles se dérouler ?

Le premier contact.

Vous aurez tout d'abord avec votre psychanalyste une série d'entretiens préliminaires, en face à face, durant lesquels vous pourrez discuter avec le praticien. Vous lui conterez votre histoire, vos difficultés et lui vous posera des questions pour se faire une meilleure idée de vos problèmes, pour jauger votre personnalité, vos réactions. Puis, s'il se confirme qu'une cure psychanalytique est d'actualité, après vous être mis d'accord avec votre thérapeute sur les modalités pratiques (nombre, horaire et prix des séances), vous vous allongerez enfin sur le fameux divan et le psychanalyste prendra place derrière vous, sur un siège hors de votre vue.

Les modalités pratiques de la « cure-type » * sont, en fait, très variables d'un psychanalyste à l'autre, d'une école de psychanalyse à l'autre : classiquement, vous aurez droit à trois à quatre séances par semaine d'environ trois quarts d'heure chacune, mais chez d'autres praticiens (par exemple chez les lacaniens, c'est-à-dire ceux se réclamant de l'école de Jacques Lacan) les séances ne dureront qu'une demi-heure, voire que dix minutes ou encore auront une durée variable d'une fois sur l'autre. Vous devrez généralement régler les séances même lorsque vous serez absent, même lorsque vous serez malade, même lorsque vous partirez en vacances (à moins que vous ne décidiez de prendre vos congés en même temps que votre psychanalyste...). Le prix des séances est lui aussi variable et dépend, d'une part, de votre état de fortune (les riches paient

---

* La cure-type est la cure classique où le patient est allongé sur un divan tandis que le psychanalyste se place derrière lui. Elle s'oppose à la « psychothérapie d'inspiration psychanalytique » que nous verrons plus loin et où le psychanalyste et son patient sont face à face, chacun dans un fauteuil.

plus cher…) et, d'autre part, de la notoriété de votre psychanalyste. En principe, ces séances ne seront pas remboursées par votre caisse de Sécurité sociale ou votre mutuelle, mais, là encore, il existe des exceptions.

Que devez-vous faire et comment votre psychanalyste intervient-il ?

Tout d'abord, votre analyste se montrera peu intéressé par l'aspect concret de votre phobie. Celle-ci n'est pour lui qu'un « symptôme » sur lequel il ne faut pas trop s'attarder et qui n'a de valeur que par sa signification symbolique. De plus, le rôle du symptôme étant de vous protéger contre certaines angoisses infantiles que vous n'êtes pas prêt à assumer, le faire disparaître trop tôt pourrait se révéler dangereux : au mieux, vous vous contenteriez de reporter votre angoisse sur un autre symptôme (et donc d'élaborer un *symptôme de substitution*) et, au pire, vous pourriez sombrer dans l'angoisse et la dépression.

Le psychanalyste vous demandera de parler de ce que vous voulez, de ce qui vous vient spontanément à l'esprit. L'important est de tout dire, pensées, émotions, sans chercher à faire de tri sous quelque prétexte que ce soit. En psychanalyse, il n'existe pas de pensées qui seraient importantes tandis que d'autres ne seraient que broutilles ne valant pas la peine qu'on en parle. Vous ne devrez pas non plus tenter de censurer des pensées qui vous paraissent honteuses ou hors de propos. Inévitablement, cette libre association vous conduira à vos problèmes inconscients.

Votre analyste vous demandera aussi de parler de vos rêves. Pour les psychanalystes, les rêves représentent « la voie royale » qui permet de repérer les conflits inconscients, et leur décodage permettra à l'« analysant » (c'est-à-dire à vous) de prendre conscience des conflits ignorés de lui et dans lesquels il se débat pourtant.

L'attitude de votre psychanalyste vis-à-vis de vous est classiquement « neutre et bienveillante » : l'analyste se tait la plupart du temps, se contentant d'orienter le discours de temps à autre par une question, par une relance ou par un simple « hum, hum ». Mais, là encore, tout dépend de l'école à laquelle votre psychanalyste est rattaché : les lacaniens sont généralement plus neutres que bienveillants, tandis que les jungiens (disciples de Jung) sont plus bienveillants que neutres…

L'analyste, quand il le juge opportun, peut aussi se livrer à une interprétation de vos paroles ou de votre comportement : il vous expliquera alors ce qu'ils signifient selon la théorie psychanalytique. Certains psychanalystes interprètent beaucoup, d'autres très rarement.

Où veut-on en arriver ?

Le premier obstacle à surmonter consiste à vaincre les résistances que vous opposez au travail psychanalytique. Même si vous êtes plein de bonne volonté, vous hésiterez à aborder certains problèmes particulièrement douloureux, honteux, culpabilisants. Vous pourrez, par exemple, pour ne pas avoir à parler d'un problème délicat, vous mettre à parler d'autre chose, sauter plus ou moins consciemment des rendez-vous ou tomber malade fort à propos (là réside la justification du fait que vous payez les séances où vous ne venez pas). La première tâche de votre thérapeute sera de vous aider à dissiper ces résistances au fur et à mesure qu'elles se présenteront.

La seconde consistera à vous rendre conscient du phénomène de « transfert » qui ne manquera pas d'apparaître. Plus ou moins rapidement, vous allez développer vis-à-vis de votre psychanalyste un type de relation très particulier. Alors que celui-ci est pourtant simplement « neutre et bienveillant », vous allez vous mettre à ressentir à son égard les sentiments les plus variés, très intenses, allant de l'amour à la haine. Ces sentiments ne seront pas véritablement provoqués par la personne du psychanalyste qui, rappelons-le, reste effacé, mais seront simplement projetés sur lui comme un film l'est sur un écran. On peut dire que, pour vous, le psychanalyste représentera, suivant les moments de la thérapie, votre père, votre mère ou encore toute personne qui aura marqué votre enfance. Vous revivrez donc « à chaud », dans la cure psychanalytique, les conflits oubliés et enfouis dans votre inconscient. Vous serez à nouveau habité par les mêmes désirs.

Cette aventure riche en émotions que vous vivez, ou plutôt que vous revivez durant votre psychanalyse, la prise de conscience de vos désirs infantiles dévoilés peu à peu par le processus du transfert, tout cela va vous permettre de gagner en maturité et, en quelque sorte, de devenir véritablement adulte, de vous prendre en charge. Ce sera donc l'ensemble de votre personnalité qui va se trouver modifié par la cure psychanalytique.

De plus, au fur et à mesure que la psychanalyse avance, le problème phobique pour lequel vous êtes venu consulter en révèle d'autres, dissimulés à la façon de poupées russes qui s'emboîtent les unes dans les autres. Cette quête est-elle sans fin ? Il doit normalement arriver un moment où l'on parvient à l'angoisse originelle, cachée loin dans l'enfance et cause de tout le mal. La prise de conscience de cette peur première, le fait que vous devenez enfin capable de l'assumer rend alors inutile le symptôme phobique dont la seule raison d'être était de vous protéger contre cette angoisse originelle. Vous l'abandonnez donc : vous êtes guéri.

Quelques exemples.

Mais tout ce que nous venons de dire reste terriblement abstrait. Prenons quelques exemples :

Appelons Dorothée cette dame d'âge moyen qui consulte le docteur Edward Barker [4], psychanalyste, pour un problème d'agoraphobie. Elle ne peut sortir seule dans la rue car, pense-t-elle, elle risquerait de perdre connaissance. Dorothée est une personne très religieuse, très prude, très « comme il faut », qui ne s'est jamais mariée. Durant les entretiens préliminaires, le docteur Barker suggère que cette agoraphobie pourrait bien dissimuler un problème sexuel. Dorothée se récrie et rejette cette hypothèse avec violence.

On commence donc la thérapie. Au cours de celle-ci, resurgit le souvenir d'une agression qu'elle avait subie dans la rue. Celle-ci avait profondément choqué Dorothée, mais l'avait, elle peut maintenant se le rappeler, aussi excitée sur le plan sexuel. Or, pour Dorothée, excitation sexuelle et sentiment de culpabilité étaient toujours allés de pair.

Peu à peu, Dorothée prit conscience de son insatisfaction sur le plan sexuel et du fait que sa peur de tomber inanimée dans la rue camouflait en réalité un désir inconscient : celui d'être sollicitée sur le plan sexuel et d'y prendre plaisir. La culpabilité qu'une telle pensée engendrait n'avait pas manqué de créer un conflit intra-psychique et le désir avait donc été refoulé dans l'inconscient. De là, l'apparition du symptôme agoraphobique. La prise de conscience de ce désir permit à Dorothée d'abandonner ce symptôme et de guérir de son agoraphobie.

Pour beaucoup de psychanalystes, ce qui est interdit, refoulé dans l'inconscient, ce n'est pas seulement le désir sexuel mais tout plaisir quel qu'il soit, comme en témoigne le cas suivant rapporté par le docteur Alan Goldstein [18] : il s'agit cette fois d'une femme de 34 ans, mariée depuis douze ans et mère de trois enfants. Appelons-la Germaine. L'agoraphobie de Germaine débute à l'âge de 19 ans, à une époque où sa mère la maintenait dans une étroite position de dépendance et comptait sur sa fille pour l'aider. Cette mère était une personne dominatrice, s'opposant à toute velléité d'indépendance de la part de Germaine.

Ce ne fut qu'au cours de la thérapie que Germaine se rendit compte à quel point sa mère l'avait dominée et comment elle en était arrivée à se sentir coupable à chaque fois qu'elle éprouvait un plaisir personnel supérieur à celui de sa mère. Le traitement psychanalytique lui permit d'exprimer l'agressivité refoulée vis-à-vis de sa mère et elle put enfin s'autoriser à avoir des désirs propres. La culpabilité inconsciente ayant disparu, le symptôme agoraphobique put donc disparaître lui aussi.

3) Les autres traitements directement dérivés de la psychanalyse.

Les « psychothérapies d'inspiration psychanalytique ».

La cure-type n'est pas censée prendre en considération les difficultés actuelles du psychanalysant. En quelque sorte, on y psychanalyse pour psychanalyser et la guérison, si guérison il y a, « vient en sus », sans qu'on ait cherché à l'obtenir.

Ce genre de position n'est pas toujours tenable. Certains patients se débattent dans des problèmes actuels si dramatiques que remettre une hypothétique amélioration à dans quelques années n'est tout simplement pas possible : ils se seront suicidés avant. D'autres patients ne possèdent pas un *insight* suffisant, c'est-à-dire ne sont pas suffisamment portés sur l'introspection pour pouvoir jouer le jeu psychanalytique. D'autres encore ne sont pas suffisamment fortunés...

Dans ces cas de figure, les psychanalystes proposent alors une « psychothérapie d'inspiration psychanalytique ». Le patient et son thérapeute sont alors face à face, chacun dans un fauteuil. Le psychanalyste sera beaucoup moins silencieux, beaucoup plus directif, beaucoup plus porté à envisager les problèmes concrets, immédiats, qui se posent à son patient.

Le travail psychanalytique portera alors, le plus souvent, sur les défenses grâce auxquelles le patient se protège de ses conflits internes et des stresses du monde extérieur, ainsi que sur les bénéfices secondaires de la phobie, c'est-à-dire des avantages que le patient en retire directement ou indirectement (voir pp. 92-93).

Ce travail d'analyse, joint au soutien chaleureux d'un thérapeute, peut permettre de débloquer la situation. Le patient se lance, ose, s'expose et progresse.

Le « Rêve éveillé dirigé ».

Il s'agit-là d'une technique particulière de psychothérapie qui, comme son nom l'indique, se centre tout particulièrement sur l'analyse des rêves ainsi que sur l'élaboration par le patient de scénarios fantasmatiques riches en symboles. Une psychothérapie plus directive que la psychanalyse classique, qui va plus loin que la psychothérapie de soutien.

Les « psychothérapies de soutien ».

Le psychothérapeute se contente d'écouter son patient, de l'encourager, mais n'effectue pas un travail de psychanalyse proprement dit : on parle alors d'une psychothérapie de soutien.

4) Critiques de la psychanalyse freudienne.

Ces critiques sont de deux ordres : il y a tout d'abord l'aspect pratique de la psychanalyse, ensuite la théorie sur laquelle repose cette pratique.

Sur le plan pratique, entreprendre une psychanalyse représente, à bien des points de vue, une épreuve : c'est tout d'abord une épreuve d'endurance puisque la durée moyenne d'une « cure-type » varie entre deux à trois ans et... l'infini, avec une moyenne d'environ cinq ans. C'est ensuite une épreuve sur le plan pécuniaire puisque trois séances par semaine durant cinq ans, cela représente une impressionnante somme d'argent. C'est enfin, et surtout, une épreuve sur le plan personnel puisque vous passerez par bien des moments difficiles.

De plus, il vous faudra affronter tout cela sans qu'à aucun moment vous ayez la moindre certitude que cette thérapie vous permettra, au bout du compte, de vous débarrasser de votre phobie. En effet, votre psychanalyse vous promènera dans le dédale de vos désirs refoulés, de vos fantasmes inavouables, de vos culpabilités et de vos hontes secrètes sans que vous soyez jamais assuré qu'un beau jour on parvienne enfin aux sources du mal.

Mais venons-en maintenant aux critiques sur le fond proprement dit : les théories psychanalytiques sur l'origine des phobies sont-elles exactes ? La peur phobique sert-elle réellement à camoufler une autre peur, plus intense, plus inavouable et, bien sûr, inconsciente ?

A lire l'histoire du petit Hans, cela paraît être l'évidence. Les choses s'enchaînent si bien, avec une telle logique...

Mais, justement, revenons un instant sur le cas du petit Hans : ce n'est pas sans surprise, quand on lit cette célèbre observation qui sert de support à la quasi-totalité du discours psychanalytique sur les phobies, que l'on prend conscience que de l'aveu même de Freud, celui-ci n'aura vu en tout et pour tout le petit Hans... qu'une seule fois ! Tout ce que l'inventeur de la psychanalyse (et nous-mêmes) apprendrons à propos des pensées de l'enfant aura été recueilli par le père qui, par diverses questions, l'aura obtenu de son fils. Il s'agit donc là d'une information de troisième main ! De plus, et c'est là un reproche de taille, ce que nous « dit » le petit Hans est loin d'être un discours spontané ; Freud lui-même en convient honnêtement : « Il est vrai, écrit-il, qu'au cours de l'analyse bien des choses doivent être dites à Hans qu'il ne sait pas dire lui-même, que des idées doivent lui être présentées dont rien encore n'a révélé en lui la présence, que son attention doit être dirigée du côté d'où son père attend que quelque chose surgisse. Voilà qui affaiblit la force de conviction émanant de cette analyse, mais dans toute analyse on agit ainsi ».

Mais dans toute analyse on agit ainsi... Il faut bien avouer que ces derniers mots laissent rêveur. La psychanalyse dans son entier n'existerait-elle donc que dans la tête des psychanalystes ? Seraient-ce eux qui, à l'opposé de ce qu'ils prétendent habituellement, projetteraient sur leurs patients leurs propres fantasmes, leurs théories personnelles, ne retrouvant ainsi dans le discours de leurs patients que ce qu'ils y avaient préalablement semé ? Cette hypothèse est, après tout, parfaitement plausible : car voilà un patient qui, plusieurs fois par semaine, plusieurs années de suite, vient s'allonger sur un divan. Sur recommandation du thérapeute, il laisse tout sens critique au vestiaire, tout d'abord parce qu'il doit dire tout ce qui lui vient à l'esprit sans rien censurer, et ensuite parce qu'une critique, quelle qu'elle soit, traduit forcément une résistance et est signe qu'il est encore bien malade. Ce patient devient alors hautement influençable. Plusieurs années après, notre patient « découvre » que sa peur d'aller seul dans la rue était là pour en camoufler une autre, en l'occurence le désir mêlé à la peur d'avoir des aventures sentimentales avec le premier venu... Quel crédit peut-on décemment accorder à cette « découverte » ?

Ce qui gêne le plus, quand on examine les écrits psychanalytiques d'un regard critique, c'est tout d'abord la maigre moisson de cas cliniques que l'on y trouve. Dans le meilleur des cas est exposée l'histoire d'un ou deux patients. Et dans le pire, on a droit à une énième explication du cas du petit Hans... Généraliser à partir d'un nombre de cas trop restreint représente un danger en matière scientifique : quand bien même le mécanisme invoqué à propos du petit Hans serait parfaitement exact (ce qui reste à démontrer) cela ne prouve aucunement que tous les phobiques soient dans le même cas. Il n'y a après tout aucune raison de croire les psychanalystes sur parole quand ils prétendent que toutes les phobies sont la manifestation, directe ou indirecte, d'un conflit inconscient ou d'un problème sexuel.

Et d'ailleurs, cette origine sexuelle quasi obligée des phobies, parlons-en ! Freud nous dit qu'« il ne peut y avoir de phobie quand la « vita sexualis » est normale », c'est-à-dire quand la sexualité est satisfaisante. Or, cette hypothèse ne semble pas confirmée par les faits, et les phobiques ne présentent pas plus de troubles de la sexualité qu'une population non phobique.

Beaucoup de freudiens se défendent de cette attaque

en arguant que l'on peut très bien avoir une vie sexuelle ayant toutes les apparences de la normalité et néanmoins souffrir de graves problèmes sexuels inconscients...

Mais que sont des problèmes sexuels qui n'entravent pas votre vie sexuelle ? Sont-ce encore des problèmes sexuels ? Et si ce ne sont plus là des problèmes spécifiquement « sexuels », pourquoi diable les psychanalystes ne choisissent-ils pas de les appeler d'un autre nom pour tenter d'éclaircir un peu les choses ?

Une autre objection — et quelle objection ! — qui vient contredire la doctrine psychanalytique provient de la réussite des traitements de type comportemental, qui visent à supprimer directement la peur phobique. La psychanalyse prédit que si l'on prive ainsi un phobique de son symptôme, il sera alors submergé par l'angoisse, fera une dépression ou élaborera un *symptôme de substitution* venant remplacer celui dont on l'a privé. De là, d'ailleurs, découle la justification de l'immense détour que constitue le traitement psychanalytique : à quoi bon chercher à faire disparaître un symptôme si l'angoisse doit réapparaître sous une autre forme, un autre avatar ? Non, dit la psychanalyse, négligeons le symptôme ; c'est la cause profonde qu'il faut traiter. Or, les traitements comportementaux que nous allons voir un peu plus loin, comme en témoignent une multitude de travaux accumulés sur plus de trente ans, permettent la suppression de la plupart des phobies sans que l'on puisse observer de symptôme de substitution ou d'aggravation quelconque de l'état mental. Tout au contraire, les phobiques, enfin débarrassés de leurs peurs, se sentent souvent revivre et peuvent enfin s'épanouir.

Et, il faut bien le dire, cela représente une sacrée pierre dans le jardin de la psychanalyse !

Alors, la psychanalyse est-elle bonne à mettre au panier ? Ce serait peut-être aller vite en besogne. Car il n'est pas exclu que, dans certains cas, certaines phobies soient effectivement dues à des mécanismes proches de ceux invoqués par les psychanalystes. Par exemple, on ne peut pas exclure tout à fait l'hypothèse selon laquelle certains agoraphobes craindraient de succomber à leurs propres pulsions sexuelles. De même, beaucoup de phobiques sociaux, qui craignent de rougir en public, qui redoutent le contact avec l'autre sexe, semblent avoir bien des problèmes avec leur sexualité.

De plus, il n'est pas exclu que parfois la phobie des

serpents, ou des carottes, ou des avions, traduise sur le plan symbolique une angoisse de castration.

Mais, à l'inverse, il n'est pas exclu non plus que d'autres phobies des avions traduisent surtout une peur… des avions !

IV. La thérapie comportementale et les phobiques.

Venons-en maintenant aux thérapies comportementales. Encore totalement inconnus en France il y a quelques années à peine, ces traitements remportent des succès grandissants. Il y a à cela une bonne raison : il s'agit de traitements simples, souvent efficaces, permettant une amélioration dans un délai raisonnable, en général de l'ordre de quelques mois. Comment ne pas être séduit ?

Les thérapies comportementales sont d'apparition récente : c'est seulement à partir des années 1950 que des cliniciens ayant à soigner des patients développèrent des applications pratiques à partir de certains travaux de laboratoire. Le « comportementalisme », amalgame de théories confidentielles et controversées, se transforma alors en « thérapies comportementales », puissant courant thérapeutique dont la caractéristique principale est le pragmatisme : ce qui est jugé important par les thérapeutes comportementalistes, c'est avant tout la disparition du trouble pour lequel le patient consulte.

De même qu'il est fort difficile de donner une image cohérente de la doctrine et de la pratique psychanalytiques, tant elles diffèrent d'un pays à l'autre, d'une école à l'autre, d'un thérapeute à l'autre, il serait trompeur de donner une image trop unitaire des médecins, des psychiatres, des psychologues et des chercheurs qui se réclament du comportementalisme. Là aussi, existent plusieurs courants de pensée, plusieurs types de pratiques. Comme ce n'est pas notre propos de retracer ici les mille et un avatars du comportementalisme (rappelez-vous : il s'agit juste d'un livre sur les peurs et les phobies !) nous renvoyons le lecteur intéressé à d'autres ouvrages (voir bibliographie). Comme pour la psychanalyse, nous ne parlerons que des conceptions théoriques et des approches les plus répandues, celles que le phobique à la recherche d'un traitement a le plus de chances de se voir proposer.

1) Théories comportementales des phobies.

Explications pavloviennes.

Remontons le cours du temps et revenons à Saint-Pétersbourg, tout à fait au début de ce siècle. Pénétrons un instant, pendant que personne ne nous regarde, dans le laboratoire du déjà célèbre Ivan Pavlov, professeur à l'Académie de médecine. Le champagne français coule à flots : c'est que nous sommes en 1904, et le professeur Pavlov vient de se voir décerner le Prix Nobel pour ses travaux de physiologie. Mais laissons-le tout à la joie de sa réussite et examinons ce qui lui a valu cet honneur.

Le fondement de la théorie pavlovienne réside dans le *conditionnement répondant.* Comme beaucoup de choses qui paraissent simples à première vue, le phénomène du conditionnement est, en fait, d'une rare complexité, et les chaudes discussions entre spécialistes au sujet des mécanismes mis en jeu se poursuivent encore de nos jours.

En apparence, il n'y a pourtant là rien de bien sorcier : le conditionnement répondant consiste à associer deux événements qui surviennent toujours ensemble. Agite-t-on une sonnette à chaque fois que l'on donne sa pâtée à un chien ? Il associe alors le coup de sonnette à l'arrivée de nourriture. La sonnette devient un *stimulus conditionné* qui provoque les mêmes réactions que la nourriture, *stimulus inconditionnel :* Médor salivera désormais à chaque fois qu'il entendra le son d'une clochette.

Le pavlovien expliquera de même la phobie par l'apparition d'une réponse conditionnée : si, par exemple, il m'arrive un beau jour d'avoir un accident, ou si je suis pris d'un malaise dans un grand magasin, je risque de développer une réponse conditionnée de panique à chaque fois que je me retrouverai dans ledit grand magasin. Malgré moi, j'aurai relié le stimulus « être dans un grand magasin » à celui de malaise ou d'accident et les deux seront devenus indissociables.

Les travaux de Pavlov trouvèrent un écho très

favorable aux Etats-Unis : un psychologue, le docteur John Broadus Watson, professeur à l'Université John Hopkins, puis à la New York School for Social Research, reprit et compléta ceux-ci. C'est d'ailleurs à Watson que l'on doit le terme de « behaviorisme », traduit en français par « comportementalisme », vocable malheureusement assez rébarbatif.

Nous avons vu que les psychanalystes s'étaient beaucoup intéressés au cas du petit Hans. Eh bien, les comportementalistes ont, quant à eux, ceux du petit Albert et du petit Peter ! C'est en 1920 que Watson et Rayner [41] tentèrent de créer une peur des rats chez un enfant de 3 ans. Ils s'y prirent de façon fort simple : tandis que l'on montrait des rats au petit Albert, on faisait en même temps divers bruits assourdissants et effrayants. L'expérience marcha au-delà de toute espérance : le petit Albert devint terrorisé non seulement par les rats, mais par le moindre animal ou objet porteur d'une fourrure !

Il était normalement prévu qu'après avoir ainsi conditionné le petit Albert à avoir peur des rats, on procéderait à son déconditionnement. Watson et Rayner avaient tout prévu, et tenaient en réserve quatre méthodes infaillibles qui devaient immanquablement supprimer la phobie qu'ils avaient créée. Tout prévu, sauf une chose : que leur cobaye favori leur serait enlevé. Le petit Albert sortit en effet de l'hôpital et l'expérience dut s'arrêter là au grand dam des deux compères (et, on peut le supposer, au grand soulagement des parents d'Albert !)

Quatre ans plus tard, un autre psychologue, le docteur Mary Cover Jones, eut l'idée d'appliquer la même technique, cette fois-ci pour *guérir* un autre enfant. Peter, âgé de 3 ans, était en effet affligé d'une phobie des lapins, des souris blanches, de la fourrure, de la laine, ainsi que d'autres choses du même genre.

Mary Cover Jones décida de s'occuper tout d'abord de la phobie des lapins, qui semblait prédominante. Pour ce faire, chaque jour, en présence de trois autres enfants qui, pour leur part, entretenaient de très bonnes relations avec cette espèce de rongeur, Peter fut confronté à un lapin durant de brèves périodes. Le processus était simple : la psychologue introduisait le lapin dans la salle de jeux des enfants, tout d'abord dans une cage et à grande distance de Peter, puis, au fur et à mesure que Peter progressait, de plus en plus près. Le lapin fut ensuite laissé en liberté dans la pièce, et, enfin, Peter fut invité à le caresser. Mary Cover Jones encourageait aussi l'enfant en lui donnant une sucrerie à chaque fois qu'il tolérait la présence de l'animal à ses côtés. L'histoire finit bien : le traitement réussit et Peter vécut désormais heureux et entouré de plein de petits lapins.

Les phobies sont-elles skinnériennes ?

Burrhus Frederic Skinner est né l'année où le docteur Pavlov recevait son prix Nobel : en 1904. Il deviendra professeur à l'université de Harvard et certainement l'un des hommes les plus contestés de l'histoire de la psychologie. C'est que l'homme n'est pas seulement célèbre pour avoir inventé les principes de l'enseignement programmé et le fameux *conditionnement opérant,* mais aussi comme défenseur de certaines idées sur le fonctionnement social dont le moins qu'on puisse dire est qu'elles ne font pas l'unanimité.

Que nous disent les skinnériens qui pourrait nous être de quelque utilité pour comprendre les phobies ?

Pour Skinner, le comportement d'un animal ou d'un être humain est contrôlé par un système de récompense et de punition. Ce sont les conséquences de nos actions qui nous poussent à développer tel ou tel type de comportement ou, au contraire, à y mettre fin. Si, par exemple, vous entreprenez une action qui vous réussit, vous serez tenté de recommencer et même d'en faire une règle de conduite. Si, au contraire, ce que vous avez fait ne vous apporte que du déplaisir, vous arrêterez bien vite ce type de comportement. C'est en cela que réside le conditionnement opérant.

Toutes nos activités conséquentes entraînent soit une récompense (et alors on tendra à développer cette activité) soit une punition ou la disparition d'une récompense (et il faudrait être fou pour continuer). Par exemple, si vous travaillez avec tant d'ardeur à votre bureau, c'est pour toute une série de raisons : il y a au premier chef votre chèque mensuel, récompense de votre travail, mais aussi la peur du licenciement, punition s'il en est *.

---

* En termes comportementaux, on parle de *renforcement* si les conséquences de votre comportement ont pour effet d'en augmenter la fréquence. Le renforcement peut être positif : des conséquences agréables vous poussent à persévérer. Ou bien le renforcement est négatif : la suppression de conséquences désagréables vous pousse aussi à persévérer.

La *punition* et *l'aversion* provoquent, quant à elles, une diminution de la fréquence de votre comportement. Lorsque par votre comporte-

Peut-on appliquer tout cela aux phobies ? Le point de départ d'une phobie, la peur première qui lui donne naissance, ne semble pas relever du conditionnement opérant. Mais la suite des événements, une fois la pompe amorcée, peut très bien se concevoir en termes skinnériens. En effet, quand notre phobique des grands magasins évite de se rendre dans les grands magasins, tout se passe comme s'il évitait une aversion (voir note) : d'après les lois du conditionnement opérant, le phobique sera donc conduit à fréquenter de moins en moins les grands magasins.

Mowrer, en 1947, théorise tout ce que nous venons de dire sous le nom de « théorie des deux facteurs ». Une première peur phobique naîtrait par un mécanisme de conditionnement pavlovien et provoquerait l'apparition d'un comportement d'évitement. Pour reprendre notre exemple du phobique des grands magasins, un accident, un malaise ou même un début de malaise entraîne une angoisse. Associant désormais angoisse et atmosphère des grands magasins, je vais bientôt me mettre à m'angoisser rien qu'à l'idée de me trouver dans un grand magasin. Nous avons jusque-là affaire à un conditionnement pavlovien.

Puis intervient le conditionnement skinnérien : j'utilise une stratégie que nous connaissons bien, la célèbre tactique de l'évitement. Mon évitement des grands magasins entraîne bien évidemment une conséquence heureuse, donc renforçatrice : quand je ne vais pas dans les grands magasins, mon angoisse s'en trouve singulièrement réduite ! Eviter agit donc comme un renforcement négatif (voir note) de ma phobie, et je me trouve de ce fait encouragé à éviter de plus en plus l'objet de ma phobie.

Voilà donc notre schéma de la phobie conditionnée au complet : *phobie égale réponse d'angoisse apprise par conditionnement pavlovien + comportement d'évitement renforcé par conditionnement skinnérien.*

---

ment vous vous privez d'une récompense, vous éviterez de reproduire ce genre d'action : il s'agit d'une punition. Quand vos actions entraînent des conséquences désagréables pour vous, vous aurez là aussi tendance à ne plus recommencer : il s'agit d'une aversion.

Discussion de la théorie du conditionnement.

Que voilà une belle théorie ! Simple, rationnelle, facile à comprendre : quelque chose de déplaisant vous arrive, et vous vous mettez à éviter la situation au cours de laquelle tout cela s'est produit, ou encore l'objet qui vous paraît être relié directement ou indirectement à votre expérience malheureuse. Et plus vous évitez la situation ou l'objet, moins vous avez envie d'y être confronté. Un chien vous mord, et vous vous mettez à éviter les chiens. Mais plus vous évitez les chiens, et plus ceux-ci vous font peur.

Et pourtant, cette théorie présente toute une série d'imperfections qui vont nous obliger à la relativiser.

Sandra, petite fille de 3 ans, se fait (légèrement) griffer par un chat. Comme de bien entendu, elle devient phobique des chats. Jusqu'ici tout va bien, pour notre théorie tout au moins. Mais Sandra avait été brûlée à la main quelques mois plus tôt pour avoir touché un fil électrique dénudé. Cela ne l'avait pas rendue phobique des prises de courant et des fils électriques pour autant. La théorie du conditionnement classique qui prévoyait que le contraire surviendrait se trouve sérieusement mise à mal ! Alors ? Une explication possible réside dans la *théorie de la préparation de Seligman* dont nous avons parlé pp. 146-147. Les phobies d'animaux seraient des phobies génétiquement préparées et donc d'acquisition aisée, stables une fois en place, alors que la phobie du courant électrique est une peur non préparée, d'acquisition difficile et ayant tendance à disparaître spontanément.

La même théorie de la préparation nous permet aussi de faire quelques suppositions à propos de la situation paradoxale dans laquelle se trouvait notre major Andrews, dans l'introduction de ce livre. Souvenez-vous : celui-ci craignait plus les araignées que les bombes, ce qui lui aura peut-être coûté la vie. L'étonnante imperméabilité psychologique des humains face à des dangers en théorie aussi effrayants que la bombe atomique, couplée à leur stupide peur du noir ou des souris blanches, a de quoi étonner. Notre équipement génétique semble malheureusement périmé : trop d'entre nous ont le cœur qui cesse de battre à la vue d'une malheureuse couleuvre qui rampe sous les feuilles mortes, doivent faire un effort désespéré sur eux-mêmes pour admettre qu'ils sont *vraiment* en sécurité dans un avion dont les ailes ne s'appuient que sur de l'air et sont pris de panique si le lave-vaisselle fait sauter les plombs après 22 h. Et ce seront les mêmes qui doubleront en haut d'une côte au volant de leur bolide ou qui, travaillant dans une centrale nucléaire ou dans le service de radiologie d'un hôpital, auront toutes les peines du monde à se convaincre que des radiations invisibles, inodores et indolores peuvent être dangereuses malgré tout !

Que nous soyons génétiquement prédisposés à acquérir certaines phobies plutôt que d'autres, pourquoi pas ? Mais dans la théorie des phobies préparées, il est malgré tout nécessaire que l'on soit confronté à un moment ou à un autre, même brièvement, même de façon anodine, à l'objet de sa phobie. Alors, comment expliquer qu'on puisse être phobique des serpents sans avoir jamais vu un seul reptile de sa vie ailleurs qu'au cinéma ?

C'est justement là l'idée : on pourrait parfaitement devenir phobique par ouï-dire. C'est l'idée que défendent des chercheurs comme Rachman (1977) et Bandura (1977). Nos parents, les enseignants, les camarades de classe, les différents médias comme la télévision ou les journaux, véhiculent quantité d'informations qui sont absorbées par nos chères têtes blondes. Nous apprenons ainsi dès le plus jeune âge que rien n'est plus dangereux, plus fourbe et plus traître qu'un serpent, que les loups mangent les petits chaperons rouges et que les fantômes peuvent venir la nuit pour nous tirer par les pieds. Ce genre d'« information », venant sur un terrain préparé par la génétique, pourrait suffire à engendrer certaines phobies.

Cette idée est loin d'être nouvelle : John Locke, un médecin et philosophe anglais, écrivait déjà en 1690 [24] : « La croyance aux Gobelins et aux esprits n'a pas plus à voir avec l'obscurité qu'avec la lumière ; mais laisser une servante stupide fourrer ces croyances aussi souvent que possible dans la tête d'un enfant, et laisser les croître toutes ensemble (sic), il deviendra incapable de s'en débarrasser toute sa vie durant ; l'obscurité amènera toujours avec elle ces idées effrayantes, elles seront si bien agglomérées ensemble qu'il ne pourra plus jamais supporter l'une aussi bien que l'autre ».

Mais nous n'en avons pas terminé avec les pièges de la théorie classique du conditionnement. Revenons quelques minutes dans le laboratoire du grand Pavlov. Voilà donc Leïca, bonne chienne qui salive quand on agite une clochette. Elle en a mis du temps pour comprendre, Leïca ! Il a fallu répéter l'association nourriture-clochette avant qu'elle ne se laisse ainsi conditionner. De plus, si l'on cesse d'apparier régulièrement bruit de clochette et nourriture, le conditionnement de Leïca va peu à peu disparaître : sans doute finit-elle par se rendre compte que clochette et nourriture ne vont pas forcément de pair.

On dit alors qu'il y a *extinction* du conditionnement.

Or, dans votre cas à vous, qui êtes phobique des grands magasins, il s'est produit l'inverse : tout d'abord vous n'avez eu besoin que d'un seul moment de grande frayeur pour devenir phobique. Souvenez-vous : ce jour-là, vous faisiez vos courses comme d'habitude quand vous avez commencé à vous sentir mal. Vous avez même cru que vous alliez vous évanouir, là, par terre. Alors, vous vous êtes enfui à toutes jambes. Dehors, à l'air libre, vous avez repris vos esprits.

Quelque temps plus tard, vous étiez devenu phobique des grands magasins. Et plus le temps passe, plus votre peur augmente. Or, selon les lois du conditionnement pavlovien, cette peur aurait dû aller en diminuant puisque, dorénavant, vous ne vous confrontez plus à l'épreuve qui consiste à aller faire ses achats dans une grande surface.

Alors, que se passe-t-il donc ?

Reprenons donc les événements tels qu'ils se sont déroulés après votre expérience malheureuse avec la grande distribution : à peine rentré chez vous, vous vous êtes mis à repenser à l'épisode que vous veniez de vivre. Bien entendu vous ne vous êtes pas privé de faire des suppositions : et si j'avais réellement perdu connaissance ? Et si je n'avais pas pu m'échapper ? Et si…

Cette façon de faire monter votre propre angoisse comme une mayonnaise, en pensant encore et encore à toutes les choses effrayantes qui ne vous sont pas arrivées, mais qui, on ne sait jamais, auraient pu survenir, est ce que Eysenck appelle *l'incubation cognitive*.

Quel est l'élément déterminant qui ferait que l'on se mettrait plus volontiers à incuber sa peur ? Pour Eysenck, *les peurs que l'on incuberait seraient celles où la frayeur a été à la fois très brève et très intense.* Eysenck reprend, par exemple, certaines expériences d'un autre Russe, Napalkov, qui en 1960 montre qu'il est parfaitement possible de conditionner un animal par une présentation conjointe des stimuli conditionnels et inconditionnels, à la condition que le stimulus conditionnel soit présenté de manière forte et brève. En somme, une expérience intense et courte serait plus marquante que la répétition d'expériences longues et monotones. A partir de cette expérience unique, mais ô combien stressante, on aurait alors tout loisir d'imaginer les pires choses et de s'angoisser. Puis, constatant l'angoisse que l'on vient de s'octroyer soi-même, on s'effraierait de se sentir angoissé. La peur de la peur fait donc son apparition, s'installe et s'auto-entretient.

On voit comment, à partir d'un épisode somme toute banal, un léger malaise dans un grand magasin, on en arrive à une phobie tenace et puissante.

Habituation et sensibilisation.

Chemin faisant, nous avons fait une découverte essentielle : la puissance du conditionnement obtenu dépend de la façon dont le stimulus conditionnel est présenté : une présentation brève et intense produit un conditionnement solide et durable, une présentation modérée et longue entraîne un affaiblissement du conditionnement.

Traduisons : la confrontation avec un objet ou une situation susceptible d'engendrer une peur ou une phobie aura d'autant plus de chances de créer cette phobie que l'expérience traumatisante sera brève et intense.

Nous avons déjà parlé de ce phénomène dans la première partie de ce livre sous le nom de *sensibilisation*.

Pour nous résumer, donnons donc la meilleure recette pour obtenir un beau phobique. Prenez tout d'abord un sujet prédisposé et dont les parents sont eux-mêmes phobiques. Commencez par le fragiliser au moyen de stresses divers et variés. Quand il est à point, faites-lui vivre une expérience traumatisante. Point n'est besoin que celle-ci soit très remarquable ou très intense. Le traumatisme doit être, au contraire, très bref : notre sujet doit être juste saisi. Laissez ensuite incuber, à l'étouffée, durant plusieurs semaines ou même plusieurs mois sans jamais renouveler le stress. Doucement, lentement, vous verrez votre sujet, auparavant amorphe et terne, s'angoisser et devenir palpitant de frayeur. Servez chaud et accompagné d'une sauce aigre-douce.

Une peur brève et intense crée donc la phobie par sensibilisation. Inversement, voyons maintenant comment fonctionne l'habituation.

Dans la première partie de ce livre, nous avons parlé du courage dont avaient fait preuve de nombreuses populations civiles en temps de guerre quand elles ont été soumises à des bombardements aériens réguliers : bien qu'au départ l'angoisse fut très forte, celle-ci finissait par diminuer et les malheureux bombardés, dans leur grande majorité, parvenaient au bout d'un certain temps à s'accommoder de façon surprenante de la situation. D'un autre côté, d'autres populations qui ne furent bombardées que très épisodiquement résistèrent beaucoup moins bien et paniquèrent beaucoup plus.

Comment expliquer cela ?

Dans le premier cas de figure, nos bombardés étaient les victimes d'un stress intense, mais monotone et répétitif : *ils s'habituaient donc.* Tandis que dans le second, l'habituation s'avérait impossible du fait de bombardements trop irréguliers !

Il semble que nous tenons là quelque chose qui pourrait nous permettre un splendide tour de prestigiditation. Prenons tout d'abord une situation traumatique semblable à celle que nous avions utilisée pour fabriquer notre phobique. Diluons ce traumatisme. Plongeons ensuite délibérément notre phobique dans le bouillon ainsi obtenu. Laissons reposer durant plusieurs heures, jusqu'à ce que l'agitation disparaisse. Recommençons l'opération plusieurs fois. Ô miracle, notre phobique est revenu à son état premier ! Il est guéri !

Bien sûr, et vous vous en doutez, tout cela demande à être nuancé : les beaux schémas souffrent en pratique de quantité d'exceptions. S'il est vrai que, dans de nombreux cas, la peur diminue avec le temps quand on se trouve exposé à des stresses répétés et monotones, dans d'autres cas, la peur augmente bel et bien à la longue. Nous avons, par exemple, cité précédemment le cas de pilotes de chasse dont l'anxiété tendait à croître au fur et à mesure que leur mission approchait de sa fin. C'est qu'il faut aussi tenir compte du mécanisme d'incubation cognitive, de cette rumination de l'angoisse qui empêche toute habituation.

Il n'en reste pas moins que les mécanismes de l'habituation et de la sensibilisation commandent le devenir de la plupart des phobies. Le fait d'être confronté trop brièvement à l'objet de sa peur, le comportement d'évitement ont pour effet d'augmenter l'angoisse. Inversement, on obtient une habituation, c'est-à-dire une diminution de la peur, en amenant le phobique à se confronter longuement et régulièrement avec sa peur tout en veillant à ce qu'il ne continue pas à incuber, c'est-à-dire à ruminer ladite peur. La plupart des méthodes employées en thérapie comportementale répondent à cette logique.

Activité et passivité.

Il nous reste encore un dernier point à considérer : nous avons parlé plus d'une fois de la passivité dans laquelle s'enfermait le phobique. Nous avons aussi, à plusieurs reprises, évoqué le fait que les personnes actives, celles qui se concentrent sur une tâche utile, tiennent bien mieux le coup dans les situations de stress que les personnes inactives, passives.

Or, les phobiques se sentent la plupart du temps tout à fait incompétents, dépassés par les événements. Ils sont persuadés de n'être pas capables de faire face à la situation phobique. Ils évoluent donc vers un état de fâcheuse passivité, laquelle vient renforcer encore leur sentiment d'incompétence, enclenchant ainsi un beau cercle vicieux.

C'est là ce que Seligman (1975) appelle un comportement d'« impuissance apprise », caractéristique de la dépression. Mais cet état de passivité déprimante s'applique parfaitement à de nombreux phobiques.

Un point majeur du traitement consistera donc à faire sortir le phobique de sa passivité et à lui donner le sentiment, par un apprentissage progressif, par l'habituation, qu'il est parfaitement capable d'affronter ce qui lui fait si peur.

Qu'il ose, qu'il se lance, qu'il passe à l'action et il sera guéri !

2) La pratique comportementale.

Vous ne placez guère d'espoir dans les médicaments. Vous ne voulez pas d'une cure psychanalytique et de tout ce qu'elle implique. En fait, vous ne désirez qu'une chose : vous débarrasser de votre phobie au plus vite. Vous consultez donc un thérapeute comportementaliste. A quoi devez-vous vous attendre ?

Les premiers entretiens.

Sur le plan pratique, pas de surprise. Votre thérapeute est soit un psychiatre soit un psychologue. Il peut exercer en pratique libérale, dans un centre de soins ou dans un hôpital. Si vous consultez un psychologue non médecin exerçant en pratique libérale, vous ne pourrez prétendre au remboursement de vos soins par la Sécurité sociale. S'il s'agit d'un psychiatre (donc d'un médecin spécialiste), ses honoraires vous seront remboursés en partie ou totalement par votre caisse ou votre mutuelle. Enfin, si vous consultez à l'hôpital, vous réglerez les honoraires habituels d'une consultation hospitalière.

Pour le comportementaliste clinicien, la thérapie consiste à aider son patient à modifier un comportement maladapté, gênant. Le fait, par exemple, de ne pas pouvoir prendre un ascenseur ou un avion, de ne pas supporter de se rendre dans un lieu public sans être accompagné, ou encore d'être sujet à des attaques de panique intempestives constituent des comportements appartenant à cette catégorie.

Ce simple énoncé, malgré ses allures d'évidence, s'oppose déjà aux conceptions traditionnelles où le comportement n'est vu que comme le symptôme d'une maladie sous-jacente ou comme la manifestation d'un conflit inconscient. Aussi curieux que cela puisse paraître, quand notre phobique des ascenseurs vient consulter un comportementaliste et que celui-ci lui propose que l'on s'occupe activement de sa phobie des ascenseurs, de ses tenants et de ses aboutissants, il s'agit-là d'une démarche profondément originale !

Mais attention ! Ce que le comportementaliste entend par « comportement » est plus large que le sens que l'on donne habituellement à ce terme : si une action est, bien entendu, un comportement, une pensée, une cognition, l'utilisation d'un symbole sont elles aussi des comportements accessibles au traitement. En fait, pour chaque comportement-problème, notre thérapeute va s'intéresser au déroulement de ce comportement, à ce qui se passe avant, à ce qui se passe après. Il notera aussi quelles émotions, quelles images mentales, quelles pensées gravitent autour, ainsi que les implications relationnelles de la phobie. Il se demandera ce que le patient attend au juste, ce qu'il souhaite d'une façon plus ou moins claire.

Durant les premiers entretiens, vous aurez à répondre à bon nombre de questions, à remplir des questionnaires et, peut-être, à passer certains tests psychologiques. Puis, quand il pensera avoir une vue assez claire de la situation, le comportementaliste vous proposera un traitement. Il vous en exposera les principes ainsi que son déroulement. Ce traitement aura un but concret : si vous êtes phobique de l'avion, ce pourra être de faire enfin ce fameux voyage aux Antilles dont vous rêvez depuis si longtemps. Ou bien encore, si vous êtes acrophobe, d'oser monter au sommet de la tour Eiffel. Mais imaginons ici que vous soyez agoraphobe et que ce que vous redoutez plus que tout est d'avoir à prendre le métro à une heure de pointe. Je n'ai, bien sûr, pas besoin de vous préciser le but ultime que vous vous fixerez alors !

Bien. Vous vous êtes mis d'accord avec votre thérapeute sur la marche à suivre. Le traitement peut commencer.

Les méthodes de relaxation.

La première chose que peut vous proposer votre thérapeute est de débuter un apprentissage de la relaxation. Nerveux comme vous l'êtes, vous en avez bien besoin.

Nous n'allons pas décrire ici le détail du processus de relaxation et nous renvoyons le lecteur intéressé à d'autres ouvrages (voir bibliographie) ou à la partie d'auto-traitement de ce livre. Rappelons simplement une évidence : la relaxation n'est pas un comportement naturel chez les individus en état de stress permanent. Et, bien entendu, beaucoup de phobiques sont dans ce cas... Ils doivent donc apprendre une méthode qui leur permettra de relâcher leur corps et leur esprit *de manière active*. Se relaxer activement peut apparaître comme un paradoxe à tous ceux qui conçoivent la relaxation comme une variante de la sieste. En fait, quand vous vous relaxez, il ne s'agit aucunement de somnoler : vous devez devenir capable de relâcher les muscles de votre corps tout en prenant conscience de certaines sensations internes, vider votre esprit de toutes les pensées parasites qui l'encombrent en permanence. Rassurez-vous : comme bien peu d'entre nous sont capables de ne penser à rien, on vous demandera simplement de remplacer les tracas qui s'agitent dans votre tête par des images apaisantes et agréables.

Un certain nombre de personnes ne parviennent que très difficilement, voire pas du tout, à se relaxer. Le plus souvent, c'est parce qu'elles craignent de se laisser aller, de perdre le contrôle d'elles-mêmes ou des événements. Dans leur cas, l'apprentissage sera plus long, voire impossible. On aura alors recours à une autre méthode de soin.

Les différentes techniques de relaxation soulagent efficacement les personnes sujettes à une angoisse permanente, mais elles n'ont pas d'influence particulière sur les phobies. Dans ce dernier cas, elles ne sont, en fait, que le marchepied qui permet d'accéder à la technique suivante :

La désensibilisation systématique.

Vous savez désormais vous relaxer. Bien. Alors que vous êtes en état de relaxation, votre thérapeute vous demande d'imaginer que vous descendez l'escalier qui conduit au métro. Vous y êtes ? Bien. Maintenant, vous faites la queue au guichet pour acheter un ticket. C'est fait ? Bien. Angoissé ? Un peu, évidemment, car imaginer que vous descendez dans le métro provoque une angoisse presque aussi forte que si vous étiez là-bas en chair et en os. N'est-ce pas d'ailleurs en très grande partie grâce à vos facultés imaginatives que vous avez construit votre phobie (voir à ce sujet p. 40 et suivantes, et aussi ce que nous disons sur l'incubation cognitive, p. 178) ? Ce n'est donc que justice si, désormais, votre imagination vous aide à sortir du mauvais pas dans lequel elle vous a fourvoyé.

Mais excusez-moi : vous étiez en train d'acheter votre ticket et vous vous sentiez passablement mal à l'aise. Nous arrêtons là et vous reprenez maintenant votre relaxation. Un instant passe, vous sentez le calme revenir. On peut désormais recommencer la même scène : vous descendez dans le métro et...

Chaque image mentale que votre thérapeute vous suggère fait en réalité partie d'une hiérarchie soigneusement établie par vous-même et votre médecin : vous aurez classé vos peurs en partant de la plus petite, de la plus insignifiante (« Je regarde la bouche du métro. Des personnes y pénètrent. Je reste à l'extérieur ») à la plus intense, la plus effrayante (« Je prends le métro. C'est l'heure de pointe. Il y a un monde fou. Les gens me bousculent et m'empêchent de respirer à mon gré. J'ai chaud, je ne me sens pas très bien. Je supporte tout cela avec courage. »).

Après avoir imaginé plusieurs fois un item de cette hiérarchie, vous constatez que vous pouvez le visualiser maintenant sans angoisse ou presque : on peut alors passer à l'image suivante de la liste, celle qui est légèrement plus angoissante…

Et c'est ainsi que, de fil en aiguille, ou plutôt de séance en séance, vous vous *désensibiliserez* de vos angoisses phobiques, vous vous y *habituerez*.

Là encore, comme dans le cas de la relaxation, certaines personnes éprouveront des difficultés à s'imaginer dans la situation ou bien encore imagineront la scène, mais ne ressentiront aucune émotion. Cela se voit en particulier chez les individus dont l'intellect privilégie la pensée abstraite au détriment de l'image. Si vous êtes dans ce cas, ne vous en inquiétez pas : il reste d'autres cordes à l'arc du comportementaliste pour vous tirer d'affaire.

En fait, peu de thérapeutes considèrent aujourd'hui que la désensibilisation systématique en imagination suffise à elle seule : c'est essentiellement sur le vécu subjectif de votre peur que porte le travail de désensibilisation et il faut compléter le travail en imagination par des exercices concrets. En d'autres termes, il vous faudra réaliser dans la pratique les items que vous supportez désormais en imagination. Là encore, vous le ferez de manière progressive, en veillant soigneusement à ne pas faire machine arrière, en laissant au vestiaire le comportement d'évitement qui vous est si cher. Vous vous apercevrez peut-être alors que votre sensation subjective de peur n'est pas complètement éteinte. C'est là chose normale : après tout la réalité dépasse toujours un peu la fiction. Mais que cela ne vous arrête surtout pas : il est habituel que les différentes composantes de votre peur n'évoluent pas au même rythme (voir pp. 36 à 38, ainsi que p. 250). En général, ce sera la *peur viscérale* qui disparaîtra tout d'abord : votre corps sera le premier à comprendre. Puis vous parviendrez à affronter la situation phobique, et ce sera le signe que votre *peur comportementale* s'est éteinte. Mais la *peur mentale* pourra encore persister quelques temps : votre esprit risque d'être toujours un peu à la traîne !

L'immersion.

Nous avons vu plus haut que lorsqu'on a à subir une situation d'angoisse se caractérisant par sa monotonie, on commence tout d'abord par avoir très peur, très très peur, puis au bout d'un laps de temps variable, généralement de l'ordre de quelques heures, on se calme et l'angoisse s'éteint peu à peu. Si, quelques jours plus tard, on se replonge dans la même situation d'angoisse, on constate que sa peur revient mais qu'elle est maintenant moins puissante. Au bout de quelques séances, la peur retrouve de justes proportions. Il y aura eu *habituation*.

L'immersion, c'est donc cela : on demande au sujet phobique de s'exposer volontairement à la situation qui lui fait peur pendant un long moment, sans fuir, sans utiliser sa fameuse tactique de l'évitement. Le phobique a peur. Mais il est bien forcé de constater qu'il ne meurt pas, qu'il ne devient pas fou, qu'il ne perd pas connaissance. Il survit. Il survit et ne peut faire autrement que de se calmer.

La plupart du temps, plusieurs séances sont nécessaires pour venir à bout d'une phobie. Pour reprendre notre exemple, vous serez obligé de passer de longues heures dans le métro, et ce, plusieurs fois, à des intervalles qui ne soient pas trop grands, pour redevenir un adepte sans complexe du « ticket chic » ou du « ticket choc ».

Alors, désensibilisation systématique ou immersion ? Technique dure et rapide ou méthode plus douce mais plus lente ? Du point de vue de l'efficacité respective de ces deux techniques, les avis des spécialistes sont partagés : certains pensent que l'immersion est supérieure à la désensibilisation systématique, tandis que d'autres croient que les deux méthodes sont à égalité.

Le choix dépendra donc essentiellement du caractère du phobique, de sa personnalité : est-il un fonceur prêt à tout pour en finir avec sa phobie ? Ou bien n'aime-t-il pas être brusqué, veut-il avoir le temps de s'habituer à l'idée de guérir ?

Quel que soit son choix, le phobique qui veut s'en sortir doit savoir que la guérison passe obligatoirement par la confrontation (progressive ou brutale) avec l'objet de sa peur. Autant qu'il commence tout de suite à s'habituer à cette idée.

3) Autres méthodes comportementales.

L'injonction paradoxale.

Les thérapies par le paradoxe [42], bien qu'intellectuellement très séduisantes, n'ont pas connu le succès espéré sur le plan pratique. La raison en est que le maniement du paradoxe est particulièrement délicat.

Ici, pour vous débarrasser de votre phobie du métro, votre thérapeute vous demandera, par exemple, de vous rendre dans le métro à une heure de pointe, puis, délibérément, de susciter en vous autant d'angoisse que possible, de l'exagérer, de la magnifier, et même éventuellement de vous évanouir, là dans la rame, alors que le métro est au milieu d'un tunnel.

Remarquons tout d'abord que ce que votre thérapeute vous demande est très proche d'une immersion. Le seul point qui en diffère est que, cette fois-ci, on vous donne l'autorisation d'avoir peur, et même on vous en prie instamment. Or, nous avons vu précédemment que ce qui paralysait beaucoup de phobiques était la peur d'avoir peur. Maintenant, tout est changé : vous *devez* avoir peur, puisque votre thérapeute vous le demande. Et, du coup, vous avez nettement moins peur.

Bien sûr, pour qu'une telle approche se révèle possible et efficace, il est fortement recommandé que thérapeute et patient aient tous deux un solide sens de l'humour. Faute de quoi, le patient risque de penser que son médecin est soit complètement fou (et les psychiatres, n'est-ce pas...) soit un cynique de la pire espèce. Le phobique partira en claquant la porte : le traitement aura échoué.

Le « modeling ».

Cette fois-ci, votre thérapeute ne vous laisse plus seul avec vos angoisses : il met la main à la pâte. Vous ne savez plus prendre le métro ? Qu'à cela ne tienne, il va vous montrer comment on fait. Regardez bien : voici comment on achète un ticket, voici comment on l'introduit dans le composteur du tourniquet, voici comment on franchit le tourniquet. A vous, maintenant !

Cette méthode est pleine d'intérêt pour les phobiques sociaux ainsi que dans les phobies d'animaux : regardez-moi manipuler ce serpent, le prendre dans mes bras, regardez-moi caresser ce chien, donner à manger à ces pigeons et les laisser se percher sur ma main. Le thérapeute vous demande de vous identifier à lui, de le prendre pour exemple. Peu à peu, vous vous habituerez à l'idée de l'imiter, puis vous l'imiterez pour de bon.

Le « modeling » est une méthode de choix chez les sujets déprimés, ou très anxieux, ou qui manquent particulièrement de confiance en eux.

Quand, par ces exercices, ils auront repris un peu de poil de la bête, on pourra alors revenir aux méthodes précédentes pour éviter qu'ils ne restent trop dépendants de leur médecin.

L'approche cognitive.

Beaucoup de phobiques se font une piètre idée de leur personne : ils n'ont jamais rien fait de bon, ne sont capables de rien, ne feront jamais rien de valable dans l'avenir. De plus, tout cela est de leur faute : ils savent bien qu'ils font le malheur de leur famille, qu'ils tyrannisent tout le monde. Qui plus est, ils n'arrivent même pas à prendre la moindre décision. Oui ou non, partent-ils une semaine aux sports d'hiver ? (« Ça ferait tant plaisir au petit ! Oui mais, d'un autre côté, il y a la voiture, le train, les téléphériques, les remonte-pentes... »).

La psychothérapie cognitive aura pour but de modifier ce discours intérieur, de permettre au phobique de se percevoir sous un autre angle, moins défavorable. Il pourra tout d'abord cesser de se voir comme un incapable et considérer qu'il est quelqu'un qui démarre un traitement, qui entame donc une lutte. Les difficultés phobiques seront, elles aussi, remises à leur juste place. Un chien n'est qu'un chien, n'est-ce pas ? L'agoraphobe, quant à lui, se demandera ce qui se passera *réellement* si, par hasard, il perd pour de bon connaissance dans une rame de métro. Les gens tenteront-ils de lui venir en aide ? S'en ira-t-on quérir une ambulance ? Se réveillera-t-il à l'hôpital ? En quoi tout cela est-il un drame ? Cette petite péripétie constituera sûrement une expérience des plus enrichissantes !

L'affirmation de soi.

Cette technique s'adresse aux phobiques ayant des difficultés relationnelles. C'est bien évidemment le cas de tous les phobiques sociaux, mais aussi de bon nombre d'agoraphobes qui craignent d'être rejetés ou désapprouvés par les autres. Des jeux de rôle, l'utilisation du « modeling », tout cela en groupe ou en traitement individuel, permettront de diminuer la peur du contact avec ses semblables. Nous ne nous appesantirons pas ici sur cette méthode, et renvoyons le lecteur intéressé à d'autres ouvrages (voir bibliographie).

L'arrêt de la pensée.

L'arrêt de la pensée s'adresse aux personnes qui ne cessent de ruminer des idées à l'intérieur de leur tête sans pouvoir s'en empêcher. Il s'agit donc plus d'obsessions que de phobies à proprement parler. Sont dans ce cas ceux qui souffrent de phobies d'impulsion, de phobies des maladies, de la mort, ou de dysmorphophobies.

La technique est extrêmement simple, mais demande beaucoup de constance pour être efficace. Grâce à un entraînement quotidien, vous parviendrez à bloquer toute pensée parasite grâce à un « Stop » mental, puis à lui substituer une pensée positive de remplacement.

4) Critiques et résultats des thérapies comportementales.

Les résultats dépendent de plusieurs choses. Premièrement, de la technique utilisée : de cela on aurait pu se douter. Puis de la qualification et du talent de votre thérapeute ainsi que de la qualité de la relation que vous aurez tous deux établie : il est nécessaire que vous vous sentiez en confiance, que votre thérapeute sache vous encourager suffisamment, mais sans pour autant se substituer à vous.

Enfin, tout dépend de votre motivation et de votre adhésion au traitement : souhaitez-vous vraiment vous débarrasser de votre phobie ? Nous avons vu précédemment qu'être phobique ne comportait pas que des inconvénients…

Les thérapies comportementales sont les seuls traitements psychologiques pour lesquels ont dispose d'études scientifiquement et rigoureusement menées permettant d'évaluer les résultats obtenus [14, 27, 29]. Toutes ces études aboutissent aux mêmes conclusions : dans le cas, par exemple, de l'agoraphobie, qui est la phobie la plus courante, celle pour laquelle les patients sont le plus nombreux à consulter, quatre ans et plus après la cessation du traitement, 75 % des personnes restent améliorées.

Ces chiffres ne sont plus contestés par personne. De même que le fait que, malgré les sombres prédictions de la psychanalyse, on n'observe pas d'apparition de nouveau symptôme ou d'un quelconque trouble psychiatrique. Tout au contraire, la plupart des phobiques se trouvent enchantés d'être enfin guéris.

Alors, thérapie idyllique ? Bien sûr que non. En particulier, la thérapie comportementale ne vous apprendra que peu de chose sur votre insonscient. A vous de choisir.

V. Encore des méthodes pour guérir ! *

1) Des psychothérapies comme s'il en pleuvait !

Vraiment, je suis tout à fait désolé, mais nous ne pourrons pas parler de *toutes* les méthodes psychothérapiques existantes. Il y en a trop. Et, qui plus est, il s'en crée de nouvelles chaque jour. Pitié, n'en jetez plus !

En fait, si l'on y regarde d'un peu plus près, il n'y a rien de nouveau sous le soleil : toutes ces « nouvelles » techniques ne sont, bien souvent, que des variations ou des combinaisons exécutées à partir d'anciens thèmes, toujours les mêmes, à savoir la médecine, la psychanalyse et la thérapie comportementale. Mais passons en revue les principales écoles :

Les techniques d'autosuggestion.

Qui n'a pas entendu parler de la méthode Coué ? Celle-ci ne fait d'ailleurs rire que les Français : partout ailleurs, Emile Coué est considéré comme un génial précurseur.

L'école de la pensée positive part du principe qu'un être humain est capable, sinon de contrôler, tout au moins

---

* « Ne crois-tu pas que tu te sois fait suffisamment d'ennemis comme ça avec ton chapitre sur la psychanalyse ? », m'ont dit mes amis. « A quoi bon s'aliéner tous ceux dont tu vas parler, parce que tu ne parles pas de ce qu'ils font comme ils en parleraient eux-mêmes, et tous ceux dont tu vas passer les prouesses thérapeutiques sous silence et qui ne te le pardonneront jamais ? » J'ai bien réfléchi : je dirai honnêtement ce que je pense, à titre tout à fait personnel. Ce chapitre sera donc honteusement partial et incomplet. Peut-être même plein d'erreurs. Mon avis n'engage que moi-même. Mais vous n'êtes pas obligé de me croire sur parole et, après tout, rien ne vous empêche de vous forger une opinion par vous-même !

d'orienter ses pensées intérieures dans une certaine direction. Si l'on passe son temps à ruminer toutes sortes d'idées catastrophisantes, le moral et le courage s'en ressentent. Donc à l'inverse, si l'on parvient à voir le monde sous un jour positif, on ne peut que s'en trouver mieux. Par exemple, s'autosuggestionner que l'on est calme et relaxé permet de créer ce calme et cette relaxation.

Le Training Autogène de Schultz consiste d'ailleurs en cela : il s'agit d'une forme d'auto-hypnose dont le succès est tel que tout le monde tente de se l'approprier. Les comportementalistes la considèrent comme une méthode typiquement comportementale, les hypnotiseurs comme une méthode hypnotique, les médecins comme une technique para-médicale et les psychanalystes comme un préalable à une exploration psychanalytique !

Mais que peut-on *vraiment* attendre des méthodes d'autosuggestion ? La plupart du temps, elles permettront à ceux qui vivent dans une perpétuelle angoisse de modérer leurs paniques. Mais, pour ce qui est des phobiques, lequel d'entre eux n'a pas essayé de se convaincre qu'il n'y avait rien à craindre, qu'il était calme et relaxé ? Si ces méthodes constituent d'excellents compléments, voire un préalable à d'autres techniques, on ne peut généralement s'en contenter. Il faudra bien souvent les compléter en faisant appel à des techniques plus spécifiques de l'angoisse phobique, comme, par exemple, la désensibilisation systématique décrite page 184 et suivantes.

L'hypnose, la sophrologie et la « programmation neuro-linguistique ».

Le regain de l'hypnose est certain, et cette technique bénéficie probablement du moindre succès que rencontre aujourd'hui la psychanalyse. Pour que l'hypnose ait des chances de marcher, il faut tout d'abord que vous soyez hypnotisable, ce qui n'est pas le cas de tout le monde. Il faut ensuite que vous consultiez un hypnotiseur sérieux et patenté, si possible dans un cabinet médical plutôt que dans une roulotte de fête foraine.

Les hypnotiseurs affichent des succès dans le traitement des peurs et des phobies. Pourquoi pas ? En se substituant à la volonté déficiente du phobique, en le poussant à oser affronter ses phobies, en faisant en sorte que le patient ne se sente plus seul et abandonné, l'hypnotiseur aide le phobique à cesser son comportement d'évitement. On penche alors fortement du côté de la thérapie comportementale.

Dans d'autres cas, les hypnotiseurs utilisent leur technique avec une orientation psychanalytique : il s'agira alors pour le patient de retrouver, par des voies hypnotiques, le traumatisme inconscient responsable de la phobie, puis de le ramener jusqu'au conscient pour qu'il perde sa charge émotionnelle.

Tout ce que nous venons de dire pour l'hypnose est valable pour la sophrologie : mais là, on ne dira plus « hypnotiser », mais « sophroniser ». Remarquons aussi que si les théories sont différentes, la pratique des sophrologues et celle des comportementalistes se ressemblent sur beaucoup de points.

Il en va de même avec la toute nouvelle « programmation neuro-linguistique » (« Neuro Linguistic Programming » des Américains Bandler et Grinder) qui utilise des techniques voisines de la désensibilisation systématique de la thérapie comportementale, mais comprend, elle aussi, les phobies selon un modèle dérivé de la psychanalyse.

Les psychothérapies dites dynamiques : analyse transactionnelle, Gestalt thérapie, bio-énergie et « thérapies de groupe ».

Disons maintenant un mot d'autres types de thérapies qui, si elles prennent leur source dans la psychanalyse, s'en écartent tant au niveau de la théorie que de la pratique. La plupart de ces écoles ne proposent aucune explication particulière des problèmes phobiques mais sont centrées sur le développement et l'épanouissement de la personne. Les thérapeutes qui s'en réclament se révèlent néanmoins souvent efficaces pour aider le phobique à progresser.

L'Analyse Transactionnelle, fondée dans les années 50 par un psychanalyste américain, le docteur Eric Berne, a fait une remarquable percée tant aux Etats-Unis qu'en Europe. Sa théorie, à base de concepts simples, compréhensibles par tous, le fait qu'elle se centre sur le conscient plus que sur l'inconscient, sur les problèmes immédiats, *ici et maintenant,* plutôt que sur les conflits de la petite enfance, le fait aussi que le thérapeute s'implique beaucoup plus dans la thérapie, paraît moins lointain, moins inaccessible, et pour tout dire plus humain, tous ces ingrédients font le succès actuel de l'AT.

Le thérapeute d'AT s'intéressera plus particulièrement aux *jeux psychologiques* que nous jouons en permanence avec nous-mêmes ou au profit de notre entourage, aux *scénarios de vie* que nous avons élaborés et que nous respectons scrupuleusement sans bien nous en rendre compte, aux schèmes de comportement « adulte », « parent » ou « enfant » que nous avons au gré des circonstances. L'accent est mis sur les « transactions » entre individus plutôt que sur l'individu lui-même, sur la façon dont on discute en permanence avec soi-même sans bien s'en rendre compte plutôt que sur un inconscient inaccessible.

La Gestalt thérapie et la bio-énergie sont aussi des thérapies de l'« ici et maintenant ». La Gestalt thérapie a été fondée par un psychanalyste dissident, le docteur Frederick Perls, Allemand réfugié aux Etats-Unis pour échapper aux nazis, tandis que la bio-énergie est due à Wilhelm Reich, disciple déviationniste de Freud, reprise et développée par le docteur Alexander Lowen.

Les symptômes sont compris ici comme une façon d'exprimer certaines vérités que l'on ressent, ainsi que comme un moyen de transmettre aux autres ces vérités. Le travail thérapeutique est surtout centré sur l'expression des émotions, et l'on cherche à lever les nombreux blocages affectifs qui brident les patients. Plus que le fait de prendre conscience de la signification du symptôme, c'est la décharge émotionnelle que représente le fait de revivre durant la thérapie les émotions que l'on a refoulées qui est ici l'agent de la guérison.

Et ces fameuses *« thérapies de groupe »* dont on parle tant ? Cette appellation floue ne signifie à vrai dire pas grand-chose. Tout dépendra de la technique utilisée : par exemple, les thérapies dynamiques dont nous venons de parler sont le plus souvent utilisées en groupe. Mais il arrive que des psychanalystes réunissent des patients, et les comportementalistes organisent eux aussi des groupes de phobiques.

Ce qu'on appelle couramment « psychothérapie de groupe », sans plus de précision, consiste généralement en un groupe de discussion où chacun peut exprimer ce qu'il vit. Le fait de comprendre qu'on n'est pas seul à se débattre dans telle ou telle difficulté a souvent un effet apaisant et permet, dans certains cas, de trouver le courage d'aller plus loin.

2) Les médecines dites douces et apparentées.

Comment se fait-il qu'en cette époque où la technologie gouverne nos destinées, où nos hôpitaux s'équipent en scanners, en appareils à résonance magnétique nucléaire et en lasers, où les laboratoires d'analyse crachent des dizaines de constantes biologiques pour chaque goutte de sang qu'on leur confie, où les trusts pharmaceutiques mettent au point des centaines de médicaments et de vaccins tous plus formidables les uns que les autres, où des affections autrefois mortelles comme la tuberculose, la syphilis, la lèpre, la peste, le typhus, la poliomyélite, le tétanos, la variole, la diphtérie ont disparu de nos contrées, comment se fait-il que les gens se tournent vers les médecines dites douces, l'homéopathie, l'acupuncture, et placent plus d'espoir dans la prise des douze pouls chinois et dans l'équilibre du yin et du yang que dans la médecine scientifique ?

Justement, me direz-vous, la médecine moderne est trop yang, et un peu de médecine yin...

Examinons donc ce que le phobique est en droit d'attendre des médecines douces :

L'acupuncture.

Les petites aiguilles calment, sans aucun doute, l'angoisse présente. Elles apportent un réel soulagement à ceux qui souffrent d'anxiété, de tensions permanentes et d'attaques de panique.

Dans certains cas, le fait d'obtenir un apaisement de l'anxiété permet au phobique d'affronter les situations qui le paniquent et le met sur le chemin de la guérison.

Mais il ne semble pas que l'acupuncture puisse avoir une action sur les mécanismes phobiques eux-mêmes, d'ordre essentiellement psychologique. Cette méthode, tout comme la prise de tranquillisants, ne peut donc être que le complément d'une méthode plus spécifique. Voulez-vous mon avis ? Je vous le donne tout de même : l'acupuncture apaise l'anxiété tout comme les tranquillisants. Choisir entre les deux est question de convenance personnelle.

L'homéopathie.

Si l'homéopathie a une action (ce qui reste à prouver), il est probable que c'est sur l'anxiété et non pas sur la phobie elle-même. Là aussi, prendre des médicaments allopathiques ou homéopathiques sera une question de convenance personnelle.

3) Le secours de la religion.

Ceux qui croient en l'existence de Dieu ont la possibilité de Lui demander Son aide. Quand on est avec Lui, on n'est plus seul. Et comme, justement, le problème de bien des agoraphobes réside dans le fait de rester seul, sans secours au cas où il arriverait quelque chose...

Si vous êtes capable de croire suffisamment, si vous sentez la présence d'un Dieu protecteur à vos côtés, cela devrait pouvoir vous aider à vaincre vos peurs phobiques. Sinon, posez-vous la question : croyez-vous *vraiment* en Dieu ?

Par ailleurs, le fait de prier — ou de réciter une litanie (voir p. 235) tout ce qu'il y a de laïque — est une technique d'auto-hypnose. A ce titre, cela peut représenter une méthode de contrôle de l'anxiété tout à fait efficace.

Tableau (tout à fait de parti pris), comparant les mérites respectifs de la médecine, de la psychanalyse et de la thérapie comportementale sur les paniques et les phobies.

	Efficacité sur angoisses et paniques	Efficacité sur phobies	Rapidité d'action	Coût	Plaisir intellectuel
Médecine classique	bonne	médiocre	rapide	très faible	non
Psychanalyse	aléatoire	aléatoire	très lente	très élevé	une vraie drogue !
Thérapie comportementale	bonne	bonne	modulable	raisonnable	très moyen

Quatrième partie :

Guérissez-vous tout seul !

I. Préambule.

1) A qui s'adresse ce programme d'auto-traitement ?

Mais peut-être après tout n'êtes-vous pas obligé de recourir à un thérapeute professionnel ? Peut-être pouvez-vous vous débrouiller par vous-même ? Pour le savoir, commencez par vous poser les questions suivantes :

• *Quel est mon niveau dans l'échelle de stress ?*

Je calcule mon niveau général de stress en faisant le test pages 26 et 27 (et en comptant mes phobies pour 53 points à la question n° 13) :

— J'ai plus de 300 points de stress : plusieurs événements m'ont secoué dans l'année qui vient de s'écouler. *Je ne m'en sortirai probablement pas seul. Il est plus prudent d'avoir recours à un professionnel.*

— Je me trouve entre 150 et 299 points de stress : se lancer dans un auto-traitement est risqué. Peut-être ne tiendrai-je pas le coup. *Si je doute de moi-même, mieux vaut alors prendre l'avis d'un médecin.*

— J'ai moins de 150 points de stress : je n'ai pas eu à subir de perturbations importantes ces derniers temps. *Je devrais pouvoir trouver l'énergie nécessaire pour m'en sortir seul.*

• *N'ai-je que des peurs phobiques ?*

— Je me sens très déprimé. Je suis perpétuellement triste, fatigué, sans ressort, comme vide. Plus rien ne m'intéresse. Je vois tout sous un angle exagérément négatif. Le moindre obstacle me semble une montagne.

Ou bien je suis la proie d'obsessions tenaces. Je rumine sans arrêt des idées qui s'imposent à moi et dont je ne peux me débarrasser. Je me sens aussi obligé de faire certains gestes comme de vérifier certaines choses ou me laver plusieurs fois de suite. J'utilise perpétuellement de petites récitations à caractère magique pour tenter de dissiper mes ruminations sans que cela me soulage vraiment.

Dans tous ces cas, ou bien si je souffre d'autres troubles psychologiques, *je demande tout d'abord conseil à un médecin.*

— J'ai, bien sûr, des passages à vide, des moments de découragement. Il arrive parfois qu'une idée me poursuive. Et ces phobies idiotes me font me demander si j'ai bien toute ma tête. Mais nous en sommes tous là, n'est-ce pas ?

Je peux m'en sortir par moi-même.

• *Mes peurs sont-elles nombreuses ?*

— J'ai une myriade de phobies. Tout me fait peur : sortir ou rester, faire des rencontres et ne pas en faire, vivre et mourir.

Je fais appel à un professionnel.

— Ma peur est bien précise. Je n'ai peur que des dentistes, ou que des chiens, que des chats, que des ratons-laveurs, que des avions, que du sexe ou que des ascenseurs.

Je peux m'en sortir par moi-même.

• *Mes peurs sont-elles très intenses ?*

— Je suis sujet à de violentes et incontrôlables attaques de panique. A chaque fois, je crois mourir ou perdre totalement l'esprit.

Je fais appel à un professionnel.

— Ma peur est certes intense, certes extrêmement pénible, mais ne va jamais jusqu'à me donner l'impression qu'elle constitue une menace vitale.

Je peux m'en sortir par moi-même.

• *Mes peurs sont-elles changeantes ?*

— Je ne tremble pas en permanence devant les mêmes choses. Par exemple, l'an dernier, j'avais peur de prendre le métro. Cette peur a disparu et a laissé la place à une peur panique d'avoir le cancer.

Je fais appel à un professionnel.

— Mes peurs ont des hauts et des bas. Il m'arrive dans certaines périodes de parvenir à les surmonter. A d'autres moments, elles reviennent plus fortes que jamais. Mais il s'agit toujours des mêmes peurs. Phobique de parler en public j'étais, phobique social je suis.

Je peux m'en sortir par moi-même.

En résumé, si vos peurs sont très nombreuses et très intenses, si vous paniquez pour un oui pour un non ou, encore, si ce ne sont pas toujours les mêmes choses qui vous angoissent, vous devrez vous faire aider par un médecin ou un psychothérapeute. Inversement, si ce qui vous effraie est très précis, si vous ne paniquez que dans des circonstances bien particulières, toujours les mêmes, vous pouvez tenter de vous débrouiller par vous-même.

Et si les choses sont moins tranchées ? Si vos peurs ne sont pas uniques, mais pas innombrables non plus ? Si elles subissent une certaine évolution, mais sans sauter du coq à l'âne ? Vous êtes par exemple agoraphobe, avez peur de prendre les ascenseurs, le métro et les avions, mais vous êtes de surcroît timide, avez facilement le trac et ne supportez pas les chats. Vous faites de temps à autre des attaques de panique, mais sans plus. L'an dernier, vous aviez aussi peur de prendre le train, mais maintenant cette peur est passée et vous vous en sentez désormais capable. Dans quelle catégorie vous trouvez-vous ? Pouvez-vous oui ou non vous débrouiller tout seul ? Disons que tout dépendra de votre motivation, de votre courage. Se délivrer d'une agoraphobie multiforme et moins facile que de se guérir de sa peur des canaris. Mais si vous vous accrochez, si vous êtes prêt à vous bagarrer, à mettre le paquet, alors oui, vous pouvez vous en sortir.

Tout cela nous amène à la dernière question que vous devez vous poser avant de vous lancer dans l'aventure :

• Suis-je très motivé ?

— Mes phobies gênent considérablement ma vie. Que de choses ferais-je si j'en étais débarrassé ! Je voyagerais, je changerais de métier, de style de vie... *Il n'y a pas une minute à perdre !*

— Oui, bien sûr, ne plus être phobique… Mais la vie me fait peur. Après tout, mes phobies, j'y suis habitué. Elles sont horripilantes, certes, mais en même temps si confortables… Un peu comme des démangeaisons qu'on gratte et qu'on entretient avec un plaisir trouble. Cela m'est dur de l'avouer, mais si elles venaient brusquement à disparaître, je crois que je les regretterais.

Si vous avez des doutes sur le degré de votre motivation, poursuivez votre lecture et portez une attention toute particulière aux pages 222 à 224.

2) La bonne attitude : celle du « pro » et du guerrier.

La plupart des gens considèrent comme parfaitement normal de consacrer trente-neuf heures par semaine et plus à l'accomplissement d'une tâche professionnelle. Tel cadre travaillera d'arrache-pied plusieurs jours d'affilée à l'élaboration d'un dossier important, tel chef de chantier ne rechignera pas à passer plusieurs mois sur le terrain, telle secrétaire recommencera la frappe d'un dossier mal présenté même si elle doit empiéter sur l'heure du déjeuner, tel étudiant bûchera chez lui tard dans la nuit pour réussir son examen.

Pourquoi les mêmes personnes, qui comprennent parfaitement qu'il soit nécessaire de consacrer du temps et des efforts pour parvenir à un résultat dans le domaine professionnel, pensent-elles qu'on devrait pouvoir régler ses problèmes privés — et, qui plus est, des problèmes aussi pénibles et aussi lourds qu'une phobie — comme ça, à temps perdu, une minute par çi, une minute par là ?

Comment croire qu'on puisse faire des progrès décisifs sans s'atteler sérieusement à la tâche ? Sans y consacrer du temps et de l'énergie ?

Pour réussir à vous en sortir, il est indispensable que vous fassiez de votre lutte contre vos phobies une tâche prioritaire.

En clair, cela signifie que vous devrez, durant quelques temps, y consacrer le meilleur de vous-même, y passer des heures et même des journées entières, accepter de reléguer tout le reste au second plan !

Vous n'avez pas le temps ? Vous avez trop de travail, votre patron, vos enfants, votre conjoint, votre amant ou votre maîtresse vous accaparent ? Alors, c'est que le moment est mal choisi. Mieux vaut renoncer et attendre une période propice. Peut-être au mois d'août, durant vos vacances, serez-vous plus disponible ? Non, car vous avez déjà prévu de faire un stage de tennis ou de repeindre votre cuisine ? Mais, cette façon que vous avez de vous défiler en permanence, n'est-ce pas déjà une fuite, un évitement du traitement, attitude typiquement phobique s'il en est ?

Il est donc nécessaire que vous considériez votre problème phobique avec un œil de « pro ».

Cela est nécessaire, mais pas encore suffisant. La tâche à remplir n'est pas de celles qui demandent un simple travail bureaucratique, machinal et répétitif. Non, il va falloir vous battre. Vous devez non seulement être un « pro », mais aussi un guerrier. Car c'est une véritable guerre contre la peur que vous allez devoir livrer.

Et la première des choses que doit faire un guerrier, c'est d'examiner minutieusement l'équilibre des forces. Il lui faut absolument savoir ce que vaut son ennemi, quelles sont les astuces qu'il est susceptible de déployer, les pièges qu'il pourrait inventer. C'est par là que nous allons donc commencer.

Tableau n° 2

CE PROGRAMME D'AUTO-TRAITEMENT S'ADRESSE-T-IL A MOI ?

1) Je calcule mon niveau dans l'échelle de stress :

Je retourne aux pages 26 et 27. Je calcule mon niveau général de stress en comptant mes phobies pour 53 points à la question n° 13.

Je me trouve moins de 150 points de stress : je peux me lancer dans un auto-traitement.

Je me trouve entre 150 et 299 points de stress : se lancer dans un auto-traitement n'est pas impossible mais demande réflexion.

J'arrive à 300 points de stress ou plus : je renonce à l'auto-traitement et demande l'aide d'un professionnel.

2) Dans le cas où je me reconnais dans l'un des cas suivants, je demande conseil à un professionnel :

— Je suis très souvent triste, sans ressort, abattu, fatigué. Rien ne parvient à m'intéresser. L'avenir est bouché. La moindre tâche m'apparaît comme une montagne : je suis déprimé.

— Je rumine diverses idées, toujours les mêmes, sans parvenir à les chasser. Je me sens obligé de faire certains gestes comme de vérifier sans cesse les mêmes choses, comme de nettoyer ou de me laver sans arrêt.

J'utilise de petites récitations à caractère magique pour tenter de dissiper mes ruminations : j'ai des obsessions et des compulsions.

— Je souffre de divers problèmes psychologiques qui ont nécessité des traitements dans le passé.

— J'ai pratiquement toutes les phobies décrites dans ce livre.

— Je passe d'une phobie à l'autre. Quand une phobie m'abandonne, une autre prend sa place.

— Mes attaques de panique sont tellement fortes que je crois à chaque fois mourir ou devenir fou.

3) Je teste ma motivation.

Combien d'heures par semaine suis-je prêt à consacrer à la lutte contre mes phobies ?

Tout le temps qu'il faudra !
10 heures par semaine.
5 heures par semaine.
1 heure par semaine.
Moins d'1 heure par semaine.

Suis-je prêt à considérer ma lutte anti-phobies comme prioritaire, c'est-à-dire à faire passer TOUT le reste au second plan durant quelque temps ?

OUI !
Presque tout.
Pas tout…
Je ne peux pas.

Vos chances de succès sont proportionnelles au temps que vous êtes prêt à consacrer à votre traitement et aux efforts que vous êtes prêt à faire. Concluez vous-même…

Pour ne pas abîmer votre livre, photocopiez ce tableau.

II. J'étudie mes peurs à la loupe.

Il n'est pas possible de résoudre un problème en niant son existence. Regardez vos phobies les yeux dans les yeux, ne faites pas comme si elles n'existaient pas, connaissez leurs tenants et leurs aboutissants. Car avant que vous puissiez lutter contre elles avec efficacité, il vous faut savoir *exactement* ce dont vous êtes phobique, comment vous réagissez devant l'objet de votre phobie, comment vous vous défendez avec plus ou moins de succès contre vos paniques, quelles sont les implications négatives mais aussi positives (mais oui, il y en a) de vos phobies sur la façon dont vous organisez votre vie.

Faut-il vraiment en passer par là, direz-vous ? Vous pensez bien les connaître, vos phobies, vu que cela fait un bon bout de temps qu'elles vous tyrannisent, qu'elles vous gâchent l'existence. Alors, passons directement au traitement, et finissons-en une bonne fois pour toutes ! Ah, mais voilà encore un de ces comportements qui sont typiquement phobiques : vous refusez de voir la vérité en face, vous vous cachez encore la tête dans le sable ! Connaître les tours et les détours de vos phobies est déjà une amorce de guérison.

1) Je passe en revue toutes mes phobies.

Dans la première partie de ce livre, nous avons passé en revue l'infinie variété des peurs et des phobies. Reportez-vous aux pages 81 à 130, parcourez à nouveau l'éventail des phobies possibles. Pour chacune d'entre elles, demandez-vous si vous en êtes affecté.

Il se peut aussi que certaines de vos phobies soient des *phobies masquées.* Qu'est-ce qu'une phobie masquée ? Il s'agit d'une phobie latente, qui ne se manifeste pas, tout simplement parce qu'elle n'a pas l'occasion de faire parler d'elle. Supposons, par exemple, que vous soyez acrophobe, c'est-à-dire phobique des hauteurs et des lieux élevés, mais que vous habitiez dans une petite bourgade de la Beauce. Le clocher du village qui culmine à une vingtaine de mètres représente le point le plus élevé à de nombreux kilomètres à la ronde. Et comme vous n'êtes pas sonneur de cloches... N'étant jamais confronté à l'objet de votre phobie, vous n'en êtes tout simplement pas conscient. Mais voilà qu'un jour, au cours d'une visite touristique, vous êtes pris de l'idée saugrenue de monter au troisième étage de la tour Eiffel (ou de la tour Montparnasse, ou de la tour de Pise...). Votre phobie masquée risque bien de se révéler !

Prenons encore un exemple si vous le voulez bien : supposons, cette fois, que vous soyez agoraphobe. Grâce à bien des efforts, et en suivant les conseils ci-dessous, vous parvenez à vous guérir de cette peur des grands espaces, des lieux découverts et isolés. Profitant de votre liberté recouvrée, vous décidez de vous octroyer une petite promenade champêtre. Soudain, au détour d'un chemin, vous apercevez quelques corbeaux perchés sur un arbre. Vous paniquez et devez vous rendre à l'évidence : peut-être ne craignez-vous plus les espaces découverts mais vous avez une peur bleue, irraisonnée, de ces gros volatiles. Vous êtes atrocement phobique des oiseaux. En fait, vous avez toujours été phobique des oiseaux, mais comment auriez-vous pu vous en rendre compte puisque, depuis des années, vous ne sortiez pour ainsi dire plus de chez vous ? Votre phobie des oiseaux était masquée par votre agoraphobie.

Même si vous pensez bien vous connaître, examinez la liste des pages 269 et suivantes avec attention. Vous y trouverez peut-être quelques peurs oubliées qui, on ne sait jamais, pourraient bien faire parler d'elles si l'occasion s'en présentait...

Notez ensuite ces phobies sur la première page de votre *carnet de route.* Ah oui, j'avais oublié de vous le dire : il est indispensable, si vous voulez faire les choses sérieusement, que vous commenciez dès à présent un carnet de route, un livre de bord, sur lequel vous noterez vos découvertes à propos de vos phobies, vos prouesses pour vous en sortir, ainsi que les résultats obtenus. Ce cahier vous permettra de juger le plus objectivement possible les efforts que vous ferez et les progrès réalisés. Prenez modèle sur nos pages de résumé pour organiser votre propre carnet de route.

2) Quelle est ma réaction devant l'objet de ma phobie ?

« Ma réaction ? Elle est simple : je suis mort de peur ! » seriez-vous tenté de répondre. Vous vous en doutez, une telle réponse ne saurait nous suffire pour faire avancer les choses...

La peur ou l'angoisse ne sont pas des entités monolithiques : nous avons vu précédemment (voir page 36 et suivantes) que l'on peut distinguer trois composantes qui ont fréquemment tendance à évoluer chacune pour leur propre compte :

Mes trois peurs.

Il y a tout d'abord la façon dont votre propre corps réagit devant le danger : vous raidissez-vous, vous sentez-vous pris de vertiges ou comme paralysé, devenez-vous plus pâle qu'un mort, respirez-vous avec difficulté, avez-vous une boule dans la gorge, un serrement dans la poitrine, transpirez-vous, tremblez-vous comme une feuille, avez-vous des crampes ? Cette peur est *la peur viscérale.*

Il y a ensuite la *peur mentale.* Avons-nous un peu peur, beaucoup, passionnément, à la folie... ou bien pas du tout ? Cette composante mentale de la peur est difficile à évaluer : tout se passe dans votre esprit et, si vous êtes doué pour le camouflage, il se peut très bien que personne autour de vous ne se rende compte de l'intensité de votre peur !

Il y a enfin la façon dont vous vous comportez : prenez-vous la fuite, faites-vous front ou restez-vous sur place comme paralysé ? Il s'agit là de la *peur comportementale.* Très probablement, votre tendance naturelle n'est pas d'affronter le danger, sinon vous ne seriez pas phobique. Chaque fois que vous le pouvez, vous fuyez, vous avez un *comportement d'évitement.* Mais quand vous êtes acculé, vous restez hébété, la tête vide.

Nous l'avons dit page 36, ces trois composantes de la peur peuvent très bien se trouver dissociées. Il est, par exemple, tout à fait possible de faire front malgré une intense sensation de peur et un corps qui tremble comme une feuille ou, inversement, de fuir à toutes jambes avant même d'avoir eu le temps de prendre conscience de sa frayeur. Il existe même des cas où votre corps peut sembler réagir à la situation phobique pour son propre compte, alors que vous-même n'avez pas l'impression d'avoir peur.

La peur d'avoir peur.

Avoir peur est très désagréable. Vous redoutez donc d'avoir peur. Mais vous redoutez de succomber à la peur au-delà de toute mesure, au point que, bien souvent, vous avez peur d'avoir peur. Nous l'avons vu précédemment, la peur d'avoir peur est surtout une caractéristique des agoraphobes.

Si tel est votre cas, tentez de faire la part des choses : est-ce d'être confronté à la situation phobique qui vous fait peur, ou est-ce plutôt la peur, au cas où cela surviendrait, de succomber à la peur ? Dans ce dernier cas, il se peut très bien que votre phobie soit irrégulière, capricieuse : certains jours, par exemple, vous parvenez à prendre votre voiture sans problème. Mais si, par malheur, vous ressentez une sensation anormale alors que vous êtes au volant... vous vous dites tout à coup que, peut-être, la peur va vous envahir, prendre possession de vous. Alors, inéluctablement, votre prophétie se réalise, et vous vous mettez à paniquer.

Le scénario inachevé de ma phobie.

La grande question est : « Que se passerait-il si... ».

Que se passerait-il si je perdais connaissance dans le métro ? Que se passerait-il si je me trouvais enfermé dans une pièce sans pouvoir en sortir ? si je prenais l'ascenseur et que celui-ci tombe en panne entre deux étages ? Que se passerait-il si je me mettais tout à coup à rougir ? à bégayer ? à vomir ? à avoir envie d'aller aux toilettes ? Si j'étais tout à coup pris de l'impulsion irrésistible de me précipiter sous les roues d'une voiture ? de me jeter du haut d'un sixième étage ? de tuer mon mari avec un couteau de cuisine ? Si j'avais le cancer, le sida, les oreillons ?

En règle générale, le scénario de la plupart des phobiques s'arrête là : il ne savent pas ce qu'il se passerait si... Ils préfèrent ne pas y penser. Nous le verrons, donner une réponse à ce genre de question, compléter son scénario de catastrophe, est l'un des moyens de s'échapper de sa phobie.

Mais, pour le moment, contentez-vous de noter les divers scénarios inachevés que vous ruminez habituellement.

Mes fantasmes phobiques.

Le phobique est donc, le plus souvent, incapable de compléter son scénario de catastrophe sur un plan concret. Il ne sait pas ce qu'il ferait si les choses tournaient mal. Mais comme un tel scénario ne peut rester inachevé, il lui donne une fin imaginaire, fantasmatique. Et que croyez-vous qu'il choisisse comme fin imaginaire ? Evidemment, pas une fin rassurante ! Non, bien au contraire, il imagine que les choses tournent mal, très mal, et les anciennes terreurs enfantines viennent s'insérer dans le scénario inachevé.

Une femme venue nous consulter pour une phobie des voyages en avion imaginait... Mais que peut bien imaginer une phobique des avions ? Que son jumbo-jet tombe à la mer en plein milieu de l'Atlantique, bien sûr ! Il s'agit-là d'un scénario de catastrophe possible, quoiqu'ayant statistiquement peu de chances de se produire (évidemment, il suffit que ce soit juste le jour où *vous* prenez l'avion...). Mais les choses ne s'arrêtaient pas là : notre patiente complétait ce scénario particulièrement pessimiste en l'agrémentant de fantasmes angoissants : l'avion coulait, les portes s'ouvraient, l'eau s'engouffrait... et de féroces requins pénétraient dans la carlingue pour la dévorer vivante !

Quels sont *vos* fantasmes de catastrophe préférés ? Avec quelles visions aimez-vous à vous angoisser ? Beaucoup de phobiques ne s'avouent à eux-mêmes que très difficilement leurs propres fantaisies imaginaires tant elles leurs paraissent ridicules... Quant à les confier à d'autres... Et ce n'est bien souvent qu'après un long temps de psychothérapie qu'ils les confessent à leur thérapeute.

Alors, un peu de courage, que diable ! Osez vous dire à vous-même ce que vous imaginez dans un recoin de votre tête. Ce sont le plus souvent de vieilles terreurs de

Tableau n° 3

Je passe en revue toutes mes phobies

Je me reporte à la liste alphabétique des phobies de la page 269. Je coche toutes les phobies qui me concernent.

Quelle est ma réaction devant l'objet de ma phobie ?

(Si vous avez plusieurs phobies, examinez les l'une après l'autre selon le modèle ci-dessous.)

Nom de ma phobie :

Mes trois peurs :

Je note l'intensité de ma peur mentale de 0 à 10 : ...

Je note l'intensité de ma peur viscérale de 0 à 10 : ...

Je note la fréquence de mon comportement d'évitement de 0 à 10 : ...

Ma peur d'avoir peur :

Je note l'intensité de ma peur d'avoir peur de 0 à 10 : ...

Le scénario inachevé de ma phobie :

Ai-je tendance à me dire : « Que se passerait-il si... ? » Quels sont mes scénarios inachevés les plus fréquents ?

Mes fantasmes phobiques :

Ai-je tendance à laisser courir mon imagination sur ce qui pourrait m'arriver ? Quels sont mes principales peurs imaginaires ?

Mes objets contre-phobiques (objets divers qui me sont nécessaires pour tenir mes peurs à distance) :

Objets (canne, parapluie, lunettes de soleil, chapeau, sac à main, landau, cabas, journal, chien, tranquillisant, alcool, etc.)

Degré d'efficacité de 0 à 10 : ...

Inconvénients :

Personnes utilisées comme objets contre-phobiques (conjoint, enfant, parent, ami, voisin, etc.) :

Degré d'efficacité de 0 à 10 : ...

Inconvénients :

Pour ne pas abîmer votre livre, photocopiez ce tableau.

votre enfance que vous avez remaniées pour les besoins de la cause. Ne sachant pas vous dépêtrer de vos fichus scénarios inachevés, vous avez appelé vos peurs des fantômes, des gros animaux qui mordent, du noir, des étrangers, du viol, à la rescousse pour meubler votre phobie. Mais ce ne sont là *que* de vieilles terreurs poussiéreuses et vous allez bientôt faire en sorte d'en être débarrassé...

Mes objets contre-phobiques.

Les phobiques sont, d'ordinaire, d'affreux superstitieux... Ils se raccrochent à divers objets, canne, sac à main, chien tenu en laisse, poussette de bébé, comprimés de tranquillisant que l'on garde précieusement dans sa poche, petit verre d'alcool que l'on doit obligatoirement boire avant de sortir... Ce sont ces gris-gris que l'on nomme objets contre-phobiques.

Mais un objet contre-phobique est aussi, bien souvent, une personne dont la présence vous est devenue indispensable pour tenir la peur à distance. Que cette personne s'écarte, qu'elle fasse mine de disparaître, et l'on est perdu. Le conjoint, un parent, un enfant, des amis peuvent être ainsi utilisés comme objets contre-phobiques.

L'objet contre-phobique a tôt fait de devenir pesant, voire de créer lui-même des problèmes : le petit verre pour se donner du courage conduit tout droit à l'alcoolisme, le petit comprimé avant de sortir se transforme en toxicomanie aux médicaments, le conjoint qui vous accompagne partout devient plus qu'envahissant.

Quels sont vos objets contre-phobiques ? Quel est leur niveau d'efficacité ? Quels sont leurs mauvais côtés ?

3) Les conséquences de mes peurs et de mes phobies.

Les conséquences immédiates de ma peur.

Nous l'avons déjà dit, et cela est assez évident, le fait d'avoir peur nuit à l'efficacité en paralysant le corps et l'esprit. Au lieu d'affronter le danger éventuel, vous restez figé ou bien vous vous mettez à faire n'importe quoi. Supposons, par exemple, que vous soyez dans un ascenseur qui s'arrête entre deux étages. Si vous n'êtes pas spécialement agoraphobe, vous tenterez alors d'appeler à l'aide, de signaler votre présence, ou bien encore de débloquer l'ascenseur par vos propres moyens. Tandis que si vous êtes agoraphobe, vous ne saurez que hurler de terreur sans aucun souci d'efficacité !

Ou bien, peut-être, êtes-vous cancérophobe ? Supposons qu'un beau jour, en faisant votre toilette, vous découvriez une boule anormale dans un endroit quelconque de votre anatomie. Si vous n'êtes pas particulièrement phobique, cela vous inquiétera et vous irez rapidement consulter un médecin. Mais si vous êtes cancérophobe, il est bien possible que votre panique soit telle que vous préfériez retarder au maximum cette consultation, diminuant ainsi vos chances de vous en sortir.

Évaluez le degré de panique engendré par la situation phobique : si vous êtes agoraphobe, imaginez, par exemple, que vous soyez coincé dans votre voiture au beau milieu d'un embouteillage. Etes-vous encore capable de tenir le volant ou bien préférez-vous abandonner votre véhicule et partir en courant ?

Tout ce dont je me prive en raison de ma phobie.

Le comportement d'évitement, fondement de la phobie, a comme conséquence perverse de réduire singulièrement vos possibilités d'action.

De nombreux phobiques, limités dans leurs déplacements et dans leurs actions, végètent sur le plan professionnel : ne pas pouvoir prendre un train, un avion, une voiture ou, tout simplement, le métro peut se révéler un sérieux handicap, voire une cause de licenciement. Il en va de même pour ceux qui sont phobiques des contacts sociaux et qui fuient leurs collègues, leurs supérieurs, ou les réunions de travail.

Dans la vie privée, ne pas pouvoir aller au cinéma, au restaurant ou au théâtre sans être mort d'angoisse, craindre les rues pleines de chiens ou de pigeons, la campagne à la fois déserte et grouillante d'animaux plus ou moins répertoriés, trembler pour ceci ou cela freine sérieusement l'épanouissement personnel.

Aussi, beaucoup de phobiques vivent-ils de plus en plus repliés sur eux-mêmes, entourés de quelques proches avec lesquels ils entretiennent des relations complexes, à base de dépendance et d'agressivité.

Recensez les lieux où vous n'allez plus (et où vous aimeriez aller), les choses que vous ne faites plus (et que vous aimeriez faire). Votre phobie retentit-elle sur votre vie professionnelle ? sur votre vie privée ?

Comment j'ai perdu mon autonomie.

Votre tactique d'évitement phobique vous empêchant de faire bon nombre de choses, vous êtes bien obligé de compter sur les autres. Puisque vous utilisez vos proches comme objets contre-phobiques et que vous êtes perdu sans eux, vous devenez terriblement dépendant à leur égard.

Ce sont surtout les agoraphobes qui ressentent cette sensation de dépendance, à la fois recherchée car rassurante, et exaspérante car étouffante. Les proches de l'agoraphobe se doivent de l'accompagner dans tous ses déplacements, ont droit à toutes les corvées (il faut bien que quelqu'un aille de temps à autre au supermarché) et sont aussi, le plus souvent, investis de toutes les responsabilités que l'agoraphobe se sent incapable d'assumer.

Quelles sont les actes que vous ne pouvez plus faire seul ? De quel degré d'autonomie disposez-vous encore ? Ce genre de question vous démoralise ? Mais le premier pas vers la guérison est de regarder votre problème en face.

Comment je me dévalorise.

La plupart des phobiques sont des phobiques honteux. Avoir peur des souris ou des araignées n'est-il pas ridicule ? Etre incapable de faire le tour de son pâté de maisons n'est-il pas grotesque ? Vivre dans l'angoisse du cancer n'est-il pas stupide ? D'ailleurs, tout le monde le dit autour de vous, ce n'est qu'une question de volonté. Quand on veut, on peut. La conclusion de tout cela est que vous êtes lâche, mou, faible et stupide.

Et ce n'est pas fini : vous faites aussi le malheur de votre famille. Car, par votre faute, votre mari, votre femme, vos enfants sont privés de vacances et de soleil, sont privés de sorties, sont privés de tout.

Posez-vous la question : quelle opinion ai-je de moi-même ? Ai-je tendance à me culpabiliser de ce que je fais endurer aux autres ?

Tableau n° 4

Les conséquences de mes peurs et de mes phobies

Les conséquences immédiates de ma peur :

Ai-je tendance à m'affoler et à perdre le contrôle de moi-même dans les situations phobiques ?

Je note l'intensité de mon degré d'affolement de 0 à 10 : ...

Tout ce dont je me prive en raison de ma phobie :

Vie professionnelle. Je note ce que je ne fais plus, où je ne vais plus, qui je ne vois plus :

Vie privée. Je note ce que je ne fais plus, où je ne vais plus, qui je ne vois plus :

Comment j'ai perdu mon autonomie.

Je note ce que je peux encore faire, mais uniquement si je suis accompagné :

Comment je me dévalorise :

Quelle opinion ai-je de moi-même :

très bonne
bonne
moyenne
mauvaise
très mauvaise

Comment je me culpabilise :

Je pense que le fait que je sois phobique engendre des problèmes pour mon entourage :

Ce sont mes problèmes avant tout
Quelques problèmes.
Moyennement
Beaucoup de problèmes
Enormément de problèmes

Je pense que :

Ce n'est pas de ma faute.
Je ne suis qu'en partie responsable.
Je suis totalement responsable.

Pour ne pas abîmer votre livre, photocopiez ce tableau.

4) Les freins à la guérison.

Vous désirez vous débarrasser de vos phobies sinon vous ne seriez pas en train de lire ces lignes. Et pourtant bien des choses peuvent freiner votre enthousiasme à guérir. Soit dès à présent, avant de commencer, soit après avoir tenté quelques efforts, ou même tout près de la guérison, alors que votre nouvelle vie d'homme ou de femme libre commence à se dessiner. Sachez à quoi vous en tenir.

Le poids des habitudes.

Contrairement à ce qu'on peut penser, les prisonniers ne sont pas toujours contents de recouvrer la liberté, ses stresses et ses responsabilités. Vous avez organisé toute votre existence en fonction de votre phobie. Bien sûr, vous êtes en prison, mais vous y avez contracté des habitudes dont vous aurez du mal à vous défaire. Et puis, tenter de guérir, c'est prendre un risque, c'est aller à l'aventure, c'est sauter dans l'inconnu. Vous devrez renoncer à votre cellule si douillettement aménagée, aller au dehors, respirer l'air du grand large. Il faudra faire des efforts, rencontrer des gens nouveaux, apprendre ou réapprendre tant de choses... Réfléchissez bien : peut-être, après tout, vaut-il mieux rester calfeutré dans votre petite phobie ?

Les bénéfices secondaires.

Vous venez de renoncer à une promotion ou à un nouveau poste mieux rémunéré pour des raisons essentiellement liées à votre phobie. C'est fâcheux. Mais, d'un autre côté, si vous aviez accepté ce poste, il vous aurait fallu déménager, ce qui vous aurait valu bien des fatigues et occasionné bien des frais...

Agoraphobe, vous ne pouvez plus pénétrer dans un magasin : votre conjoint y va pour vous et c'est somme toute bien pratique ! Puisque vous êtes aussi phobique du métro, votre conjoint vous dépose à votre travail en voiture et vient vous chercher chaque soir. Cela aussi, c'est bien pratique !

Vous ne vous éloignez jamais de plus d'un kilomètre à vol d'oiseau de votre domicile. Avez-vous calculé les économies que cela vous fait faire ?

Vous êtes cancérophobe et consultez toutes sortes de médecins. Les médecins sont, pour la plupart, des gens charmants et bien éduqués, avec qui il est toujours agréable de converser. Que feriez-vous de vos journées si vous étiez brusquement privé de ce plaisir innocent ?

Il n'y a pas que les avantages matériels : avez-vous songé à quel point votre phobie constitue une excuse extraordinaire, tant vis-à-vis des autres que de vous-même ? Vous n'avez jamais rien fait de bon dans l'existence ? Vous n'avez pas de volonté ? Vous êtes lâche, couard, faible, versatile, immature, coléreux, invivable ? Mais rien de tout cela n'est vraiment de votre faute puisque vous êtes malade des nerfs, phobique au dernier degré !

Le besoin de dépendance.

Nous avons tout à l'heure rangé la perte de votre autonomie parmi les inconvénients de la phobie. Mais, d'un certain point de vue, votre phobie vous permet aussi de satisfaire vos besoins de dépendance. Car vous doutez de vous-même et votre phobie vous permet d'enchaîner vos proches, d'être sûr qu'ils ne vous quitteront pas. Car, bien sûr, jamais ils n'auraient la cruauté d'abandonner un pauvre infirme. Tandis que si vous guérissiez... Comment pouvez-vous être certain qu'ils n'en profiteraient pas pour déguerpir ?

Tableau n° 5

Les freins à la guérison

Les bénéfices secondaires :

Quelles sont les habitudes auxquelles il me faudra renoncer si je ne suis plus phobique ?

Que fait-on pour moi et qu'on ne fera plus ? (Devrais-je me remettre à travailler, à faire les courses, à descendre les poubelles, à faire le ménage, à avoir des contacts avec l'administration, etc.) :

Les petits plaisirs de la phobie (Je peux rester chez moi, je fais des économies, je me fais transporter et accompagner partout, j'ai de la compagnie, je fréquente médecins et psychothérapeutes, etc.) :

Les bonnes excuses (« Je ne fais rien, mais c'est parce que je suis phobique… ») :

Pour ne pas abîmer votre livre, photocopiez ce tableau.

5) J'évalue l'attitude de mon entourage.

Cela nous amène à une grave question : et votre entourage, que souhaite-t-il vraiment ? Dans quel sens va-t-il œuvrer ? Certains conjoints d'agoraphobes se trouvent tout à fait satisfaits d'être investis du rôle de l'homme fort, de la femme à poigne. Ils voient d'un mauvais œil une guérison qui viendrait mettre en péril l'équilibre des forces dans le couple. Après tout, une femme agoraphobe ne peut guère avoir de velléités d'indépendance, ne court ni les magasins au moment des soldes ni le guilledou au printemps. Un homme agoraphobe ne passe pas ses soirées au café. Et, pensent les douces moitiés, c'est très bien ainsi.

Oh ! bien sûr, il ne leur est guère possible d'exprimer ouvertement ce genre d'argumentation. Tout au contraire, les proches de l'agoraphobe l'encourageront apparemment dans ses efforts pour recouvrer son autonomie. Au début tout au moins, et à condition que cette autonomie reste limitée.

Mais interrogez-vous : tout cela est-il bien sincère ? Ne vous encourage-t-on pas ouvertement tandis que l'on tente de vous freiner subrepticement par ailleurs ? Ne veille-t-on pas à ce que vous n'alliez pas trop loin dans vos progrès ?

Et vous ? Ne jouez-vous pas une sorte de double jeu ? N'êtes-vous pas content que ce soit votre entourage qui prenne la responsabilité de limiter vos élans ?

6) Je me penche sur mon passé.

Le passé est riche d'enseignements : savoir comment votre phobie a débuté, s'est installée, s'est incrustée peut parfois aider à découvrir le meilleur moyen de vous en défaire. Votre phobie n'a peut-être pas toujours été ce qu'elle est actuellement : elle a pu régresser, voire disparaître à certains moments de votre vie, puis réapparaître ou s'aggraver à d'autres. Cette évolution ne s'est sans doute pas faite au hasard. Aussi, interrogez-vous : quand tout cela a-t-il commencé ? Que s'était-il passé à cette époque de votre vie ? Si votre phobie a semblé disparaître ou, au

Tableau n° 6

J'évalue lucidement l'attitude de mes proches

Quels avantages matériels et psychologiques, conscients ou non, mes proches retirent-ils de ma phobie ? (Je les laisse prendre toutes les décisions, organiser les choses comme ils l'entendent, je suis à leur merci, pieds et poings liés, etc.)

Quel est le degré de sincérité de mes proches quand ils m'encouragent à guérir ?

Je me penche sur mon passé

Quand tout cela a-t-il commencé ?

Que s'est-il passé dans ma vie à la même époque ?

Ma phobie s'est-elle améliorée, aggravée ?

Que s'est-il passé dans ma vie à la même époque ?

Quels traitements, quelles méthodes ai-je déjà essayés ?

Traitement :

Résultat :

très bon
bon
moyen
mauvais
très mauvais

Quelle a été la cause de l'amélioration, de l'échec ?

Des facteurs extérieurs au traitement :

La personnalité du thérapeute :

La méthode elle-même :

Pour ne pas abîmer votre livre, photocopiez ce tableau.

contraire, a brusquement pris de l'ampleur à certains moments, à quoi pouvez-vous l'attribuer ?

Et puis, vous avez sans doute déjà tenté divers traitements. Jugez-les sereinement : dans quelle mesure vous ont-ils permis de faire des progrès ? Dans ces traitements, quel a été l'élément décisif ? Cette dernière question n'est pas simple : prenons le cas d'Irène Cé qui souffre d'une importante agoraphobie. Irène se décide à suivre un traitement par acupuncture, et le médecin auquel elle s'adresse lui demande de venir à son cabinet trois fois par semaine. Au début du traitement, les progrès semblent très rapides : dès la seconde semaine, Irène parvient à faire le tour de son pâté de maisons, chose qu'elle ne faisait plus depuis longtemps. Puis elle se met à stagner. Pourquoi ? Peut-être est-ce parce que ce qui l'avait surtout améliorée, plus que tout autre chose, c'était l'obligation de se rendre seule chez l'acupuncteur plusieurs fois par semaine ! Mais ces sorties, quoique bénéfiques, étaient insuffisantes pour permettre des progrès importants.

Aussi, gardez donc un certain esprit critique pour juger des raisons qui ont fait qu'un certain traitement a pu marcher ou ne pas marcher : l'élément décisif a-t-il été la sympathie, la confiance (ou, au contraire, l'antipathie, la défiance) que vous ressentiez pour le thérapeute ? Etait-ce certains facteurs annexes et sans rapport direct avec le traitement qui vous ont permis d'aller de l'avant ? Ou bien encore pensez-vous sincèrement que c'est le traitement lui-même qui vous aura aidé ?

III. Je deviens maître de ma peur.

1) J'apprends à me relaxer.

Savoir créer en soi une sensation de calme, savoir apaiser les tensions, en somme avoir une attitude active envers sa peur constitue le premier pas dans la maîtrise de vos phobies. Mais attention ! *Savoir se relaxer ne signifie pas être capable de faire disparaître en vous n'importe quelle peur dans n'importe quelles circonstances.* Je ne vous propose pas ici un but aussi grandiose. D'ailleurs vous sentez bien que si je vous disais qu'il existe une technique simple qui permet à coup sûr d'obtenir un tel résultat, je mentirais de façon éhontée. Non, il ne s'agit pas ici de devenir un yogi en quinze leçons ! Le but recherché en pratiquant la relaxation est plus modeste mais néanmoins passionnant : il s'agit de parvenir à induire en vous un agréable état de détente propice au repos et à la récupération. Si vous vivez dans un état permanent de tension, l'apprentissage de la relaxation sera ardu, mais quand vous y serez parvenu, une pratique régulière vous procurera un soulagement appréciable. Si vous êtes surtout phobique et plutôt détendu entre deux crises de panique, vous apprendrez plus facilement, mais le bénéfice immédiat de la relaxation sera nettement moindre. Ne négligez pas la relaxation pour autant : cette dernière a pour effet d'augmenter votre réceptivité mentale. Plus tard, vous utiliserez cette caractéristique pour vous livrer à un entraînement en imagination, pour vous désensibiliser de vos phobies.

Je choisis le lieu et l'heure.

Pour obtenir des résultats tangibles, il est indispensable de consacrer au moins un quart d'heure par jour à la relaxation. Il est bien possible que durant les quinze premiers jours, vous ne ressentiez que peu de chose. Puis, au fur et à mesure que vous progresserez, vous vous apercevrez que l'état de relaxation devient de plus en plus agréable, de plus en plus aisé à créer.

Certains préfèrent se relaxer le matin, d'autres l'après-midi, d'autres le soir. Pour débuter, choisissez une période de la journée où vous n'êtes pas trop tendu. Evitez toutefois de pratiquer la relaxation dans votre lit, juste avant de vous endormir : si vous tombez de sommeil, vous aurez sans doute le plus grand mal à vous concentrer. De plus, dans la mesure du possible, conservez le même horaire chaque jour.

Un lit ferme, un canapé, un tapis moelleux agrémenté d'un coussin feront l'affaire. Mieux vaut qu'il n'y ait pas trop de lumière ou trop de bruit, mais ni l'obscurité totale ni un silence absolu ne sont indispensables. Veillez aussi à être suffisamment couvert (ou suffisamment au frais), quittez vos lunettes (elles ne vous aideront en rien quand vous aurez les yeux fermés), desserrez votre ceinture et votre col de chemise.

Je me relaxe physiquement.

Vous voilà allongé sur le dos, la tête et les épaules soutenues par un petit coussin, les jambes et les bras légèrement écartés. Si vous deviez tomber ou vous évanouir, cela ne modifierait en rien votre position. Concentrez-vous tour à tour sur toutes les régions de votre corps : commencez, par exemple, par la main droite, remontez le long de l'avant-bras, du bras jusqu'à l'épaule. Faites de même avec votre bras gauche. Lentement, très lentement. Demain, vous recommencerez le même circuit, légèrement plus vite, et passerez ensuite aux jambes en commençant par vos orteils, en remontant le long de vos mollets ; vous vous concentrerez sur vos genoux, puis vos cuisses, puis vos hanches. Une autre fois, vous vous intéresserez aussi à votre dos, votre cou, votre nuque, votre visage.

Souvenez-vous que quand vous vous concentrez sur vos mollets, vous êtes à l'intérieur de vos mollets, *vous êtes vos mollets.* Vous êtes un mollet lourd, flasque, très lourd, très flasque. Un mollet lourd comme un rocher, lourd comme une montagne. Prenez votre temps. Vous avez tout le temps qu'il faut, toute l'éternité.

Je me relaxe mentalement.

Laissez partir tous les soucis. A ce moment précis, rien n'est à craindre. Vous êtes parfaitement en sécurité. Chaque fois que vous vous apercevez que vos pensées ont machinalement dérivé en direction d'un souci, d'une pensée quelconque qui n'a aucun rapport avec la relaxation, reconcentrez-vous sur la partie du corps dont vous vous occupiez. Veillez à rester bien concentré, à ne pas vous laisser envahir par la somnolence. La relaxation est une méthode active : vous prenez activement conscience de ce qui se passe à l'intérieur de vous-même, vous évacuez activement tout ce qui en vous-même n'est pas relaxation. Pour vous aider à relâcher les tensions, dites-vous maintenant : « à chaque inspiration, je deviens plus relaxé ; à chaque expiration, je souffle les soucis par ma bouche. »

Surtout ne vous découragez pas. Quel qu'en soit le résultat, pratiquez au moins une séance par jour. Si vous êtes assidu, vous aurez la surprise et la satisfaction de constater un beau jour que « ça se met à marcher ». Patience !

2) J'achève mes scénarios inachevés et j'écarte mes fantasmes.

Mais, vous vous en doutez, savoir se relaxer à son domicile alors que tout va bien ne saurait suffire à vaincre vos phobies. L'étape suivante consiste à acquérir le savoir-faire, la compétence nécessaire pour affronter les situations phobiques. En effet, comme nous l'avons vu, il n'est guère possible de faire face sereinement à un danger, même minime, même en grande partie imaginaire, quand on n'a pas la moindre idée de la manière dont on est censé se comporter ! C'est bien pourquoi on est généralement inquiet quand on se trouve face à une situation nouvelle : saura-t-on s'y prendre ? Aura-t-on la bonne attitude ?

Supposons, par exemple, que vous soyez phobique des chiens. L'une de vos principales inquiétudes concerne le scénario suivant : vous entrez dans un café, vous vous approchez du comptoir et, brusquement, le chien du propriétaire (un berger allemand, comme il se doit) se met à gronder. Vous faites quelques pas en arrière et le molosse vous saute à la gorge. Ensuite… Mais non, votre scénario est bien sûr un scénario inachevé et il n'y a pas d'« ensuite » réaliste dans votre tête, tout juste des fantasmes d'angoisse purement imaginaires : le chien vous dévore en entier, vous castre, vous… Bien sûr, se faire attaquer par un chien dans la rue ou dans un quelconque lieu public a, statistiquement, bien peu de chances de se produire dans la réalité (les cas où un chien attaque un passant sont, heureusement, exceptionnels) mais vous ne vous fiez guère aux statistiques : il suffit après tout d'une fois, d'une seule…

Une des choses qui pourraient diminuer votre peur de ce genre de situation serait d'en savoir plus long sur la psychologie canine et sur la conduite à tenir : comment doit-on se comporter face à un chien qui gronde ? Doit-on fuir à toutes jambes ? doit-on reculer lentement ? doit-on faire front et dire quelque chose du genre « coucouche panier » d'une voix ferme ? Et en supposant que le chien vous attaque malgré tout, comment doit-on s'y prendre pour se défendre efficacement ? Vaut-il mieux tenter de se protéger le visage ou le cou sans bouger ? Faut-il lutter et repousser l'animal, faut-il essayer de l'étrangler ?

Vous n'en avez pas la moindre idée.

Vous n'en avez pas la moindre idée parce que jusqu'à présent vous vous êtes contenté de pratiquer la politique de l'autruche : vous avez caché votre tête dans le sable, vous n'avez pas voulu voir le danger. Mais si vous êtes parvenu jusqu'à ces lignes dans la lecture de ce guide, c'est donc que vous avez « examiné vos peurs à la loupe » comme nous vous l'avons demandé un peu plus haut. Vous connaissez désormais la nature de vos peurs. Et vous êtes prêt à leur trouver des solutions, à finir vos scénarios inachevés.

Reprenez ces scénarios. Vous vous demandiez sans cesse « que se passerait-il si… ? » Il est temps désormais de les compléter : « s'il se passait cela, je devrais faire ceci. » Attention, il ne s'agit pas de rester dans le flou, de formuler une vague déclaration d'intention. Non, vous devez établir une ligne de conduite précise. Cela vous obligera peut-être à vous renseigner à droite et à gauche pour obtenir les informations nécessaires. S'agissant de notre phobique des chiens, il aura sans doute intérêt à se documenter au moyen de livres sur le dressage des chiens, à demander l'avis d'un propriétaire de chien, d'un vétérinaire (il pourra aussi, un peu plus tard, quand sa phobie aura déjà régressé, aller visiter un chenil et, éventuellement, assister au dressage de chiens de garde ou de chiens policiers. Mais nous reparlerons de ce genre de choses un peu plus loin, au chapitre « immersion »). L'important est qu'il sache de façon précise comment il serait bon qu'il réagisse (même si, pour le moment, il se sent tout à fait incapable de mettre ces connaissances en pratique) dans le cas où un chien ferait mine de l'attaquer ou l'attaquerait vraiment.

Supposons maintenant que vous soyez agoraphobe et que votre principale peur consiste en une crainte de perdre brutalement connaissance dans un grand magasin. Vous vous demanderez donc : « et si je perdais *réellement* connaissance au quatrième étage des Galeries Lafayette ? »

« Si cela arrivait, sans doute quelques âmes charitables s'occuperaient de moi (l'hypothèse selon laquelle la foule vous piétinerait purement et simplement fait partie de vos fantasmes : elle est invraisemblable). Je finirais par reprendre connaissance, plutôt honteux. Je me relèverais, remercierais ceux qui m'ont aidé, les rassurerais sur mon état (« Non merci, maintenant ça ira, je n'ai pas besoin de médecin ou d'ambulance »). »

3) J'accepte ma peur.

Devenir maître de sa peur ne signifie pas ne plus avoir peur, mais signifie *accepter sa peur de telle sorte que l'on n'ait plus peur d'avoir peur.*

La peur est une sensation désagréable. On a une boule dans la gorge, on tremble, on transpire, on sent son cœur qui se met à battre la chamade, on respire mal. Et encore, tout cela n'est qu'une petite peur raisonnable ! Que dire quand vous devenez livide, quand votre cœur vous donne l'impression qu'il va éclater, quand vous ne pouvez plus respirer, plus parler, quand tout votre corps semble tétanisé !

Mais, en fait, le plus souvent, cette peur horrible, cette peur déchirante, c'est vous-même qui la créez à partir d'une peur plus petite, plus normale. D'une petite angoisse vous faites une vraie peur, d'une peur vous faites une panique, d'une panique vous faites une débâcle.

Car lorsque vous commencez à ressentir dans votre corps ou dans votre esprit les prémices de la peur, vous prenez peur. C'est la peur elle-même qui vous fait peur : vous avez peur d'avoir peur. Alors vous vous débattez, vous essayez de ne plus avoir peur. Et plus vous luttez contre votre peur, plus vous avez peur.

Or, quand on ne l'attise pas, quand on ne se débat pas, une peur a tendance à s'éteindre d'elle-même.

Tentez un instant de laisser votre panique au vestiaire et demandez-vous pourquoi diable vous devriez ne pas avoir peur. Est-ce donc si grave ? Vous avez peur, vous êtes terrorisé ? La belle affaire ! Si vous voulez devenir maître de votre peur, il va vous falloir accepter votre peur, apprendre à vivre avec elle, apprendre à ne pas redouter au-delà de toute mesure ses manifestations. Vous tremblez, votre gorge est serrée ? Eh bien, laissez-vous trembler, n'empêchez pas votre gorge de se serrer si c'est cela qu'elle désire ! Vous êtes inondé de sueurs froides ? Laissez-vous transpirer ! Vos intestins se nouent ? Ils finiront bien par se dénouer. Votre cœur bat vite ? Pas plus que si vous aviez fait un effort violent. A moins que vous n'ayez une grave maladie cardiaque, votre cœur est parfaitement capable de battre à 150, voire 200 pulsations par minute !

Acceptez votre peur, reconnaissez-la pour ce qu'elle est, c'est-à-dire une réaction devant un danger réel ou imaginaire. La peur a une utilité : elle sert à préparer votre organisme à l'action concrète, à la lutte ou à la fuite. Cette peur est aussi faite pour servir de signal d'alarme, pour vous pousser à réagir devant un péril.

En fait, votre peur ne devient disproportionnée que parce que vous luttez contre elle, parce que vous tentez de la repousser, de la nier. Mais qu'au contraire vous l'acceptiez, et elle se dissipera, son devoir accompli.

Quand vous vous trouvez en proie à la peur, pour vous aider à ne pas vous défendre contre celle-ci et à la majorer malgré vous, pour prendre patience en attendant que la terreur se décide à vous quitter, vous pouvez vous réciter une prière, une litanie. Toutes les prières sont bonnes. A titre d'exemple, nous citons la « litanie contre la peur du Rituel Bene Gesserit » que Franck Herbert, le célèbre auteur de science-fiction, a créée dans « Dune » et qui nous paraît être un chef-d'œuvre du genre :

« *Je ne connaîtrai pas la peur, car la peur tue l'esprit. La peur est la petite mort qui conduit à l'oblitération totale. J'affronterai ma peur. Je lui permettrai de passer sur moi, au travers de moi. Et lorsqu'elle sera passée, je tournerai mon œil intérieur sur son chemin. Et là où elle sera passée, il n'y aura plus rien. Rien que moi.* »

Tableau n° 7

Je deviens maître de ma peur

J'apprends à me relaxer.

Je choisis comme moment quotidien de relaxation :

Je m'allonge dans de bonnes conditions de confort. Je passe successivement en revue :

Mes mains, coudes, bras, épaules.
Mes pieds, mollets, genoux, cuisses, hanches.
Ma tête, cou, nuque, dos.
Mon visage.

Je me répète à chaque fois : « cela devient lourd, pesant... »

Je me centre ensuite sur ma respiration. Je me dis : « A chaque inspiration, je deviens plus relaxé. A chaque expiration, je souffle les soucis par ma bouche. »

J'achève mes scénarios inachevés et j'écarte mes fantasmes.

Je me reporte page 214. Pour chaque scénario inachevé que j'ai noté, je me pose la question : si cela arrivait *vraiment*, que se passerait-il *vraiment ?* Que ferais-je *vraiment ?*

Je me prépare à accepter ma peur.

Lorsque j'aurai peur, je l'accepterai. Je ne lutterai pas contre ma peur, je ne la repousserai pas. Je me laisserai trembler, je laisserai ma gorge se serrer. Pour m'aider à attendre que ma peur veuille bien me quitter, je me réciterai alors une prière de mon choix ou la « litanie contre la peur » (voir p. 235).

Je m'entraîne à réciter la prière choisie ou la « litanie contre la peur ».

Pour ne pas abîmer votre livre, photocopiez ce tableau.

IV. Je m'entraîne en imagination à affronter ma phobie.

Dorénavant, vous savez ce que vous devriez faire. Par exemple, notre phobique des chiens sait parfaitement comment il devrait s'y prendre au cas où un doberman ou autre boxer se mettrait en travers de sa route en grondant : il devrait continuer à marcher sans modifier son allure, ne faire aucun geste qui puisse être interprété par l'animal comme une menace, comme le signe qu'il a peur ou qu'il se sent en faute. Quelques mots fermes et apaisants, montrant qu'on est dans son bon droit, sont aussi les bienvenus. Si le chien attaque malgré tout, il faudrait alors lutter de toutes ses forces, saisir le chien au niveau du cou, par le collier s'il en porte un, et maintenir ainsi les crocs à distance. L'important serait de ne pas reculer, de ne pas se montrer timoré, mais, au contraire, de mettre toutes ses forces dans la balance, de lutter, de se colleter avec l'animal en se rappelant qu'un tel chien ne pèse après tout que vingt à trente kilos et que soi-même en faisons le double ou le triple.

Mais, pour l'instant, tout cela est pour vous de la théorie, rien que de la théorie. Vous savez que c'est là ce qu'il faudrait faire, mais vous vous sentez totalement incapable de mettre en application ce genre de conduite.

Et c'est bien normal : il faut vous y entraîner.

1) J'établis des scénarios de plus en plus angoissants.

Vous allez bientôt vous entraîner en imagination à lutter contre vos pires craintes. Mais, avant cela, il est nécessaire que vous établissiez un classement, une hiérarchie de ce qui vous fait peur, de telle sorte que vous n'affrontiez en premier que des scénarios modérément effrayants.

Reprenons notre phobique des chiens. La première situation qu'il pourra, par exemple, imaginer est qu'il se trouve face à un chien tenu en laisse par son maître et qui ne s'intéresse pas à lui. Ce genre de chose ne lui fait pas très peur : à peine un léger pincement de cœur. Mais cela lui permettra de tâter le terrain, de savoir où il va. Il passera ensuite à une situation plus délicate : il est face à un chien non tenu en laisse et qui gronde à son approche. Puis ce sera un chien franchement hostile, et, enfin, un molosse qui l'attaque !

Chaque scénario sera, bien entendu, un scénario totalement achevé et nettoyé de ses éventuels fantasmes d'angoisse. Il n'est pas question de vous laisser aller à imaginer des portions de scénarios qui s'arrêteraient juste au moment crucial ! Non, vous devez bien sûr imaginer que, d'une façon ou d'une autre, vous passez le cap difficile. Un chien vous attaque ? Vous vous défendez !

Dans chaque situation, imaginez-vous en action. Vous ne restez pas passif, vous ne subissez pas. Non, vous faites front. Si cela s'avère impossible, vous concentrez votre attention sur des détails concrets, sur une tâche demandant de la minutie, ou bien encore vous vous récitez la litanie contre la peur en vous concentrant sur chaque mot. En tout dernier lieu, quand rien d'autre n'est possible, vous poussez le cri le plus terrible, le plus puissant que vous puissiez imaginer.

Écrivez ces scénarios sur votre carnet de route. En jouant sur leur nombre, vous pouvez moduler la vitesse de votre progression et l'intensité de l'effort mental que vous aurez à faire. Plus vous concocterez d'étapes intermédiaires, et plus le stress sera faible.

Voici, à titre d'exemple, ce que donne la hiérarchie de notre phobique des chiens :

1. Je suis dans la rue. Je croise des tas de gens qui tiennent des chiens en laisse.

2. Je pénètre dans un café. Un chien est là, en liberté. Il s'agit d'un chien calme, paisible. Malgré tout, je ne suis pas à l'aise.

3. Cette fois-ci, le chien est hostile et aboie. J'ai très peur. J'avance courageusement sans montrer ma peur.

4. Je suis seul dans la campagne. Un chien s'appro-

che de moi et m'attaque. Je me défends du mieux que je peux.

2) J'affronte chaque situation imaginaire avec courage.

Vous avez établi une hiérarchie de vos peurs. Vous savez maintenant créer en vous cet état de calme et de bien-être qu'on nomme relaxation. Vous pouvez commencer votre entraînement en imagination.

Commencez par vous plonger en état de relaxation. Lorsque vous vous sentez totalement détendu, imaginez que vous êtes face à la situation redoutée. Vous êtes dans la rue. Vous marchez. Recréez cette situation avec le maximum de détails. Regardez les magasins, les passants. Vous croisez maintenant une dame et son chien, un caniche qu'elle tient fermement en laisse. Examinez cette dame avec attention. Comment est-elle habillée ? Examinez le caniche. Il ne vous regarde pas, il ne s'intéresse pas du tout à votre personne. Il tire sur sa laisse dans la direction opposée. Vous continuez à marcher sans vous occuper du chien, sans modifier votre allure. Vous n'avez que très modérément peur.

Mais vous passez ensuite à une situation plus délicate : vous entrez dans un café. Vous poussez la porte. Un chien se trouve à l'intérieur. Au moment où vous pénétrez dans le bar, il se lève et se met à gronder. Cette fois-ci, vous avez vraiment peur. Vous avez peur, mais vous acceptez cette peur. Vous ne cherchez pas à la chasser. Vous attendez simplement qu'elle disparaisse toute seule, que l'état de relaxation l'emporte sur elle. Pour patienter, vous vous récitez mentalement la litanie contre la peur. Voilà, la peur se calme. Votre scénario se poursuit. Vous continuez à avancer, sans geste brusque. Vous dites : « Couché ! ». Le chien se tait. Vous allez au comptoir et commandez une bière. Vous la sirotez : vous l'avez bien méritée. Vous pouvez maintenant effacer cette image de votre esprit et vous reconcentrer sur la relaxation. Quand vous serez à nouveau totalement relaxé, vous recommencerez exactement le même scénario.

A chaque fois, tentez d'aller un peu plus loin, de laisser la peur grandir un peu plus. L'important, l'essentiel, le fondamental est d'accepter cette peur, de la laisser prendre possession de vous. Peut-être vous mettrez-vous même à trembler, à transpirer, à étouffer. C'est très bien, c'est ce que vous recherchez : la peur *doit* vous envahir. Laissez-la grandir, s'installer. Ne vous opposez pas à elle, contentez-vous de l'observer, de noter sa croissance, sa diminution, les modifications qu'elle produit en vous. Vous pouvez avoir peur sans que rien de fâcheux ne vous arrive. La peur ne doit pas, ne peut pas vous empêcher d'agir, de faire ce que vous aviez prévu. Récitez-vous encore et encore la litanie contre la peur. La peur va vous traverser et, si vous ne la bloquez pas, elle finira par vous quitter. Tenez bon, ne déviez pas de la route que vous vous êtes tracée, du plan d'action que vous avez prévu. Efforcez-vous de maintenir ces images mentales dans votre esprit. Si vous parvenez à vivre votre peur jusqu'à la fin, si vous ne fuyez pas, alors vous l'aurez vaincue. Elle refluera lentement, s'étiolera, se fanera. La peur ne peut rien sur ceux à qui elle ne fait pas peur.

Mais tout le monde n'est pas phobique des chiens. Un phobique du métro s'imaginera, par exemple, après avoir vaillamment supporté de monter dans une rame, qu'en plus de cela on le bouscule, qu'une grosse dame antipathique le dévisage agressivement, qu'au moment où il veut descendre, une personne refuse de s'écarter et qu'il doit la pousser. Il imaginera aussi un peu plus tard (et là, il n'aura guère besoin de se forcer) qu'il commence à se sentir mal, qu'il craint de perdre connaissance, qu'il perd connaissance et tombe sur le sol, qu'on le ranime, qu'il se relève sous le regard de la foule, qu'il essuie son manteau, qu'il part honteux et tremblant. Honteux, tremblant, certes. Mais il descend à la station prévue et pas avant.

Si vous êtes un pur agoraphobe, vous imaginerez sans doute quelque chose comme ceci : « Je suis au bord de la place du Montparnasse. Je contemple tout l'espace que j'ai à traverser. Cela me paraît immense. Je commence à trembler et mes jambes sont comme du coton. Mais je ne recule pas. Je sais que cette sensation est due à ma peur. J'accepte cette peur mais je ne me laisse pas dominer par elle. Mes jambes me porteront si je le veux. Je peux traverser la place même en tremblant, même en ayant peur. Je me lance, j'avance. Si je me sens tomber, je tomberai et je me relèverai. Puis je continuerai à avancer. Je sens mon cœur qui bat très vite, j'ai la gorge sèche, la tête vide. Ma peur a maintenant atteint son maximum ; elle ne pourra pas monter plus haut. Je continue à avancer. Tout à coup, mes jambes se dérobent sous moi. Je ne m'empêche pas de tomber et me laisse glisser sur le sol. J'attends quelques secondes et je me relève. Des gens me regardent. Je suis terrorisé et, en plus, je me sens honteux. Rien de tout cela ne peut m'empêcher de traverser cette fichue place... »

Combien de temps doit durer chaque séance ? Si vous parvenez à tenir une heure, bravo ! Vous progresserez sans aucun doute très vite. Vous constaterez très probablement qu'après être montée au plus haut et s'y être maintenue pendant un certain temps, votre angoisse se met à décroître. De plus, à chaque nouvelle séance votre angoisse montera un peu moins haut et diminuera un peu plus vite !

Si vous ne parvenez pas à tenir durant des séances aussi longues, il est probable que votre angoisse se maintiendra alors toujours au même niveau. Ne vous en inquiétez pas. Les efforts que vous aurez faits seront loin d'être vains puisqu'ils vous permettront de vous habituer à ressentir de l'angoisse, à tolérer celle-ci.

Voilà, vous êtes maintenant capable de supporter d'avoir peur. Vous constatez que la peur est désagréable, pénible, mais pas mortelle. De séance en séance, votre peur amorce sa décrue. Vous serez bientôt prêt à affronter votre phobie, non plus en imagination mais en réalité.

Tableau n° 8

Je m'entraîne en imagination à affronter ma phobie

Je classe mes scénarios d'angoisse.

Pour chacune de mes phobies, j'imagine des situations de plus en plus angoissantes. Dans chaque situation, je suis actif et fais preuve de courage (le nombre de scénarios n'est pas limité. Plus j'en crée et plus l'entraînement sera progressif).

scénario à peine angoissant :

scénario moyennement angoissant :

scénario très angoissant :

scénario le plus angoissant que je puisse imaginer :

J'affronte chaque situation imaginaire avec courage.

Je commence par me relaxer. Puis j'imagine le premier de mes scénarios. Je le rends le plus vivant, le plus concret possible. Je le vis jusqu'au bout. Je ne m'empêche pas de ressentir la peur. Si j'ai très peur, je me récite mentalement ma prière ou ma « litanie contre la peur ». Malgré ma peur, je vais de l'avant, je me bats contre les autres ou contre moi-même.

Lorsque je parviens à supporter ma peur, j'attaque mon scénario suivant.

premier scénario :

nombre d'affrontements en imagination :

second scénario :

nombre d'affrontements en imagination :

troisième scénario :

nombre d'affrontements en imagination :

Pour ne pas abîmer votre livre, photocopiez ce tableau.

V. J'affronte ma phobie.

1) Je ne pars pas seul à la bataille.

Je me choisis des spectateurs.

L'histoire se passe durant la première guerre mondiale : « Dans l'obscurité et la confusion du bombardement, nous nous trouvâmes séparés. A ce moment-là, la peur, pour ne pas dire la panique, me saisit. Je suppose que le courage est essentiellement, et même en totalité, la conséquence de la vanité ou de l'orgueil. Quand quelqu'un est pris dans l'action — surtout quand il est responsable des hommes qu'il a sous ses ordres — le comportement adéquat et même des actes de bravoure font partie du spectacle. Chacun se déplace et se comporte comme le membre d'une équipe ou comme un acteur sur la scène. Mais maintenant c'était fini ; j'étais seul et personne ne me voyait. Je n'avais pas à sauver les apparences et j'avais peur [(25)]. »

Tous, autant que nous sommes, nous avons impérativement besoin d'un public pour nous montrer courageux. Il faut que quelqu'un soit là pour nous siffler quand nous sommes mauvais et applaudir quand nous faisons des prouesses. Quand le rideau tombe, le courage s'évanouit.

Vous allez livrer bataille contre vos phobies. Or, rien n'est plus difficile que de se battre dans l'anonymat absolu. Il vous faut des spectateurs, des gens qui, au courant de vos problèmes, sauront apprécier votre mérite à sa juste valeur. Ne croyez pas que je vous pousse à faire preuve d'une stupide vanité. Mais la présence d'un public est un ingrédient sinon indispensable, du moins fort recommandé quand on se prépare à faire acte de courage. Et c'est justement cela que vous comptez bientôt faire !

Mais nous avons vu précédemment que certains de

vos proches pourraient ne pas voir d'un très bon œil le fait que vous vous débarrassiez enfin de vos phobies. Soyez donc sélectifs dans le choix de vos spectateurs privilégiés. Une mère, un conjoint, un fils peuvent avoir des attitudes ambiguës et chercher à vous « casser le moral » plutôt que vous applaudir sincèrement. A défaut, un ou une amie, un parent, un médecin, des collègues peuvent se révéler des soutiens efficaces qui sauront vous encourager aux heures noires, quand vous voudrez tout abandonner.

Si la ou les personnes choisies vivent près de chez vous, arrangez-vous pour passer chaque jour un moment avec elles. Vous trouverez bien un moyen de les remercier pour leur aide et leur gentillesse.

Si les voir chaque jour est impossible, téléphonez. Si téléphoner est impossible, écrivez !

Je n'hésite pas à parler de mon problème phobique autour de moi.

La plupart des phobiques sont honteux de l'être et cachent soigneusement leur peur. Ils ont tort. Tout va tellement mieux quand on ose parler de ses difficultés !

Car vous avez sans doute l'impression que personne ne comprend votre problème. Et c'est parfaitement exact : personne ne comprend votre problème tant que vous ne l'avez pas expliqué ! Vos proches croient peut-être que tout cela ne procède que d'un manque de volonté, qu'il s'agit de paresse pure et simple, ou, s'ils ont la fibre intellectuelle, que votre phobie témoigne d'un désir refoulé dans votre inconscient.

Aussi, n'hésitez pas à donner des détails sur ce que vous ressentez, sur les efforts que vous faites pour vous en sortir, sur la difficulté de cette lutte. Vos proches peuvent vous être d'un grand secours si vous parvenez à les intéresser à vos efforts. Vos proches *doivent* vous être d'un grand secours.

Dans la situation phobique elle-même, n'hésitez pas à vous confier aux inconnus qui vous entourent. Si vous êtes phobique de l'avion, entamez la conversation avec votre voisin avant le décollage et annoncez-le lui. Il y a toutes les chances qu'il se montre compréhensif et vous déclare que lui-même ne se sent pas toujours très rassuré... Car en vous confiant aux autres, vous recueillerez aussi leurs propres confidences... et finirez par vous rendre compte que la plupart des gens ont, eux aussi, leurs petites terreurs cachées.

2) L'affrontement progressif.

Vous avez le choix entre deux stratégies : la méthode douce et la méthode dure. La méthode douce, c'est un affrontement progressif, une sorte de mithridatisation : on doit prendre du poison par petites doses croissantes pour s'immuniser contre lui. La méthode dure, c'est attaquer directement sa phobie, bille en tête.

Si, durant votre entraînement en imagination, vous avez pu tolérer des séances très longues, si vous supportez d'avoir peur sans paniquer, alors peut-être choisirez-vous la méthode dure, l'immersion. Vous gagnerez du temps.

Si, à l'inverse, vous avez opté pour des séances en imagination plus brèves, moins poussées, la méthode douce est faite pour vous.

Dans ce dernier cas, vous allez donc procéder par étapes successives. Commencez par des situations provoquant chez vous un niveau d'angoisse modéré, puis corsez lentement la difficulté.

Aidez-vous pour cela de la hiérarchie que vous avez élaborée précédemment. Notre phobique des chiens commencera donc par aller se promener dans des rues pleines de chiens, puis lorsqu'il en aura pris l'habitude et que cela ne lui fera plus peur, entrera dans un certain bar-tabac dont il sait que le propriétaire possède un chien-loup, un doberman ou un bouledogue.

Faut-il que, dans la réalité, notre phobique des chiens se fasse réellement attaquer par un chien ? Bien évidemment, non. Il suffit qu'il puisse à nouveau fréquenter les lieux publics où se trouvent des chiens et imaginer ce qu'il ferait si une telle éventualité (répétons-le, non pas impossible mais fort improbable) survenait. Bien entendu, notre phobique continuera à redouter qu'une telle chose se produise, mais il ne s'obnubilera plus sur cette éventualité. Il saura que si, malencontreusement, il se faisait attaquer, il ne resterait pas passif et lutterait avec courage.

Que se passe-t-il concrètement lorsque vous affrontez enfin une des situations que vous évitiez depuis si long-temps ? Votre première constatation sera probablement que, même si vous vous êtes consciencieusement entraîné en imagination, vous avez peur. Mais vous êtes désormais devenu capable d'avoir peur sans vous affoler.

D'ailleurs, vous connaissez maintenant très bien la marche à suivre : ne luttez pas contre cette peur, ne la bloquez pas, acceptez-la. Récitez-vous encore la litanie contre la peur. Laissez la peur vous envahir, vous traverser, puis vous quitter. Ne tentez pas de lui barrer la route. Vous savez que si vous ne fuyez pas, si vous tenez bon, si vous vivez votre peur jusqu'au bout, celle-ci ne pourra faire autrement que de refluer et vous abandonner.

Votre peur mettra un laps de temps compris entre un quart d'heure et quatre heures pour disparaître. Sachez prendre patience.

Supposons que vous ayez tenu le coup et qu'une bonne partie de votre peur se soit dissipée au bout de... disons une heure et demie. Vous êtes épuisé, mais content de vous : vous avez tenu bon. Etes-vous guéri ? Pas tout à fait. Le plus souvent, plusieurs séances seront nécessaires, mais, à chaque nouvelle épreuve, vous aurez le plaisir de constater que votre angoisse de départ est plus faible et qu'elle passe plus vite. N'est-ce pas encourageant ?

Lorsqu'une situation aura perdu pour vous son potentiel d'angoisse, vous pourrez alors passer à la situation suivante de votre hiérarchie.

En expérimentant ces sensations de peur de nombreuses fois, en les acceptant plutôt qu'en les repoussant, vous allez devenir de plus en plus imperméable à ces peurs. Elles vont cesser de vous tracasser. Le fait de devenir capable de les négliger vous évitera de les entretenir. La peur, privée de votre attention nourrissante et continuelle, va alors se dessécher. Tout cela demande un certain courage et une certaine détermination, mais là réside le salut.

Le plus souvent, ce sont les signes physiques de la peur qui disparaissent les premiers, tandis que la peur subjective persiste encore en vous. Ne vous impatientez pas. Rappelez-vous que, bien que ne soit pas agréable, vous pouvez supporter d'avoir peur.

Le plus important, en définitive, est de ne pas fuir, d'attendre stoïquement que votre peur veuille bien vous quitter. Si vous fuyez, vous aurez perdu votre combat. Mais, bien sûr, perdre une bataille, ce n'est pas perdre la guerre. Vous devrez alors recommencer votre entraînement en imagination puis affronter à nouveau votre phobie.

Tout cela peut vous paraître extrêmement dur, voire tout simplement impossible à mettre en pratique. Rappelez-vous que d'autres ont eu avant vous des problèmes similaires et qu'ils y sont parvenus. Pourquoi pas vous ?

3) L'immersion.

Certaines personnes préfèrent sauter carrément dans le bleu, sans préparation aucune. Mme A., une charmante vieille dame de 62 ans, veuve, agoraphobe depuis onze ans, était de celles-là. Elle n'avait plus quitté son domicile depuis onze ans. Heureusement — ou malheureusement, suivant la façon dont on examine les choses — elle disposait de voisins serviables qui allaient lui chercher sa pension au bureau de poste et lui faisaient ses courses. Mme A. occupait ses journées à faire des puzzles, à regarder la télévision et à écouter des disques.

L'un de ses enfants adoptifs, qui était maintenant marié et père de famille, vivait à une cinquantaine de kilomètres de là. Plusieurs fois déjà, il lui avait proposé de venir séjourner chez lui. Mais faire le voyage semblait tout à fait impossible à la vieille dame.

Toutefois, après le renouvellement de l'invitation, peut-être fait sur un ton plus ferme que d'habitude, Mme A. décida de faire un effort une bonne fois pour toutes. Elle planifia son voyage avec soin : un ami la prendrait avec lui dans sa fourgonnette à la porte de chez elle et la déposerait à la porte de son fils adoptif. Le trajet se passa sans aucun problème et, à sa grande surprise, sans angoisse particulière. Mme A., fort contente d'elle-même, s'installa donc chez ses hôtes et ne sortit pas plus de leur maison qu'elle ne sortait de la sienne.

Un beau jour, son fils lui annonça tout de go : « Maman, habille-toi, nous sortons faire des courses ». Mme A. ne discuta pas et s'exécuta. Aux courses, s'ajouta un repas au restaurant. Et tout se déroula sans anicroche ! Plusieurs sorties du même genre eurent lieu pendant le séjour d'une semaine de Mme A. et le fait qu'on l'accompagnât, qu'on l'encourageât fut sans aucun doute décisif.

Le vrai test survint lorque Mme A. décida de rentrer chez elle toute seule et par le car. Mme A. a relaté son périple par écrit : « Nous arrivâmes sur l'autoroute. C'était

Tableau n° 9

J'affronte ma phobie

Je me choisis des spectateurs.

Je choisis de préférence des personnes qui me soutiendront et m'encourageront sans réserve et qu'il m'est possible de voir facilement. Je leur raconterai ce que je fais pour lutter contre mes phobies.

Première personne choisie :

Seconde personne choisie :

J'ai choisi la méthode progressive :

Je commence par mon scénario le moins angoissant. Je ne m'empêche pas de ressentir la peur. Si j'ai très peur, je me récite mentalement ma prière ou la « litanie contre la peur ». Malgré ma peur, je vais de l'avant, je me bats. J'attends de n'avoir plus peur pour arrêter la confrontation. Je sais que cela mettra entre un quart d'heure et quatre heures.

Le lendemain ou le surlendemain, je recommence exactement la même confrontation. Et ainsi de suite jusqu'à ce que cette confrontation cesse de m'effrayer.

Lorsqu'un scénario ne m'effraie plus, je passe au scénario suivant.

premier scénario :

nombre d'affrontements en réalité :

second scénario :

nombre d'affrontements en réalité :

troisième scénario :

nombre d'affrontements en réalité :

J'ai choisi l'immersion :

Je m'immerge dans ma peur phobique. La confrontation durera le temps qu'il faudra, une demi-journée ou une journée entière. Jusqu'à ce que la peur me quitte. Je pratiquerai plusieurs séances d'immersion à des intervalles le plus rapprochés possible.

ma situation phobique :

nombre d'affrontements pratiqués :

Pour ne pas abîmer votre livre, photocopiez ce tableau.

la première fois que je voyais une autoroute. Le jour était morne et le paysage sans intérêt, mais je commençais à l'apprécier — regardant les arbres, les champs, et comprenant que ma peur allait en diminuant. En arrivant à la maison, je compris que j'avais surmonté la peur. Je ne puis décrire la joie que je ressentis. Sortir simplement sur le palier déclenchait en moi une terreur panique. C'était maintenant comme si je renaissais à la vie. Je peux sortir sans panique, prendre les bus et faire mes courses. » [16]

L'immersion consiste donc à affronter d'emblée l'objet de sa phobie et à rester face à lui pendant une longue période. Si notre phobique des chiens de tout à l'heure choisit la méthode de l'immersion, il pourra, par exemple, s'en aller passer une journée entière dans un centre de dressage pour chiens. Sa peur sera au départ très intense, puis elle se mettra probablement à décroître et à refluer lentement. Il est aussi possible que notre homme s'aperçoive que son angoisse monte bien moins haut que ce à quoi il s'attendait. A la fin de la journée, il est probable qu'il trouve même certains chiens sympathiques. Durant quelques semaines, il retournera régulièrement faire un tour au centre de dressage, pour consolider son acquis. A chaque visite, il constatera que sa peur revient, mais qu'elle est plus faible que la fois précédente.

A chaque phobique, son objet de terreur : le phobique du métro pourra, quant à lui, décider d'aller passer une demi-journée dans les sous-sols. Quand l'ennui commencera à l'emporter sur la peur, ce sera le signe qu'il approche de la guérison.

4) Encore quelques précisions.

Jusqu'où puis-je aller dans la guérison ?

Cela dépend de la profondeur de vos troubles ainsi que de votre personnalité. Certains voudront à tout prix aller jusqu'au bout de leur liberté, tel cet ancien phobique de l'avion qui, enfin libéré de ses peurs, décida de faire le tour du monde ! D'autres, ayant recouvré seulement en partie leur autonomie, préféreront néanmoins s'en tenir là. Par exemple, bien des agoraphobes, contents de se débarrasser de leurs peurs les plus gênantes préfèrent malgré tout garder une certaine dépendance vis-à-vis de leurs proches. Et après tout, si ceux qui vivent avec eux sont d'accord, c'est parfaitement leur droit. A chacun de trouver l'équilibre qui le satisfait.

Faut-il vraiment en passer par là ?

Tout ce que je viens de vous dire vous déçoit profondément. Vous vous attendiez à une méthode simple, indolore, du genre « Comment devenir riche, beau et intelligent sans se fatiguer » ou « Comment acquérir une mémoire prodigieuse en dormant ».

Je suis sincèrement désolé. Si une telle méthode existait, soyez assuré que je vous en ferais part. Si quelqu'un la découvre, n'en doutez pas, je vous en avertirai immédiatement.

En attendant, il va falloir que vous y mettiez du vôtre pour vous en sortir. La phobie est « votre » affaire. Et tout dépend de la quantité d'énergie que vous êtes prêt à dépenser pour vous en sortir.

Personne ne me comprend, vous pas plus que les autres !

Si les efforts à faire vous paraissent trop grands, vous pouvez être tenté de vous réfugier dans un discours du genre : « Vous ne comprenez pas mon problème, et d'ailleurs personne ne me comprend ». Vous vous enfermez alors dans une position de martyr, qui peut avoir ses avantages. Bien entendu, vous êtes en train de bondir d'indignation en lisant ces lignes : vous espériez qu'il y aurait au moins quelqu'un, quelque part, pour s'apitoyer sur votre malheureux sort. Evidemment, l'auteur a beau jeu : on voit bien que ce n'est pas lui qui souffre !

Tout compte fait, si je consultais plutôt un spécialiste ?

Si vous ne vous sentez pas très sûr de vous, c'est assurément la meilleure chose à faire. Mais ne vous leurrez pas : un professionnel ne vous aidera que si vous êtes prêt à vous aider vous-même. Vous ne pouvez pas demander à quelqu'un d'autre de vous prendre en charge sans accepter de faire vous-même un effort. On ne peut traîner un corps mort qui ne coopère pas. En définitive, quelle que soit la méthode que vous choisissiez, vous et vous seul pouvez faire en sorte que votre guérison devienne une réalité.

Le résultat est-il durable ? Ne vais-je pas rechuter ?

La guérison de votre phobie durera probablement ce que durent les choses en ce bas monde : un certain temps. Cela signifie-t-il que vous allez rechuter ? Peut-être... Mais c'est beaucoup moins grave que vous ne croyez.

Lorsqu'un ex-phobique perd un être cher, change de travail ou de région, se marie, a des enfants ou doit assumer le départ de ceux-ci, bref, lorsqu'il est soumis à des stresses importants, il peut arriver que ses anciennes terreurs refassent surface. Une chaîne casse, en effet, toujours au niveau de son maillon le plus faible et le point de fragilité d'un ancien phobique restera sa phobie. Cette dernière peut, en quelque sorte, être considérée comme un baromètre : si vos peurs phobiques se font à nouveau sentir, c'est donc que quelque chose ne va pas, que vous subissez, peut-être sans bien vous en rendre compte, les assauts du stress.

La plupart du temps, les choses rentrent rapidement dans l'ordre dès que le niveau de stress diminue. Et si les choses ne s'apaisent pas assez vite à votre gré, vous savez comment vous y prendre pour vous débarrasser de ces peurs inutiles : ce qui a marché une première fois marchera tout aussi bien la seconde. Mieux même, car désormais, ces phobies, vous les connaissez par cœur. Elles ne vous font plus peur.

VI. Conseils spécifiques en fonction de mon type de peur.

1) Conseils aux agoraphobes et aux claustrophobes.

Plus une phobie est complexe et variée, et plus il faut d'efforts et de ténacité pour s'en sortir. Et l'agoraphobie est sans aucun doute la phobie la plus multiforme…

Mais cela ne doit pas vous décourager : il vous faudra un peu plus de temps pour vous en sortir que si vous souffriez d'une banale phobie des chats ou des souris, voilà tout ! Plusieurs mois, sans doute. Alors, autant commencer le plus rapidement possible…

Qu'aurez-vous à faire ? Oh ! vous le savez bien ! Il vous faudra sortir de votre petit cocon, affronter la foule des grands magasins, des rues commerçantes, des transports en commun, des restaurants, des cinémas, oser conduire votre voiture, même dans les tunnels, même dans les embouteillages, même sur les autoroutes… Il vous faudra prendre le train ou l'avion, il vous faudra bouger.

Quand vous serez dehors, avec le vide tout autour de vous, l'infini du ciel en haut, une immense avenue ou une place géante devant vous, derrière vous, autour de vous, ne vous laissez pas aller au vertige. Cherchez quelque chose sur lequel vous pourrez appuyer votre regard. Ce pourra être le mur d'un immeuble, un arbre, ou tout simplement un morceau de chaussée à quelques mètres devant vous. En voiture, fixez votre attention sur le véhicule qui vous précède.

Les claustrophobes, qui craignent toujours de manquer d'air, doivent travailler leur respiration. Si vous êtes dans ce cas, intéressez-vous plus particulièrement aux exercices de relaxation respiratoire page 236 et pratiquez-les en situation.

Les phobiques des ascenseurs et autres lieux publics

plus ou moins étriqués auront intérêt à examiner de près leurs scénarios de catastrophe (inachevés, pour la plupart) généralement d'une grande richesse. L'ascenseur tombe en panne entre deux étages, vous laissant aux prises avec un affreux sadique pendant de longues minutes (heures, journées, siècles...), le câble lâche et vous vous écrasez sur le béton sale (vous mourez et, en plus, vous vous mettez du cambouis partout). Quant aux salles de spectacle, aux restaurants et ô summum de l'horreur ! aux interminables couloirs de métro, alors là, vous vous déchaînez : on vous agresse, on vous vole, on vous viole, on vous brûle, on vous noie et, surtout, on vous étouffe.

Vous devez accepter l'éventualité qu'une telle chose (improbable, très improbable...) arrive. Il vous faut courir le risque. Complétez votre scénario de catastrophe en imaginant que vous vous battez de toutes vos forces, comme un lion (une tigresse) contre vos agresseurs ou contre la foule qui vous enserre. Si vos fantasmes concernent une situation dans laquelle il n'y a rien que l'on puisse faire (le câble de votre ascenseur lâche...), imaginez que vous poussez un cri terrible, comme vous n'en n'avez jamais poussé.

Quand vous en êtes au stade de l'affrontement concret de votre phobie, osez requérir l'aide de votre famille ou de vos amis. Cette fois-ci, ce n'est pas pour éviter les situations phobiques ; c'est, au contraire, pour la bonne cause ! Lorsque vous en serez à affronter dans la réalité votre agoraphobie, commencez accompagné puis augmentez progressivement la distance qui vous sépare de vos accompagnateurs.

Dès que vous avez progressé dans un domaine particulier, profitez-en pour rattraper le temps perdu et vous octroyer ce dont vous vous priviez depuis si longtemps en raison de votre phobie. Par exemple, si vous vous sentez désormais capable de vous laisser enfermer dans une salle de cinéma, allez vite voir tous les films qui vous feront plaisir.

2) Conseils aux phobiques sociaux.

Vous bégayez, vous tremblez, vous ne savez plus votre texte, vous posez des questions idiotes, vous rougissez, vous avez un drôle de regard ? Et alors ? Tout le monde a les yeux braqués sur vous ? Vous m'en direz tant... Les phobiques sociaux, habitués du trac, des trous de mémoire et des bredouillements, les éreuthophobes, les phobiques du regard, les phobiques des toilettes, les phobiques de boire et manger en public, ceux qui ne peuvent plus écrire ou coudre si on les regarde, tous ceux-ci doivent, s'ils veulent s'en sortir, apprendre à tolérer qu'on les regarde, qu'on les scrute, qu'on les dévisage.

Le but à viser n'est pas de ne pas trembler, de ne pas rougir ou de ne pas bégayer. Non, ce à quoi vous devez arriver, c'est faire ce que vous avez à faire, dire ce que vous avez à dire, même en tremblant, même en rougissant et même en bégayant.

Une façon de procéder est d'avertir votre ou vos interlocuteurs de votre trouble, de votre gêne.

L'éreuthophobe annoncera : « Je dois vous prévenir que je rougis très facilement. Mais, quoi qu'il en soit, il me faut vous dire ceci... » Celui qui a le trac dira : « Bien que je ne sois pas à mon aise quand je dois prendre la parole en public, cela ne m'empêchera pas de vous dire... » ou bien « Je ne sais pas si ce que je dis a le moindre intérêt, mais... » Le phobique des toilettes clamera : « Je ne vais jamais aux toilettes ailleurs que chez moi, mais il me faut y aller maintenant. Pouvez-vous m'indiquer... » La personne ayant une crampe de l'écrivain précisera d'emblée : « J'ai habituellement du mal à écrire si on me regarde. Mais, quoi qu'il en soit, j'écrirai tout de même ceci sur cette feuille... »

Après avoir beaucoup bégayé, rougi ou tremblé, on conclura par quelques mots qui montrent que l'on prend du recul par rapport à son propre trouble, qu'on l'assume entièrement : « Ah, vous voyez, je suis rouge comme une pivoine ! (ou je bégaie sans arrêt, ou je tremble comme une feuille !) »

Vous l'avez compris, si vous faites tout cela directement, il s'agit d'une forme d'immersion. Mais vous pouvez aussi vous y entraîner en imagination et affronter ces situations graduellement. Autorisez-vous à rougir, à trembler et à être mal à l'aise, autorisez-vous à avoir un regard bizarre. Autorisez-vous à provoquer chez les autres une drôle d'impression. Les autres s'en remettront, et vous aussi.

L'idée selon laquelle votre trouble serait honteux ou risible n'existe nulle part ailleurs que dans votre tête. C'est essentiellement vous, qui, par votre crainte des réactions de l'interlocuteur, conduisez celui-ci à verser dans la moquerie ou la pitié. Assumez votre particularité, et personne ne bronchera.

Si vous parvenez à accepter qu'on vous regarde vous débattre dans vos maladresses, vous aurez la surprise de constater que vous vous montrez de moins en moins mal à l'aise, de moins en moins maladroit.

Mais il est aussi fort possible que tout cela vous paraisse totalement impossible à mettre en pratique. Le mieux est que vous fassiez alors appel à un professionnel qui, par exemple par l'apprentissage de la relaxation, par la désensibilisation systématique, par l'affirmation de soi ainsi que par l'utilisation de techniques comme la rétroaction biologique, vous aidera à progresser.

3) Conseils aux phobiques d'avaler ou de déglutir.

Si ce qui vous fait peur, c'est qu'on vous regarde déglutir, voyez plus haut. Si votre peur est la peur d'étouffer, le mieux est de procéder par habituation progressive. Critiquez votre principal fantasme, celui de mourir étouffé : supposons qu'une bouchée se coince effectivement dans votre gorge, que se passerait-il *vraiment ?* Renseignez-vous, par exemple, auprès d'un médecin. En imagination, vous tenterez de vivre cet étouffement, vous tenterez d'imaginer ce que vous faites : malgré votre frayeur intense, vous ne perdez pas l'esprit. Vous plongez deux doigts dans votre gorge et vous retirez l'aliment. En imagination, puis en réalité, vous avalerez des aliments de plus en plus consistants, des bouchées de plus en plus grosses. Jusqu'à ce que vous puissiez manger à nouveau tout ce qui vous fera plaisir.

4) Conseils aux phobiques d'animaux.

Certains animaux ne constituent pas un danger pour l'homme. C'est le cas des pigeons, des poules, des souris blanches ou des chats. On devrait pouvoir les approcher et les toucher sans restriction ou presque. D'autres peuvent, éventuellement, se révéler dangereux : ce sera le cas de chiens que l'on ne connaît pas, de serpents d'espèce indéterminée, d'insectes capable de piquer à l'occasion. Pour ceux-là, il s'agit de connaître la conduite à tenir vis-à-vis d'eux. Une certaine peur est normale. Le tout est qu'elle soit en proportion du danger effectivement couru.

Commencez par vous renseigner sur la façon dont on doit s'y prendre avec ces animaux. Comment tient-on un serpent ? Que doit-on faire si on en rencontre un dans un bois ? Que faire si on est mordu ?

Sous relaxation, vous vous entraînerez à mettre ces comportements en pratique. Puis vous passerez à la réalité. Vous irez peut-être voir des serpents au zoo ; vous prendrez éventuellement contact avec le possesseur d'un animal qui vous montrera comment vous comporter avec son protégé.

Vous aurez peur, bien sûr. Mais vous serez le seul à le savoir : ne le montrez pas à l'animal en question.

5) Conseils aux phobiques des transports.

Dans certains cas, il est parfaitement possible de se guérir d'une phobie de l'avion en prenant un aller-retour pour New York, les Antilles ou Dakar, voire Brest ou Nice.

Dans certains cas, mais pas toujours. Tout d'abord parce qu'il ne s'agira pas d'une véritable immersion : ce que craignent la plupart des gens, c'est surtout le moment du décollage et de l'atterrissage. Une immersion consisterait donc à décoller et atterrir sans discontinuer, ce qui n'est pas conforme à la réglementation des aéroports. Ensuite, l'imagination joue un rôle prépondérant dans la plupart des phobies de l'avion, probablement parce qu'il s'agit d'une situation de passivité par excellence. Puisque, durant un vol, on vous demande surtout de ne rien faire, vous n'aurez que trop le temps d'imaginer les pires catastrophes.

En toute logique, il vous faut donc faire la part belle à votre imagination dans le traitement aussi. Vous devrez donc apprendre à vivre avec votre peur, à l'accepter en imagination, puis, pour finir, en réalité. Peu à peu, cette peur se dissoudra, reviendra à de justes proportions et ne consistera plus alors qu'en un pincement de cœur lors des manœuvres de pilotage. Les catastrophes aériennes ? Vous devez accepter d'avoir peur si une catastrophe a lieu dans l'avion où vous vous trouvez. Il est tout à fait normal d'avoir peur dans de telles circonstances. De même, il est tout à fait normal d'en redouter l'éventualité. Ce qui est anormal, c'est de jouer avec cette idée en permanence.

6) Conseils aux acrophobes.

Montez de plus en plus haut. En imagination tout d'abord, en réalité ensuite. Quand vous êtes en haut et que vous regardez en bas, accrochez votre regard à un point précis, un point stable qui vous servira de support, de point d'ancrage. Puis reportez votre regard sur un autre point, cette fois-ci tout à côté de vous : examinez la rambarde ou un point du sol, près de vos pieds. Pour le reste, lisez attentivement les conseils aux agoraphobes. Ils vous concernent.

7) Conseils aux phobiques d'impulsion.

Si vous avez peur de tuer votre enfant avec un couteau ou de pousser un inconnu sous les roues du métro, habituez-vous en imagination, puis en réalité, à être près du petit dernier tout en découpant une volaille ou à vous tenir sur un quai sans pousser personne. Si vous n'avez pas absolument confiance en vous, commencez en présence d'une tierce personne. Mais rappelez-vous : vous n'êtes pas le genre de personne qui passe à l'acte. Si vous ne me croyez pas sur parole, demandez l'avis d'un médecin, d'un psychologue ou d'un psychiatre.

8) Conseils aux phobiques des dentistes.

Les phobiques des dentistes sont, la plupart du temps, des phobiques de la douleur. Si tel est votre cas, ne vous dites surtout pas que vous n'aurez pas mal. Tout au contraire, imaginez sous relaxation que l'homme de l'art vous torture sans scrupule, à l'ancienne. Vous aurez mal, très mal, mais vous ne fuirez pas et resterez stoïque, jusqu'au bout, sur le fauteuil dentaire. De même que vous êtes capable de tolérer la peur sans vous effondrer, vous êtes parfaitement capable d'endurer la douleur. Vous serez plus fort qu'elle si vous ne fuyez pas. Préparez-vous à tout cela sous relaxation. La réalité vous paraîtra ensuite bien légère, en comparaison de ce que vous imaginez.

9) Conseils aux phobiques de la mort et des maladies.

Vous allez mourir. Moi aussi. Vous avez peur. Moi aussi. Mais, contrairement à vous, je n'y pense pas en permanence. L'embêtant avec vous, ce n'est pas que vous ayez peur d'avoir le cancer ou de trépasser, c'est que vous ne pensez plus qu'à cela. Il vous faut donc vous arrêter de penser. Plus facile à dire qu'à faire, direz-vous. Mais il existe une méthode comportementale qui donne des résultats appréciables et qui s'appelle l'arrêt de la pensée (voir page 189).

Je ne vous conseille pas de vous y essayer seul. Consultez plutôt un thérapeute comportementaliste.

10) Conseils aux dysmorphophobes.

Vous auriez souhaité être plus beau, ne pas voir le menton ou le nez que vous avez, mais quelque chose de plus court, de plus long, de moins étroit... De mieux, quoi.

Deux solutions s'offrent à vous. La première est de

vous efforcer de modifier vous-même votre morphologie en maigrissant et en vous musclant (s'il s'agit, par exemple, d'un problème pondéral) ou de faire modifier certains détails par votre chirurgien esthétique préféré.

Mais, attention : la chirurgie esthétique ne vaut que pour un ou deux détails mineurs. Si vous estimez que tout ou presque est à refaire...

Justement, si vous estimez que tout ou presque est à refaire, mieux vaut alors opter pour la seconde solution, qui consiste à vous habituer à vivre dans votre corps tel qu'il est.

Ne cherchez pas à vous dire que vous n'êtes pas si mal que ça, malgré tout et en définitive, comme chacun ne cesse de vous le seriner. Non, prenez le contre-pied de ce discours auquel, de toute façon, vous ne croyez pas. Vous êtes laid, vous êtes mal foutu. Maintenant il s'agit de vous habituer à vivre avec cette idée. Car il est parfaitement possible de penser une telle chose et de vaquer à ses occupations malgré tout. Travaillez cette idée sous relaxation et en imagination. Préparez-vous à souffrir, car c'est loin d'être une idée agréable. Mais vous pouvez vous y habituer, vous pouvez survivre à cela.

Et l'affrontement de ma phobie sur le plan concret, comment le pratiquer ? vous demandez-vous sans doute. Ce qu'il vous faudra affronter, c'est votre propre reflet dans le miroir, nu si vous avez opté pour l'immersion, de plus en plus déshabillé si vous avez choisi la méthode douce. Ne restez pas immobile. Ne cherchez pas à prendre des poses avantageuses. Faites au contraire un effort volontaire pour vous enlaidir encore plus en exagérant votre obésité, votre maigreur, votre nez crochu ou vos oreilles en feuilles de chou. Faites des séances longues, très longues. Ne fuyez pas votre image. Peu à peu, vous vous ferez à l'idée que vous êtes comme vous êtes.

11) Conseils aux phobiques de certains aliments.

Que vous dire que vous ne sachiez déjà ? Il s'agit, bien sûr, de s'habituer à tel ou tel aliment en imagination, puis de le déguster en réalité. Cela n'a d'intérêt que si ne pas pouvoir manger l'aliment en question représente pour vous un réel handicap.

12) Conseils aux superstitieux.

Il en va de même ici. Etre superstitieux ne constitue, en règle générale, qu'un handicap fort minime. Si la gêne est importante, commencez par affronter votre peur superstitieuse en imagination, puis défiez le destin en passant sous les échelles, en brisant des miroirs ou en croisant des multitudes de chats noirs. Vous verrez bien ensuite qui de nous deux avait raison.

Conclusion.

Que faut-il retenir de tout cela ? Tout d'abord que l'angoisse et la peur sont notre lot à tous. Il est naturel que dans une situation de danger, nous manifestions de la crainte. Il est normal que nous paniquions quand notre imagination dérape et engendre des scénarios monstrueux. Après tout, ne sommes-nous pas bâtis pour ressentir toutes sortes de sentiments et d'émotions ? Nous ne pouvons pas vivre en permanence dans la joie et le bonheur. Parfois nous sommes tristes, parfois nous sommes en colère, d'autres fois encore, nous avons peur.

D'ailleurs, tout n'est pas négatif dans la peur, loin de là : elle est un indispensable stimulant qui nous pousse à nous battre, qui nous évite de sombrer dans une molle torpeur. Chaque situation de stress que nous surmontons nous permet de progresser, nous rend plus fort, plus apte à maîtriser la difficulté suivante.

Mais, comme de tout chose, point trop n'en faut : trop de peur et c'est la paralysie, la fuite, la débandade.

Quand on en est là, quand notre réaction est trop intense, hors de proportion avec ce qui la déclenche, quand on se met à craindre des situations, des objets, des personnes, des idées qui, objectivement, n'ont guère de raison d'éveiller une telle crainte, alors, que faire ?

Nous avons vu que la fuite systématique conduisait à renforcer la peur phobique : plus on fuit, et plus on a peur. L'on se transforme peu à peu en une sorte de petit lapin frileux, prêt à détaler au moindre bruit.

Les chantres du volontarisme auraient-ils donc raison ? Faudrait-il toujours faire face coûte que coûte ? En d'autres termes, les phobiques seraient-ils des sujets manquant tout bonnement de volonté et ne méritant pour tout traitement qu'un bon coup de pied dans le derrière, agrémenté, si cela ne suffit pas, d'une grande claque dans le dos pour les propulser en avant ?

Certainement pas ! Nous avons vu qu'affronter sa phobie sans préparation risquait d'aggraver celle-ci par un processus de sensibilisation.

Alors, quelle est donc la bonne attitude, celle qui permet de se sortir au plus vite de l'impasse phobique ?

Elle pourrait se résumer à cela : le phobique, pour se guérir de sa peur, devra tôt ou tard affronter concrètement sa phobie. Mais auparavant, il aura du se préparer psychologiquement à ce corps à corps, s'entraîner, devenir plus fort, acquérir une nouvelle vision des choses. Ce cheminement, il pourra le faire seul, ou bien, s'il ne s'en sent pas capable, avec l'aide d'un thérapeute.

Pour beaucoup, le pas décisif consistera à percevoir que ressentir de la peur est moins grave qu'ils ne le croient. C'est paradoxalement quand ils acceptent de vivre leur peur, de l'assumer, quand ils cessent d'avoir peur de leur propre peur, que les phobiques cessent de l'être.

La grande voie n'a pas de porte
Des milliers de routes y débouchent
Celui qui franchit cette porte sans porte
Marche librement entre le Ciel et la Terre.

(Myamoto Musachi, « le Traité des cinq roues »)

Table alphabétique des phobies

angine de poitrine (phobie de l')	**anginophobie**
animaux (phobie des)	**zoophobie**
anomalie anatomique (phobie d'une)	**dysmorphophobie**
araignées (phobie des)	**arachnophobie**
armes blanches (phobie des)	**machairophobie**
avion (phobie des voyages en)	**aérodromophobie**
bacilles (phobies des)	**bacillophobie**
bicyclettes (phobies des)	**bitrochosophobie**
blennorhagie (phobie de la)	**gonoccophobie**
cancer (phobie du)	**cancérophobie**
chats (phobie des)	**ailourophobie**
chiens (phobie des)	**cynophobie**
cœur (phobie des maladies de)	**cardiophobie**
constipation (phobie de la)	**apopathodiaphulatophobie**
courants d'air (phobie des)	**aérophobie**
debout (phobie d'avoir à rester)	**stasophobie**
défécation (phobie des excréments ou d'être pris du besoin de déféquer)	**apopathophobie**
dents (phobie des atteintes des)	**odontophobie**
douleur (phobie de la)	**algophobie**
eau (phobie de l')	**hydrophobie**
éclairs (phobie des)	**astrapéphobie**
écrire (phobie de devoir)	**graphophobie**
enterré vivant (phobie d'être)	**taphophobie**
épidémies (phobie des)	**épidémiophobie**
épingles (phobie des)	**bélonéphobie**
espaces découverts (phobie des)	**agoraphobie**
espaces fermés et étroits (phobie des)	**claustrophobie**
étrangers (phobie des)	**xénophobie**

femmes (phobie des)	**gynéphobie**
feu (phobie du)	**pyrophobie**
fonctionnement corporel (phobie d'une anomalie du)	**physiophobie**
fou (phobie de devenir)	**psychopathophobie**
foules (phobie des)	**ochlophobie**
fruits (phobie des)	**carpophobie**
habiller (phobie de devoir s')	**enduophobie**
hauteurs (phobie des)	**acrophobie**
hommes (phobie des)	**anthropophobie**
huile (phobie de l')	**élaionophobie**
hystérie (phobie de l')	**hystérophobie**
insomnie (phobie de l')	**aupniaphobie**
langue (phobie des maladies de la)	**glossophobie**
légumes (phobie des)	**lachanophobie**
lieux géographiques (phobie des)	**topophobie**
maisons (phobie des)	**oicophobie**
maladies (phobie des)	**nosophobie**
maniaque (phobie de devenir)	**maniphobie**
marcher (phobie de devoir)	**basophobie**
médicaments (phobie des)	**pharmacophobie**
mer (phobie de la)	**thalassophobie**
métaux (phobie des)	**métallophobie**
microbes (phobie des)	**microbiophobie**
mort (phobie de la)	**thanatophobie**
nouveauté (phobie de la)	**kainotêtophobie**
nuit (phobie de la)	**nyctophobie**
obscurité (phobie de l')	**kénophobie**
océans (phobie des)	**thalassophobie**
odeurs (phobie de répandre de mauvaises)	**autodysosmophobie**
oiseaux (phobie des)	**ornithophobie**
orages, tempêtes (phobie des)	**cheimophobie**

page blanche (phobie de la)	**leucoselophobie**
parasites (phobie des parasites de la peau)	**acarophobie**
parler (phobie de devoir) ...	**logophobie**
peau (phobie des maladies de)	**dermatophobie**
pente, montagnes (phobie des lieux en)	**orophobie**
peur de la peur	**phobophobie**
poils (phobie des)	**trichophobie**
pointes (phobie des objets pointus)	**achmophobie**
poisons (phobie des)	**toxicophobie**
poupées (phobie des)	**koréphobie**
poussières (phobie des)	**myxophobie**
précipices (phobie des)	**cremnophobie**
prononcer un nom ou un mot (phobie d'entendre)	**onomatophobie**
rage (phobie de la)	**lyssophobie**
regard (phobie du regard d'autrui)	**blemmophobie**
rivières (phobie des)	**potamophobie**
rougir en public (phobie de)	**éreuthophobie**
saleté (phobie de la)	**rupophobie**
sang (phobie du)	**hématophobie**
sexualité (phobie des rapports sexuels et de la)	**pornophobie**
signer (phobie de devoir) ...	**autographophobie**
sommeil (phobie du)	**hypnophobie**
souris (phobie des)	**musophobie**
sous-sols, grottes (phobie des)	**spélaionophobie**
spermatorrhée (phobie de la)	**spermatorrhéophobie**
sucre (phobie du)	**saccharophobie**
suicide (phobie du)	**autocheirothanatophobie**
syphilis (phobie de la)	**syphiliphobie**
téléphone (phobie du)	**téléphonophobie**
terre (phobie du contact avec de la)	**géophobie**
tonnerre (phobie du)	**bronthémophobie**
tout (phobie de)	**pantophobie**

train (phobie des voyages en) **sidérodromophobie**
transpiration (phobie de la) . **diapnophobie**
treize à table (phobie d'être) **triskaidekaphobie**
tuberculose (phobie de la) . . **phtisiophobie**
tuer (phobie de) . . . . **phonéophobie**

uriner (phobie d'être pris par l'envie d') . . . . **urinophobie**

vent (phobie du) . . . . **anémophobie**
verre (phobie du) . . . . **hyalophobie**
viande (phobie de la) . . . . . . **créatophobie**
vide (phobie du) . . . . **clinophobie**

Bibliographie.

1. Agras, Sylvester, Oliveau : *The Epidemiology of common Fears and Phobias.* Compr. Psychiatry, 1969, 10, 151-156.

2. Alain : *Propos sur le bonheur.* Gallimard, Paris 1928 et NRF Idées 1967.

3. Alexander George : *The Chinese Communist Army in Action,* 1967. Cité par Rachman (33)

4. Barker C. Edward. *Nerves and their Cure.* Allen and Unwin. Londres.

5. Berg I., Nichols K., Pritchard C. : *School Phobia, its Classification and Relationship to Dependency.* Journal of Child Psychol. and Psychiat. 1969, 10, 123-141.

6. Berkun, Bialek, Karn et Yagi : *Experimental Studies of psychological stress in man.* Psychological monographs, 1962, 76, 15, N° 534.

7. Burns L.E., Thorpe G.L. : *Fears and clinical phobias : epidemiological aspects and the national survey of agoraphobics.* Journal of intern. Medical Research, 5, 132-139, 1977.

8. Cottraux J. : *l'Agoraphobie par Westphall* (1871) *ou la place des angoisses revisitée.* Synapse, 11 3-1985. p. 26-27.

9. Dollard J. : *Fear in Battle,* 1944. Cité par Rachman (33).

10. *DSM III : Manuel diagnostique et statistique des troubles mentaux.* Masson, Paris 1983.

11. Easterbrook J.A. : *The effect of emotion on the utilization and the organization of behaviour.* Psychological review, 1959, 66, 183-201.

12. Eibl-Eibesfeldt Irenäus : *l'Homme programmé,* 1976, Flammarion, Paris.

13. Eisenberg L. : *School phobia : a study in the*

communication of anxiety. American J. of Psychiatry, 1958, 11, 712-718.

14. Emmelkamp P. M. G., Kuipers A. : *Agoraphobia : a fellow up study four years after treatment.* British J. of Psychiatry, 1979, 134, 352-355.

15. Fontaine-Delmotte et Van Bogaert-Titeca E. : *Études de deux cas complexes de phobies : phobie du téléphone et phobie d'impulsion.* In Cliniques de Thérapie Comportementale. O. Fontaine, J. Cottraux, R. Ladouceur. Pierre Mardaga Éditeur, Bruxelles 1984.

16. Frampton Muriel : *Agoraphobia, Coping with the the World Outside.* Turnstone Press Lt. Wellingborough, Grande-Bretagne. 1984.

17. Freud Sigmund. *Analyse d'une phobie chez un petit garçon de cinq ans. In Cinq psychanalyses.* PUF, Paris, 1971.

18. Goldstein Alan, *Case Conference, Some aspects of agoraphobia,* J. of Behaviour therapy and Experimental Psychiatry, Vol. I, 1970.

19. Grinker R. et Spiegel J. : *Men under Stress,* 1945.

20. Korchin S. ; Ruff G. in G. Grosser et al. : *The Threat of Impending Disaster,* 1964.

21. Lader M., Mathews A.M. : *A physiological model of phobic anxiety and desensitization.* Behaviour Research and Therapy, 1968, 6, 411-421.

22. Le Camus : *Des Aversions,* 1769.

23. Lindsay P., Norman D. : *Traitement de l'information et comportement humain.* Éditions Études Vivantes. Montréal, 1980.

24. Locke John : *Concerning Human Understanding.*

25. MacMillan H. : *Winds of Change,* 1966. Cité par Rachman (33).

26. Mandler G. : *Mind and emotion,* New York ; Wiley, 1975.

27. Marks I., Boulougouris J., Marset : *Flooding versus desensitization in the treatment of phobic patients : a cross over study.* British J. of Psychiatry, 1971, 119, 353-375.

28. Mazel J.B. et Ferrand I. : *les États phobiques.* Encyclopédie Médico-Chirurgicale, Psychiatrie, 1983.

29. Munby M., Johnston D.W. : *Agoraphobia : the*

long term follow-up of behavioural treatment. British J. of Psychiatry, 1980, 137, 418-427.

30. Panter-Downes Mollie : *London War notes,* 1971. Cité par Rachman (33).

31. Perrier François : *Phobies et hystérie d'angoisse.* Psychanalyse, 2, PUF, 1956.

32. Pitres et Régis : *les Obsessions et les impulsions,* Doin, Paris, 1902.

33. Rachman S.J. : *Fear and Courage.* Freeman and Co Eds. San Francisco, 1980.

34. Roge B., Gosalvez C. : *les Phobies scolaires,* in Cliniques de thérapie comportementale. O. Fontaine, J. Cottraux, R. Ladouceur, Pierre Margada Éditeur, Bruxelles 1984.

35. Seligman M. : *The Biological Boundaries of Learning.* Seligman M. and Hager J. Eds, 1972.

36. Shafar S. : *Aspects of phobic illness, a study of 90 personal cases.* British Journal of Medical Psychology, 49, 221-236, 1976.

37. Sheean D.V. : *Panic attacks and phobias.* The New England Journal of Medicine, 1982, July 15, 156-158.

38. Shils E. et M. Janowitz, *Public Opinion Quarterly,* 12, 1948.

39. Stouffer S. et al. : *The American Soldier,* 1949. Cité par Rachman (33).

40. Vernon Philip. Journal of Abnormal and Social Psychology, 36, 1941.

41. Watson J., Rayner R. Journal of Experimental Psychology, 3, 1920.

42. Watzlawick P., J. Weakland et R. Fisch : *Changements, paradoxes et psychothérapie.* Seuil, 1975.

43. Westphal. : *Die Agoraphobie,* 1872.

44. Wolpe J. : *The Practice of Behaviour Therapy,* Pergamon Press, N.Y.

Le lecteur désireux d'en savoir plus sur les thérapies comportementales pourra lire :

— du même auteur : *Apprendre à changer,* Éditions R. Laffont. Paris, 1980.

— Cottraux J. : *les Thérapies comportementales, stratégies du changement,* Masson, Paris, 1979.

— Fontaine, Cottraux et Ladouceur : *Cliniques de thérapie comportementale*. Mardaga Éditeur. Bruxelles, 1984.

Le premier ouvrage est destiné au grand public. Les deux derniers intéresseront les professionnels.

Quelques adresses utiles

• **Association française de thérapie comportementale (A.F.T.C.),**
secrétariat : centre hospitalier, 94190 Villeneuve-Saint-Georges.
L'Association pourra vous communiquer, pour la France, l'adresse d'un thérapeute comportementaliste proche de votre domicile ou vous renseigner sur les structures existant dans les pays francophones.

• **« Phobique-Assistance », 22, rue Legendre, 75017 Paris. Tél. 47.63.88.87**
Phobique-Assistance organise des groupes d'entraide pour les phobiques et propose une assistance pour mettre en pratique les conseils de ce livre si vous ne vous sentez pas le courage de vous y atteler seul.

• **Vous pouvez obtenir des informations — ainsi qu'une aide — par Minitel : 36.15.91.77. Taper le code : « Psyco ».**
Psyco pourra vous communiquer des renseignements utiles pour le traitement des phobies. Des tables rondes sont régulièrement organisées avec des thérapeutes qualifiés.

Table des matières.

ACHEVÉ D'IMPRIMER
LE 13 JANVIER 1986
SUR LES PRESSES
DE L'IMPRIMERIE HÉRISSEY
À ÉVREUX (EURE)

N° d'édition : 1513 - N° d'imprimeur : 38864
Dépôt légal : janvier 1986
23-21-4124-01/6
ISBN 2-01-011615-1
H. 004/86